逐条解説シリーズ

逐条解説

平成26年11月改正
景品表示法
課徴金制度の解説

前消費者庁参事官・課徴金制度検討室長
黒田岳士
前消費者庁課徴金制度検討室担当課長
加納克利
前消費者庁課徴金制度検討室企画官
松本博明
編著

商事法務

はしがき

　不当景品類及び不当表示防止法（景品表示法，景表法）は，昭和37年（1962年）に独占禁止法の特例法として制定された。平成21年の消費者庁の設立に伴い，公正取引委員会から同庁に移管され，消費者法の1つとして今日に至っている。

　本書の第1部「第1章　本改正法成立までの経緯」で書かれているとおり，平成25年秋に発生したホテル・レストラン等におけるメニュー表示問題を直接の契機として，同年12月に食品表示等問題関係府省庁等会議で決定された対策パッケージである「食品表示等の適正化について」に基づき，平成26年に景品表示法が二度改正されるに至った。都道府県知事に同法の調査と指示の権限を委任する改正が昭和47年（1972年）に，不実証広告規制に係る規定を設ける改正が平成15年にあったが，平成26年の二度の改正は，制定から半世紀を越える景品表示法の歴史の中で最大のものと言っても過言ではないであろう。

　特に，景品表示法に課徴金制度を導入することを内容とする平成26年11月改正法については，消費者法に同制度が導入されるのは，これが初めてであることに加え，事業者が所定の手続に沿って返金措置を実施した場合には，課徴金を減額する，または命じないという，既存の課徴金制度にはない「被害回復」の視点を取り入れたものであり，極めて画期的なことと言えるであろう。この「被害回復」の視点については，今後，他の法律での課徴金制度に影響を与えることも考えられる。

　本書は，この平成26年11月改正法の作成作業の中核となった課徴金制度検討室のメンバーが中心となり，この改正に関係したその他の職員も協力して，同改正法について解説したものである。本書が，景品表示法に課徴金制度が初めて導入される同改正法の趣旨やその内容を理解し，景品表示法コンプライアンスを一層促し，表示の適正化を更に進める上での一助になることを強く期待している。

　ところで，景品表示法が対象としている不当な表示の禁止の趣旨を正し

く理解するためには，表示の規制には，一定の表示を義務付ける規制と不当な表示を禁止する規制があり，両者は大きく違うということを知ることが大切である。端的に言えば，一定の表示を義務付ける規制では，事業者は，その規制の内容をあらかじめ理解していなければ，適法な表示かどうか判断できないのに対して，不当な表示に関する規制では，事業者は，法律についての細かな知識を持っていなくても，自己の供給する商品・役務について，お客様に誤った情報，大げさな情報を伝えないということに気をつけていれば，自然と違法な表示を避けることができる。本書の前提として，是非，「メニュー・料理等の食品表示に係る景品表示法上の考え方について」（平成26年3月28日消費者庁），特にその「第3 不当な表示の禁止に関する基本的な考え方」をご覧いただきたい。

　なお，本書の執筆内容については，執筆者それぞれの個人的な責任によるものであることをあらかじめお断りしておく。

　最後に，本書が公刊できるに至るまでには，株式会社商事法務の岩佐智樹氏に多大なご尽力をいただいた。ここにその名を記して深く御礼申し上げる。

平成27年4月

消費者庁審議官　菅久　修一

逐条解説　平成 26 年 11 月改正景品表示法
もくじ

第 1 部　改正の経緯および本改正法の概要

第 1 章　本改正法成立までの経緯 ……………………………………… 2
1　平成 20 年法案提出と消費者庁への景品表示法移管 …………… 3
2　消費者庁における検討 ……………………………………………… 5
3　平成 26 年 6 月に成立した景品表示法等改正等法 …………… 10
4　消費者委員会における議論 ……………………………………… 12
5　消費者庁における具体的な制度設計の検討 …………………… 14
6　国会における法案審議とその後 ………………………………… 16

第 2 章　本改正法の概要 ………………………………………………… 18
1　概　要 ……………………………………………………………… 18
2　課徴金納付命令に関する要件 …………………………………… 18
3　課徴金納付命令に関する手続（概要）………………………… 23
4　課徴金納付命令の効果等（概要）……………………………… 24

第 2 部　逐条解説

第 1 章　総　則 ……………………………………………………………… 28
第 2 条（定義）……………………………………………………………… 28
第 3 条（景品類及び表示の指定に関する公聴会等及び告示）………… 29

第 2 章　景品類及び表示に関する規制 ………………………………… 30
第 1 節　景品類の制限及び禁止並びに不当な表示の禁止 ………… 30
第 6 条（景品類の制限及び禁止並びに不当な表示の禁止に係る指定に関する公聴会等及び告示）……………………………… 30
第 2 節　措置命令 ………………………………………………… 31
第 7 条 ………………………………………………………………… 31
第 3 節　課徴金 …………………………………………………… 33
第 8 条（課徴金納付命令）………………………………………… 33

第1項 ……………………………………………………………… 33
　　　　1　改正の趣旨 ………………………………………………… 33
　　　　2　非裁量的処分（「……命じなければならない」（本項本文））…… 34
　　　　3　「課徴金対象行為」（本項本文） ………………………………… 35
　　　　4　課徴金額の算定（本項本文） …………………………………… 37
　　　　5　主観的要素（本項ただし書の前半部）………………………… 40
　　　　6　規模基準（本項ただし書の後半部）…………………………… 44
　　　第2項 ……………………………………………………………… 46
　　　　1　改正の趣旨 ………………………………………………… 46
　　　　2　課徴金対象行為をやめた後に「当該課徴金対象行為に係る
　　　　　商品又は役務の取引をしたとき」の課徴金対象期間の終期
　　　　　（前記(2)）………………………………………………………… 46
　　　　3　「課徴金対象期間」の上限（3年間）…………………………… 48
　　　　4　「課徴金対象期間」に関する具体例 …………………………… 49
　　　第3項 ……………………………………………………………… 50
　　　　1　改正の趣旨（課徴金納付命令との関係における不実証広告
　　　　　規制の導入）………………………………………………………… 50
　　　　2　「推定」の効果等 …………………………………………………… 51
　第9条（課徴金対象行為に該当する事実の報告による課徴金の額の
　　　減額）…………………………………………………………………… 53
　　　　1　改正の趣旨 ………………………………………………… 53
　　　　2　要　件 ……………………………………………………… 55
　　　　3　効果等 ……………………………………………………… 57
　第10条（返金措置の実施による課徴金の額の減額等）………………… 57
　　　第1項 ……………………………………………………………… 57
　　　　1　改正の趣旨 ………………………………………………… 58
　　　　2　「返金措置」…………………………………………………… 60
　　　　3　実施予定返金措置計画を提出して認定を受けることができ
　　　　　る者（「第十五条第一項の規定による通知を受けた者」）………… 64
　　　　4　実施予定返金措置計画の作成方法，提出方法等（「内閣府
　　　　　令で定めるところにより」）……………………………………… 65
　　　　5　実施予定返金措置計画の提出期限（「弁明書の提出期限ま

　　　　で」)……………………………………………………………… 66
　第2項………………………………………………………………… 68
　　　1　改正の趣旨…………………………………………………… 68
　　　2　実施予定返金措置計画の必要的記載事項………………… 68
　第3項・第4項……………………………………………………… 69
　　　1　改正の趣旨…………………………………………………… 69
　　　2　申請前の返金措置（3項）………………………………… 70
　　　3　申請後認定前の返金措置（4項）………………………… 70
　　　4　実施予定返金措置計画への記載（申請前の返金措置）および報告（申請後認定前の返金措置）の効果………………… 70
　第5項………………………………………………………………… 71
　　　1　改正の趣旨…………………………………………………… 71
　　　2　「実施予定返金措置が円滑かつ確実に実施されると見込まれるものであること」（本項1号）……………………… 72
　　　3　「実施予定返金措置の対象となる者………のうち特定の者について不当に差別的でないものであること」（本項2号）…… 72
　　　4　「実施期間が，当該課徴金対象行為による一般消費者の被害の回復を促進するため相当と認められる期間として内閣府令で定める期間内に終了するものであること」（本項3号）…… 73
　第6項・第7項……………………………………………………… 73
　　　1　改正の趣旨…………………………………………………… 73
　　　2　変更手続……………………………………………………… 74
　　　3　変更に関する認定要件……………………………………… 74
　第8項………………………………………………………………… 75
　　　1　改正の趣旨…………………………………………………… 75
　　　2　返金措置が認定実施予定返金措置計画に「適合して実施されていないと認めるとき」の具体例…………………… 76
　　　3　認定取消処分を行うに当たっての行政手続法の適用……… 76
　　　4　認定取消処分の争訟手続…………………………………… 76
　第9項………………………………………………………………… 77
　　　1　改正の趣旨…………………………………………………… 77
　第10項………………………………………………………………… 77

        1 改正の趣旨 …………………………………………………77
        2 課徴金納付命令を命ずることができない期間 ……………77
    第11条 ……………………………………………………………………78
      第1項 …………………………………………………………………78
        1 改正の趣旨 …………………………………………………78
        2 報告を行い得る者（「認定事業者」）……………………………79
        3 報告対象（「返金措置の結果」）…………………………………79
        4 報告手続等 …………………………………………………79
        5 報告が虚偽であった場合 …………………………………79
      第2項・第3項 …………………………………………………………79
        1 改正の趣旨 …………………………………………………80
        2 「認定後に実施された返金措置が認定実施予定返金措置計
          画に適合して実施されたと認めるとき」（2項）……………81
        3 「当該返金措置……において交付された金銭の額として内
          閣府令で定めるところにより計算した額」（2項）…………82
        4 「前項の規定により計算した課徴金の額が一万円未満とな
          つたとき」（3項）……………………………………………83
    第12条（課徴金の納付義務等）………………………………………83
      第1項 …………………………………………………………………83
        1 改正の趣旨 …………………………………………………83
      第2項 …………………………………………………………………83
        1 改正の趣旨 …………………………………………………84
      第3項 …………………………………………………………………84
        1 改正の趣旨 …………………………………………………84
        2 みなし規定の意義（「当該法人が合併により消滅したとき
          は，当該法人がした課徴金対象行為は，合併後存続し，又は
          合併により設立された法人がした課徴金対象行為とみなし」）……85
        3 「第八条から前条まで並びに前二項及び次項の規定を適用
          する」…………………………………………………………86
      第4項・第5項 …………………………………………………………86
        1 改正の趣旨 …………………………………………………87
        2 「特定事業承継子会社等」（4項）……………………………88

第6項 …………………………………………………………… 90
　　　　　1　改正の趣旨 ……………………………………………… 90
　　　第7項 …………………………………………………………… 90
　　　　　1　改正の趣旨 ……………………………………………… 90
　　第13条（課徴金納付命令に対する弁明の機会の付与） ………… 91
　　第14条（弁明の機会の付与の方式） ……………………………… 93
　　第15条（弁明の機会の付与の通知の方式） ……………………… 94
　　第16条（代理人） …………………………………………………… 97
　　第17条（課徴金納付命令の方式等） ……………………………… 98
　　第18条（納付の督促） ……………………………………………… 100
　　第19条（課徴金納付命令の執行） ………………………………… 102
　　第20条（課徴金等の請求権） ……………………………………… 104
　　第21条（送達書類） ………………………………………………… 105
　　第22条（送達に関する民事訴訟法の準用） ……………………… 106
　　第23条（公示送達） ………………………………………………… 108
　　第24条（電子情報処理組織の使用） ……………………………… 110
　　第25条（行政手続法の適用除外） ………………………………… 112
　　第4節　景品類の提供及び表示の管理上の措置 ………………… 114
　　第28条（勧告及び公表） …………………………………………… 114
　　第5節　報告の徴収及び立入検査等 ……………………………… 115
　　第29条 …………………………………………………………… 115
第3章　適格消費者団体の差止請求権等 ……………………………… 117
　　第30条 …………………………………………………………… 117
第4章　協定又は規約 …………………………………………………… 118
　　第32条（協議） …………………………………………………… 118
第5章　雑　　則 ………………………………………………………… 120
　　第33条（権限の委任等） …………………………………………… 120
　　第34条（内閣府令への委任等） …………………………………… 121
第6章　罰　　則 ………………………………………………………… 122
　　第36条〜第41条 ………………………………………………… 122
附　　則 ………………………………………………………………… 124
　　附則第1条（施行期日） …………………………………………… 124

附則第2条（経過措置）・附則第3条（政令への委任）………………124
附則第4条（検討）……………………………………………………………126
附則第5条～附則第7条（他法改正・調整規定）………………………127

第3部　資　料

資料1-1　集団的消費者被害救済制度研究会　委員名簿………………130
資料1-2　集団的消費者被害救済制度研究会報告書の概要……………131
資料1-3　消費者の財産被害に係る行政手法研究会　委員等名簿……132
資料1-4　「消費者の財産被害に係る行政手法研究会」取りまとめ
　　　　　報告書の概要…………………………………………………………133
資料1-5　食品表示等問題関係府省庁等会議の設置について…………134
資料1-6　「食品表示等の適正化対策」の概要……………………………135
資料1-7　食品表示等の適正化について……………………………………136
資料1-8　諮問書……………………………………………………………………139
資料1-9　消費者委員会専門調査会　委員等名簿………………………140
資料1-10　消費者委員会の答申（概要）……………………………………141
資料1-11　消費者委員会の答申…………………………………………………142
資料1-12　本改正法案に関する衆参附帯決議………………………………161
資料1-13　平成20年法案，消費者委員会の答申，パブリックコメ
　　　　　ント実施時の骨子案と本改正法の概要比較……………………163
資料1-14　課徴金制度における被害回復の制度設計（イメージ）……164
資料1-15　課徴金納付命令までの基本的な手続の流れ（イメージ）…165
資料2-1　景品表示法における不当表示規制の対象及び不当表示に
　　　　　対する措置命令事件の状況（平成26年10月時点）…………166
資料2-2　課徴金納付命令との関係における不実証広告規制に関す
　　　　　る手続………………………………………………………………………167
資料2-3　課徴金制度における被害回復の制度設計についてのパブ
　　　　　リックコメント実施時の骨子案及び新法の概要比較（イ
　　　　　メージ）……………………………………………………………………168
資料2-4　経過措置に関する基本的な考え方………………………………169
資料3-1　本改正法……………………………………………………………………170

資料3-2　新旧対照表 …………………………………………181
資料3-3　新法 ……………………………………………………204
資料3-4　本改正法概要（図）…………………………………221
資料3-5　本改正法概要（文）…………………………………222
資料3-6　景品表示法の概要及び運用状況（調査件数等の推移）……224
資料3-7　景品表示法への課徴金制度の導入の検討の主な経緯………226
資料3-8　平成26年6月改正法の概要 …………………………228
資料3-9　海外における広告規制法の動向・行政による経済的不利
　　　　　益賦課制度の海外調査（概要）………………………229

● 凡　例

旧法	不当景品類及び不当表示防止法（昭和37年法律第134号）
本改正法	不当景品類及び不当表示防止法の一部を改正する法律（平成26年法律第118号）
新法	本改正法施行後の不当景品類及び不当表示防止法（昭和37年法律第134号） 不当景品類及び不当表示防止法等の一部を改正する等の法律（平成26年法律第71号）附則1条2号に掲げられた規定も施行されていることを前提とする。
独占禁止法	昭和22年法律第54号（私的独占の禁止及び公正取引の確保に関する法律）
金商法	金融商品取引法（昭和23年法律第25号）

●執筆者一覧（平成 27 年 4 月 1 日時点）

［編著者］
黒田　岳士
　　内閣府政策統括官（経済財政運営担当）付参事官（経済対策・金融担当）（前消費者庁参事官・課徴金制度検討室長）

加納　克利
　　消費者庁消費者制度課長（前消費者庁課徴金制度検討室担当課長）

松本　博明
　　消費者庁消費者制度課企画官（前消費者庁課徴金制度検討室企画官）

［著者（全員，前消費者庁課徴金制度検討室）］
萩原　玲子
　　内閣官房内閣人事局参事官補佐（前消費者庁課徴金制度検討室室長代理（森まさこ国務大臣秘書官事務取扱））

古川　昌平
　　消費者庁消費者制度課・表示対策課政策企画専門官

松田　知丈
　　森・濱田松本法律事務所　弁護士

染谷　隆明
　　消費者庁消費者制度課・表示対策課課長補佐

川島　晋太郎
　　消費者庁総務課・消費者政策課主査

信谷　彰
　　消費者庁消費者制度課係長

佐藤　沙織
　　消費者庁消費者政策課係長

片岡　大輔
　　消費者庁消費者政策課・取引対策課係長

林　　佑
　　参議院法制局第二部第二課参事

瀬戸口丈博
　　公正取引委員会事務総局経済取引局総務課経済調査室競争政策研究センター（CPRC）事務局総括係長

松村　紗也子
　　消費者庁総務課・表示対策課係長

[協力者]
森田　菜穂
　　消費者庁消費者政策課訟務対策官（前消費者庁課徴金制度検討室）

佐藤　敏宏
　　金融庁監督局総務課金融会社室課長補佐（前消費者庁課徴金制度検討室）

吉中　孝
　　有村治子国務大臣秘書官事務取扱（前消費者庁課徴金制度検討室）

阪口　理司
　　消費者庁総務課課長補佐（前消費者庁課徴金制度検討室）

大森　景一
　　消費者庁制度課課長補佐（前消費者庁課徴金制度検討室）

大泉　玄之助
　　消費者庁総務課課長補佐

工島　洋成
　　消費者庁総務課係長

北島　美雪
　　消費者庁総務課係長

第1部

改正の経緯および本改正法の概要

第1章 本改正法成立までの経緯

　不当景品類及び不当表示防止法（昭和37年法律第134号。以下「景品表示法」という。）は、昭和22年法律第54号（私的独占の禁止及び公正取引の確保に関する法律。以下「独占禁止法」という。）の特例法として制定され、公正取引委員会が所管していたが、平成21年の消費者庁の創設に伴い、消費者法体系に属するものとしてその目的が改正され、消費者庁に移管された。

　景品表示法への課徴金制度の導入は、景品表示法が公正取引委員会所管であった時期でも検討されており、平成20年にはそのための改正法案（私的独占の禁止及び公正取引の確保に関する法律及び不当景品類及び不当表示防止法の一部を改正する法律案（第169回国会閣法第73号）。以下「平成20年法案」という。）が国会に提出されたことがある。しかしながら、同法案は審議されることなく廃案となり、景品表示法への課徴金制度の導入については、消費者庁に景品表示法が移管されて以降、更に検討が行われてきた。こうした経緯を背景に、平成25年秋に発生したホテル・レストラン等におけるメニュー表示問題を契機として、不当表示規制の抑止力を高める必要性が認識され、今般、不当景品類及び不当表示防止法の一部を改正する法律（平成26年法律第118号。以下「本改正法」という。また、本改正法による改正前の景品表示法を「旧法」、改正後の景品表示法を「新法」という。）で課徴金制度の導入が決定された。

　本改正法は、平成26年10月24日に法案が閣議決定され、衆議院と参議院における消費者問題に関する特別委員会において審議された。いずれの委員会においても全会一致で原案どおり可決され、また、各議院の本会議においても全会一致で可決されて、同年11月19日に成立し、同月27日に公布された。

　以下では、平成20年法案提出から本改正法成立に至るまでの経緯につ

いて詳述する。

1 平成20年法案提出と消費者庁への景品表示法移管

公正取引委員会では，平成17年の独占禁止法一部改正法の見直し規定[注1]を受けて検討を進め，独占禁止法の課徴金制度の対象を排除型私的独占，不公正な取引方法のうち共同の取引拒絶，差別対価，不当廉売，再販売価格の拘束および優越的地位の濫用に広げるとともに，景品表示法に不当表示を対象とする課徴金制度を導入する等を内容とする法案を立案した[注2]。平成20年3月11日，この平成20年法案は閣議決定されて第169回国会に提出された。しかしながら，この法案は第169回国会では審議されず，継続審議となった。

他方で，福田康夫内閣総理大臣（当時）の主導により，消費者庁の設置に向けた議論が活発化していた。平成20年1月18日，第169回国会における施政方針演説において消費者庁構想が明らかにされ，構想の具体化が進められた。同年6月27日，消費者政策を担う新組織として消費者庁を設置することと，その在り方や所管する法令等について定める「消費者行政推進基本計画」が閣議決定され，同計画では，景品表示法は「所要の見直しを行った上で，消費者庁に移管する」こととされた。

そして，政府における検討の中で，景品表示法上の不当表示に対する課徴金制度の導入については，同法の消費者庁への移管後，被害者救済制度の総合的な検討を実施する際にあわせて違反行為の抑止力強化策を検討することが適切であると考えられた[注3]。景品表示法等を消費者庁へ移管するために第170回国会で提出された消費者庁関連3法案には，不当表示への課徴金制度導入については盛り込まれず，継続審議となっていた平成20年法案は，第170回国会でも審議されないまま廃案となった[注4]。第171回国会で独占禁止法改正法案が再提出された際にも，第170回国会で廃案となった平成20年法案のうち独占禁止法改正法案部分のみが切り出された。

ただし，景品表示法への課徴金制度の導入に係る議論が後退したわけではなく，消費者庁及び消費者委員会設置法（平成21年法律第48号）には，

附則6項として「政府は，消費者庁関連三法の施行後三年を目途として，加害者の財産の隠匿又は散逸の防止に関する制度を含め多数の消費者に被害を生じさせた者の不当な収益をはく奪し，被害者を救済するための制度について検討を加え，必要な措置を講ずるものとする。」との規定が国会による修正で盛り込まれ，同法を含む消費者庁関連3法について国会で附された附帯決議（平成21年5月28日参議院消費者問題に関する特別委員会）には，「加害者の財産の隠匿又は散逸の防止に関する制度を含め多数の消費者に被害を生じさせた者の不当な収益をはく奪し，被害を救済するための制度の検討に当たっては，いわゆる父権訴訟，適格消費者団体による損害賠償等団体訴訟制度，課徴金制度等の活用を含めた幅広い検討を行うこと。」との文言が盛り込まれた。景品表示法が消費者庁に移管されるということは，競争法体系から消費者法体系に属するものとなったことを意味するものであるから，課徴金制度の導入について，消費者法体系における制度として改めて整理を行う必要があるということであり，この後，消費者庁において検討が進められていくのである。

(注1) 私的独占の禁止及び公正取引の確保に関する法律の一部を改正する法律（平成17年法律第35号）附則13条において，「政府は，この法律の施行後二年以内に，新法の施行の状況，社会経済情勢の変化等を勘案し，課徴金に係る制度の在り方……等について検討を加え，その結果に基づいて所要の措置を講ずるものとする。」とされた。

(注2) 平成20年法案の提出経緯については，「平成19年度公正取引委員会年次報告」第2部第1章第1を参照（http://www.jftc.go.jp/info/nenpou/h19/19top00001.html）。

(注3) この点について，第171回国会衆議院本会議（平成21年4月9日）において，河村建夫内閣官房長官（当時）は，次のように答弁している（会議録第22号5頁）。

「まず，本法案に景品表示法上の不当表示に対する課徴金制度の導入が含まれていない理由についてのお尋ねがございました。

政府といたしましては，景品表示法上の不当表示に対する課徴金制度の導入については，消費者庁への移管に当たって，現段階において導入を進めるよりも，移管後，被害者救済制度の総合的な検討を実施する際にあわせて違反行為の抑止力強化策を検討することが適切であると考えたものであります。これを受けて，本法案では，不当表示に対する課徴金制度の導入を含めないものとしたものでございます。

次に，不当表示に対する課徴金制度の導入についてお尋ねがございました。

政府としては，消費者庁設置法の施行に伴う関係法律の整備に関する法律案では，消費者庁を今年度設立する上で必要不可欠な法律を整備することとしており，昨年の通常国会で提出された独占禁止法等の改正法案に盛り込まれた不当表示に関する課徴金制度については，その導入を見送ることといたしましたが，今後，被害者救済制度を総合的に検討することとしており，その際，あわせて検討していくこととなります。」

(注4) 消費者庁関連3法案は第171回国会で成立した。

2 消費者庁における検討
(1) 研究会等における検討

平成21年9月に消費者庁が設置されると，前述した消費者庁及び消費者委員会設置法附則6項や附帯決議に示された検討を行うための準備が進められた。

なお，消費者庁の設置前から，内閣府国民生活局では，集団的消費者被害回復制度等に関する研究会が既に開催されており，同年8月に取りまとめられた同研究会による報告書(注1)を受けて，同年10月，消費者委員会から，引き続き消費者庁において調査研究を進め，一定の論点整理を行うべきとされた経緯もあった。

これらの経緯を踏まえ，平成21年11月，消費者庁長官の下で，学識経験者や法曹実務家を中心に，加害者の財産の保全に関する制度を含め不当な収益を剥奪し，被害者を救済するための制度の在り方について検討する，集団的消費者被害救済制度研究会（座長：三木浩一慶應義塾大学大学院法務研究科教授）が開催されることとなった 資料1-1 。同研究会は，13回にわたる検討の後，22年9月に報告書(注2)を取りまとめた 資料1-2 。この報告書では，集団的消費者被害の実態や国内制度の分析を行った上で，集合訴訟制度，行政による経済的不利益賦課制度，保全制度についてそれぞれ検討されている。そして，行政による経済的不利益賦課については，違法行為により得た収益とは一応切り離された形で抑止のため，一定の金銭（賦課金）の納付を行政処分で命じる方法が適切ではないかと考えられると述べつつ，詳細について更なる検討が必要とされた。

そこで，消費者庁では，同報告書における「財産保全制度」と「行政に

よる経済的不利益賦課制度」について，行政法や行政機関の組織体制，執行実務等に対する知見を生かしての更なる検討を行うため，平成22年12月，「財産の隠匿・散逸防止策及び行政による経済的不利益賦課制度に関する検討チーム」（主査：消費者庁次長）を設けた。同検討チームは，9回にわたる検討の後，23年8月に取りまとめ(注3)を行った。同取りまとめでは，①財産に対する重大な被害の発生・拡大防止のための行政措置，②行政による経済的不利益賦課制度，③財産の隠匿・散逸防止策という3つの論点について述べられているが，②経済的不利益賦課制度については，1で述べた経緯も踏まえ，景品表示法を前提に，違法行為を抑止するための制度設計について，具体的に検討を進めるべきであるとされた。

　この検討チームで提示された論点について検討するため，平成23年10月から18回にわたって消費者庁長官の下で開催されたのが，「消費者の財産被害に係る行政手法研究会」（座長：小早川光郎成蹊大学法科大学院教授）である 資料1-3 。同研究会は，各論点に応じた専門性を有する有識者等により構成され，関係機関・団体等の意見も踏まえつつ，消費者の財産被害に係る行政手法について，今後の具体的な制度設計を進めていくために必要となる検討を行うこととされた。平成25年6月に同研究会により取りまとめられた報告書(注4) 資料1-4 では，行政による経済的不利益賦課制度について，消費者法体系に位置付けられることとなった景品表示法への導入が特に検討され，消費者の自主的かつ合理的な選択の確保のために，それを阻害するおそれのある不当表示を実効的に抑止するための措置としての賦課金制度を位置付けることができると考えられると整理された。そして，景品表示法に賦課金制度を導入する場合には，他の法律や制度との関係や，制度設計の在り方について具体的な検討が必要であるとの課題を指摘した。

　以上のように，消費者庁設置以降，行政による経済的不利益賦課制度について検討を進める中で，平成20年法案廃案後の課題であった，消費者法としての景品表示法への賦課金制度の導入についても検討が継続して進められていた。

(注1)　「集団的消費者被害回復制度等に関する研究会報告書」(平成21年8月内閣府国民生活局)(「http://www.caa.go.jp/planning/pdf/torimatome.pdf」)。
(注2)　消費者庁企画課「集団的消費者被害救済制度研究会報告書」(平成22年9月)(http://www.caa.go.jp/planning/pdf/100914body.pdf)。
　　　報告書参考資料(http://www.caa.go.jp/planning/pdf/100914materials.pdf)。
(注3)　「『財産の隠匿・散逸防止策及び行政による経済的不利益賦課制度に関する検討チーム』取りまとめ」(平成23年8月消費者庁)(http://www.caa.go.jp/planning/pdf/kentouteam-torimatome.pdf)。
(注4)　「行政による経済的不利益賦課制度及び財産の隠匿・散逸防止策について」(平成25年6月消費者庁消費者の財産被害に係る行政手法研究会)(http://www.caa.go.jp/planning/pdf/gyousei-torimatome_1.pdf)。

(2)　ホテル・レストラン等におけるメニュー表示問題の発生

　上述のとおり，消費者庁において，平成20年法案廃案後の課題が整理され，景品表示法に課徴金制度を導入するための検討を進めている中で，平成25年の秋，「日本の食」に対する国内外の消費者の信用を失墜させるおそれのある重大な事件が発生した。ホテル・レストラン等におけるメニュー表示問題である。

　平成25年10月22日，有名ホテル事業者が，運営する複数のホテル等において，メニュー表示と実際は異なる食材を使用していたことを公表すると，同様の動きが全国各地のホテルに瞬く間に広がった。問題はホテルにとどまらず，11月には百貨店内のレストラン等におけるメニュー表示でも同様の問題が発覚した。更には，複数の大手宅配事業者でいわゆるクール宅配便の仕分けルールが不徹底であることが判明したり，大手インターネット販売モール運営事業者のインターネット販売モールで開催されたセールにおいて，同社の従業員が関与して出店店舗による不当な二重価格表示が行われたのではないかとの報道がなされたりするなど，不当表示への社会的関心が非常に高まっていった。

　当初ホテル事業者側は「誤表示」であるとしていたが，森まさこ消費者担当大臣(当時)はこれについて，景品表示法は偽装表示と誤表示，つまり，故意・過失を問うているものではなく，不適切な表示があれば厳正に対処していくとの方針をすぐさま表明した[注1]。また，消費者庁は，景品表示

法の不当な表示の考え方およびメニュー表示等の食品表示に係るこれまでの違反事例（考え方および事例集）を取りまとめ，平成25年11月6日にホテル関係団体（日本シティホテル，日本ホテル協会，日本旅館協会）に対して，同月8日に全国旅館ホテル生活衛生同業組合連合会と日本百貨店協会に対して，傘下の事業者に，その周知等を行うよう要請した(注2)。その上で，ホテル関係団体と日本百貨店協会に対して，同月8日，森大臣は，再発防止策を要求した。

さらに，菅義偉内閣官房長官からの指示を踏まえ，森大臣は，平成25年11月11日，今後の対応方針等を検討するため，食品表示等問題関係府省庁等会議（議長：消費者庁次長）資料1-5 を開催した(注3)。同会議には菅官房長官も出席し，消費者庁が中心となって，各府省庁等が連携し，①所管する業界への，消費者庁の作成による「景品表示法の不当表示の考え方及びメニュー表示等の食品表示に係る過去の違反事例」について周知徹底すること，②所管する業界における表示の適正化に向けた取組状況について徹底把握すること，③所管する業界に係る食品表示の偽装・誤表示の状況把握および問題がある場合は直ちに是正および適正化を求めること，④これらについて11月末までに取りまとめを行い，次回の食品表示等問題関係府省庁等会議において報告を行うことが決定された。

その後も多くの事業者から不適切な表示を行っていた事実が公表され，消費者庁や公正取引委員会のほか，財務省（国税庁），厚生労働省，農林水産省，経済産業省，国土交通省（観光庁）の各省庁がそれぞれの関係業界に対して食品表示適正化の要請等を行った。また，このような事態に対し，自由民主党，公明党，民主党の各党から政府に対して緊急提言が出された(注4)ほか，全国知事会から，森大臣と阿南久消費者庁長官（当時）に対して，都道府県知事への措置命令権限の付与や調査権限の拡充等を求める「景品表示法における『食に関する適正表示対策』の拡充について」が要請された(注5)。

菅官房長官は，平成25年11月22日の記者会見において，与党から緊急提言を受けたことを重く受け止め，消費者庁に事業者の表示に対する意識改革や表示の監視指導体制の強化などについて，法的措置を含めた実効

性のある対応策を速やかにまとめるように指示したことを明らかにした(注6)。

　平成25年12月9日に開催された第2回の食品表示等問題関係府省庁等会議では，300を超える事業者において，食品の偽装・誤表示が行われていた実態が明らかになり，問題の背景として，事業者のコンプライアンス意識の欠如，景品表示法の趣旨・内容が十分に周知徹底されていない現状，消費者庁を中心に法執行を行っている現在の体制は限界があり，行政の監視指導体制を強化すべきことなどが指摘された。そこで，今後の対策をパッケージとしてとりまとめた「食品表示等の適正化について」(資料1-6・1-7) を決定し，①個別事案に対する厳正な措置を実施すること(注7)，②関係業界における表示適正化を指導し，消費者庁において景品表示法の不当表示に関する分かりやすいガイドラインを作成するなどしてルール遵守を徹底すること(注8)，③景品表示法の改正も含めて抜本的な対策を行うこととされた。特に，③については，事業者の表示管理体制を明確化することや，都道府県に景品表示法の措置命令権限を付与することといった，景品表示法改正が必要となる具体的な施策や，課徴金等の新たな措置の導入についても検討することが盛り込まれ，緊急に対応すべき事項については次期国会（第186回国会）に所要の法案を提出する方向で検討するとされた。

　これを受けて，会議と同日の平成25年12月9日，内閣総理大臣は，消費者委員会に対し，景品表示法上の不当表示規制の実効性を確保するための課徴金制度等の在り方について諮問を行った 資料1-8 。この後，行政の監視体制や事業者の表示管理体制の強化等を内容とする景品表示法の改正法案の立案・法案提出から成立に至る国会審議，内閣総理大臣からの諮問を受けた消費者委員会における議論，消費者庁における大臣室直轄の課徴金制度検討室の設置と同室における課徴金制度導入のための法案の検討が同時並行的に進められていくこととなるが，次節からは，それぞれについて述べていきたい。

　（注1）　平成25年10月25日（金）森内閣府特命担当大臣閣議後記者会見要旨。

(注2)　平成25年11月6日「ホテルのメニュー表示に係る関係団体への要請について」(http://www.caa.go.jp/representation/pdf/131106premiums_1.pdf)。

　　　平成25年11月8日「旅館・ホテルのメニュー表示等に係る関係団体への要請について」(http://www.caa.go.jp/representation/pdf/131108premiums_1_1.pdf)。

　　　平成25年11月8日「百貨店における料理等の表示に係る関係団体への要請について」(http://www.caa.go.jp/representation/pdf/131108premiums_2.pdf)。

(注3)　開催状況については http://www.caa.go.jp/representation/syokuhyou/index.html。

(注4)　平成25年11月19日「メニュー表示問題への対応に関する緊急提言」(自由民主党)、同月27日「外食のメニュー表示に対する監視体制強化に関する緊急提言」(自由民主党)、同月22日「食品表示問題に対する緊急提言」(公明党)、同月25日「食材虚偽表示問題に対する政府の迅速かつ的確な対応強化を求める要請」(民主党)。

(注5)　http://www.nga.gr.jp/ikkrwebBrowse/material/files/group/3/post-1085.pdf。

(注6)　菅内閣官房長官記者会見要旨(平成25年11月22日午後)(http://www.kantei.go.jp/jp/tyoukanpress/201311/22_p.html)。

(注7)　ホテル・レストラン等におけるメニュー表示問題発覚の発端ともなった3社について、消費者庁は措置命令を行った。(平成25年12月19日「近畿日本鉄道株式会社、株式会社阪急阪神ホテルズ及び株式会社阪神ホテルシステムズに対する景品表示法に基づく措置命令について」(http://www.caa.go.jp/representation/pdf/131219premiums_1.pdf)。

(注8)　「メニュー・料理等の食品表示に係る景品表示法上の考え方について」(平成26年3月28日消費者庁)がガイドラインとして公表された。(http://www.caa.go.jp/representation/pdf/140328premiums_4.pdf)。

3　平成26年6月に成立した景品表示法等改正等法

　対策パッケージ「食品表示等の適正化について」を踏まえ、農林水産省の食品表示Gメン、米穀流通監視官等も景品表示法に基づく監視業務を実施すること(注1)や、消費者庁において「食品表示モニター」を導入すること等の対策が実行された。さらに、消費者庁は、第一段階の景品表示法改正として、①事業者に対し、表示等の適正な管理のため必要な体制の整備その他の必要な措置を講ずることを義務付けた上で、内閣総理大臣が、当該措置に関して適切かつ有効な実施を図るために必要があると認めるときに指導・助言をできるとするほか、事業者が必要な措置を講じていない

場合には勧告および公表を行うことができるとすること，②消費者庁長官の権限のうち，調査権限について事業所管大臣等に委任できるようにし，一部の権限（措置命令権限および合理的根拠提出要求権限等）について政令により都道府県知事に付与することができるとすること等を改正内容とする，「不当景品類及び不当表示防止法等の一部を改正する等の法律案」を立案し，平成 26 年 3 月 11 日，第 186 回国会に提出した[注2]。同法案には，本則 4 条として，「……政府は，この法律の施行後一年以内に，課徴金に係る制度の整備について検討を加え，必要な措置を講ずるものとする。」との一条が盛り込まれた。

同法案は，衆議院消費者問題に関する特別委員会において，平成 26 年 4 月 3 日に提案理由説明が，同月 10 日，15 日，17 日，22 日と 5 月 8 日に質疑が行われた（15 日は景品表示法部分に関する参考人質疑。なお 17 日は消費者安全法改正部分に関する参考人質疑が行われている。）。5 月 8 日の質疑の後，採決が行われ，全会一致で原案のとおり可決された。その際，附帯決議が附された。さらに翌 9 日，衆議院本会議において全会一致で可決され，参議院に送付された。参議院消費者問題に関する特別委員会では，5 月 21 日に提案理由説明が行われ，同日，23 日，28 日と 6 月 4 日に質疑が行われた（うち 5 月 28 日は消費者安全法改正部分に関する参考人質疑）。6 月 4 日の審議の後，採決が行われ，全会一致で原案のとおり可決された。その際，附帯決議が附された。同月 6 日，参議院本会議において採決が行われ，賛成多数（反対は 1 票のみ）で原案どおり可決・成立し，同月 13 日に公布された（不当景品類及び不当表示防止法等の一部を改正する等の法律（平成 26 年法律第 71 号。以下「平成 26 年 6 月改正法」という。））。

平成 26 年 6 月改正法は，前述の本則 4 条の規定があり，当時既に消費者委員会における議論が始まっていたため，その法案審議においては，課徴金制度の在り方についても論点の 1 つになった。そのため，附帯決議においては，衆議院・参議院ともに「課徴金制度の導入に当たっては，透明性・公平性の確保のための主観的要素の在り方など賦課要件の明確化及び加算・減算・減免措置等について検討し，事業者の経済活動を委縮させることがないよう配慮するとともに，消費者の被害回復という観点も含め検

討し，速やかに法案を提出すること。」との項目が盛り込まれた。課徴金制度の導入について必要な措置を講じることは，平成26年6月改正法の成立により国会との約束となったが，そのための法案を早期に提出することも国会から求められたのである[注3]。

(注1) 「食品表示Gメン等の消費者庁への併任発令について」(平成26年1月24日消費者庁) (http://www.caa.go.jp/representation/pdf/140124_kouhyou.pdf)。
(注2) 同法案は，景品表示法と消費者安全法とを同時に改正するいわゆる束ね法案である。案文，新旧対照表等は次のURLを参照 (http://www.caa.go.jp/region/index11.html)。
(注3) 平成26年6月改正法のうち景品表示法の改正に関し，平成26年6月改正法の施行期日を定める政令(不当景品類及び不当表示防止法等の一部を改正する等の法律の施行期日を定める政令(平成26年政令第242号))が平成26年7月2日に公布され，平成26年6月改正法4条は同政令の公布とともに施行された。
　なお，景品表示法の改正に関し，その他は同年12月1日施行とされた(適格消費者団体の差止請求権等に関する旧10条の改正規定を除く。当該改正規定は，平成28年6月12日までの範囲内において政令で定める日に施行される。)。

4　消費者委員会における議論

(1)　課徴金専門調査会

　消費者委員会は，平成25年12月9日に内閣総理大臣から諮問を受けた後，その調査審議を行うため，同月17日に，景品表示法における不当表示に係る課徴金制度等に関する専門調査会(座長：小早川光郎成蹊大学法科大学院教授)を設置した 資料1-9 。同専門調査会では，26年2月6日から13回にわたって議論が行われたが，初回の専門調査会において，河上正二消費者委員会委員長から，①課徴金制度導入に向けて森大臣の並ならぬ意欲が示されたことを踏まえ，その意を汲んで，導入をするとした場合の制度の問題点について，しっかりと議論をして，速やかに具体的な方向性を示す答申を行うこと，②できるだけ速やかな答申を求められているとの認識の下，答申の時期は26年夏を目途とすること，そのため3月末頃に中間整理を行い，基本的な方向性等について明らかにすること，③専門調査会は，原則として消費者委員会本会議と合同で開催すること，という3

点を考えているとの発言があった。また、小早川座長から、同専門調査会の設置・運営規程において、「専門調査会は、調査審議に当たって、消費者庁の協力を得る。」と定められていることから（8条）、消費者庁が毎回出席し、議論にも参加することとするとの発言があった。調査審議は、小早川座長の議事進行の下、消費者庁が作成・提示した資料をたたき台の案として、消費者委員会本会議委員および専門調査会委員が自由闊達な議論を交わすスタイルで進められた[注]。また、専門調査会では、計4回・6団体からの事業者ヒアリングが行われた。

（注）消費者委員会における調査審議の詳細については、内閣府消費者委員会のHPを参照（http://www.cao.go.jp/consumer/kabusoshiki/kachoukin/index.html）。

(2) 答　申

平成26年6月10日、消費者委員会は「不当景品類及び不当表示防止法上の不当表示規制の実効性を確保するための課徴金制度の導入等の違反行為に対する措置の在り方について（答申）」（資料1-10・1-11。以下「消費者委員会の答申」という。）を取りまとめ、河上委員長・小早川座長から景品表示法改正を直接担当する森大臣に手交した。消費者委員会の答申では、不当表示を事前に抑止するための方策として、措置命令に加え、課徴金制度導入の必要性は高いとされた。その際、課徴金制度の目的は、消費者の利益擁護のため、不当表示を事前に抑止することにあるとしつつ、この制度を消費者の被害回復にも資するものとすることは重要であるとし、要件・手続等の検討に際しては、被害回復の観点にも留意したとされている。

消費者委員会の答申において示された課徴金制度の制度設計の方向性は、平成20年法案を踏襲している部分が多い。しかしながら、平成20年法案よりも踏み込んだ部分もある。具体的には、

・課徴金を賦課する手続に関し、不実証広告規制[注]に係る表示（効果・性能に関する表示）について、合理的根拠資料の提出がなければ課徴金を賦課することとした上で、被処分者がその後の訴訟において合理的根

拠資料を提出して不当表示でないことを立証することにより，賦課処分を争うことができるとする手続規定を設けるべきとしたこと
・　故意・過失などの主観的要素について，不当表示がなされた場合には，原則として課徴金を賦課することとし，違反行為者から，不当表示を意図的に行ったものでなく，かつ，一定の注意義務を尽くしたことについて合理的な反証がされた場合を，例外的に対象外としたこと
・　例えば同じ違反行為を反復して行ったような場合に，課徴金額を加算する措置を設けるかどうかについては，今後の制度設計において，その必要性を検証しつつ，検討が行われるべきとしたこと
・　違反行為者に対して自主申告を促すことにより，不当表示を早期に発見して被害拡大を防止し，更には事業者における自主的なコンプライアンス体制の構築を促進し，これを通じて違反行為の事前抑止効果を高めるための措置として，減算・減免措置についても，検討する価値を有するとしたこと
・　課徴金制度の制度設計において，消費者の被害回復を促進する仕組みを導入すべきとしたこと。具体的には，違反行為者がとった消費者への返金等の自主的対応を勘案して，課徴金額から一定額を控除する制度を採用すべきとし，その場合の「自主的対応」は，対象商品・役務の購入等をした消費者への返金を原則とし，返金を補完するものとして寄附の仕組みを認めるべきであるが，寄附先や寄附金の使途については，控除制度が被害回復促進のための仕組みであること等を踏まえ，限定的に定められるべきとしたこと

が挙げられる（平成20年法案，消費者委員会の答申の概要と本改正法の概要との比較につき，第2章の 資料1-13 参照）。

（注）　不実証広告規制については，逐条解説（第2部第2章第3節）8条3項を参照。

5　消費者庁における具体的な制度設計の検討

消費者庁では，平成26年2月3日，消費者庁次長決定により，課徴金制度を導入するなどの措置について集中的に法制的な検討を行うため，課

徴金制度検討室が設置された。同室は大臣室直轄とされ，以後，課徴金制度の具体的な制度設計の検討を行った。検討は，消費者委員会における議論をにらみながら，また，平成26年6月改正法に係る国会審議や附帯決議も踏まえて行われ，消費者委員会の答申で示された制度設計の方向性を基本に法案作成作業が進められた。その過程において，消費者庁は，消費者団体や事業者団体との意見交換会を実施し，また，行政手続法（平成5年法律第88号）上，法律案についてはパブリックコメントの実施は求められていないが，任意のパブリックコメント（意見募集）も実施するなどして，各方面の意見を踏まえた制度設計となるよう努めた。同年10月24日に法案を閣議決定するまでに，200を超える団体から意見を聴取している。

　パブリックコメントは，平成26年8月26日から同年9月4日まで実施され，172件の意見が寄せられた。寄せられた意見の内容としては，原案をおおむね支持する意見が42件，原案より厳しく課徴金を課すべきとする意見が66件，原案より課徴金を課す場合を限定すべきとする意見が54件，その他が10件であった[注]。

　法案を閣議決定して国会提出するに当たっては，与党の審査を経ることとされている。その過程では，①平成20年法案では規定されていなかった不実証広告規制についても課徴金を賦課する手続として規定すべきか，②課徴金の算定率や規模基準の水準は妥当なものか，③課徴金の算定の基礎となる売上額の範囲に係る考え方が不明確ではないか，④主観的要素に係る立証責任の在り方と「相当の注意」の内容が不明確ではないか，⑤手続保障は十分なものとなっているか，⑥被害回復（自主返金）による課徴金額の減免に関し，自主返金の総額が課徴金額に満たない場合に，補充的手段として独立行政法人国民生活センターへの寄附を認める方式は妥当か，といった点が論点となった。有村治子消費者担当大臣（当時。平成26年9月3日の内閣改造により就任）は，パブリックコメントで寄せられた意見や与党審査プロセスにおける議論を踏まえ，これらの論点のうち，特に，主観的要素と被害回復の在り方について，

・違反行為者が，違反行為であることを知らないことにつき相当の注意を怠った者でないと認められるときは，賦課金賦課の対象から除外する

ものとすること
・ 被害回復の補充的手段として国民生活センターへの寄附を認める方式は採用せず，自主返金の合計額を課徴金額から減額するものとすること（自主返金の合計額が課徴金額以上となった場合には納付を命じない）

とパブリックコメント実施時に示した骨子案から修正し，法案として与党の了承を得るに至った。

（注）パブリックコメントの結果の詳細については http://search.e-gov.go.jp/servlet/PcmFileDownload?seqNo＝0000119229 を参照。

6 国会における法案審議とその後

平成26年10月24日，景品表示法に課徴金制度を導入するための「不当景品類及び不当表示防止法の一部を改正する法律案」は閣議決定され，第187回国会に提出された。衆議院消費者問題に関する特別委員会においては，10月30日に提案理由説明が，11月6日および10日に質疑が行われた。10日の質疑の後，採決が行われ，全会一致で可決された後，翌11日の衆議院本会議において全会一致で可決され，参議院に送付された。この直後，衆議院解散説が急浮上し，審議中の各法案の優先順位が取り沙汰され，審議日程の確保が困難を極める中，11月17日に参議院消費者問題に関する特別委員会において提案理由説明が行われ，18日に質疑の後，採決が行われて，全会一致で可決された。翌19日，法案は参議院本会議において全会一致で可決され，本改正法が成立した。なお，衆議院は法案成立2日後の21日に解散した。

国会における審議では，3％という課徴金算定率について，低すぎるのではないか，との議論や，規模基準について，課徴金額150万円未満（売上額5,000万円未満）の場合は課徴金を課さないとする基準は高すぎるので，引き下げるべき，あるいは不要ではないかとの議論，課徴金制度の導入に伴い，消費者庁は法執行に十分な人員を適正に配置できるのかといった議論がなされた。衆議院・参議院ともに，委員会における採決の際，附帯決議が附されたが，その内容は，こうした議論を反映したものとなってい

る 資料1-12 。

　本改正法は，平成26年11月27日に公布された。消費者庁に設置された課徴金制度検討室は，その役目を終え，27年1月5日に廃止された。課徴金制度導入に向けた施行準備業務については，消費者庁表示対策課において実施されている。

第2章 本改正法の概要

1 概要

　本改正法は，最近の不当表示をめぐる状況に鑑み，違反行為を防止するため不当表示を行った事業者に経済的不利益を課す課徴金制度を導入するとともに，併せて一般消費者の被害回復を促進する観点から「返金措置」（新法10条1項）を実施した事業者に対する課徴金額の減額等の措置を講ずることを主な内容とするものである。

　なお，本改正法は，課徴金制度以外について条番号等を整理して変更しているが(注)，従前の内容に変更を加えるものではない。

　本改正法は，公布日から起算して1年6月を超えない範囲内において政令で定める日から施行される（本改正法附則1条）。また，新法における課徴金納付命令に関する規定は，本改正法の施行日以後に行われた「課徴金対象行為」（新法8条1項）に適用される（本改正法附則2条）。

　新法における課徴金納付命令に関する要件，手続，効果等について，以下概説する（平成20年法案，消費者委員会の答申，パブリックコメント実施時の骨子案および本改正法の概要比較について 資料1-13 参照）。それぞれの具体的な趣旨および内容等は逐条解説（第2部）を参照されたい。

　（注）　不当な表示の禁止の規定（旧法4条→新法5条），措置命令の規定（旧法6条→新法7条），措置命令との関係における不実証広告規制の規定（旧法4条2項→新法7条2項。課徴金納付命令との関係における不実証広告規制は新法8条3項を新設），調査権限の規定（旧法9条→新法29条），公正競争規約の規定（旧法11条→新法31条）等。

2 課徴金納付命令に関する要件

(1) 課徴金対象行為

　課徴金納付命令の対象行為は，以下の表示を行う行為である（新法8条

1項)。
① 自己の供給する商品または役務の内容について，実際のものや競合する他の事業者のものよりも「著しく優良」であると一般消費者に対し示す表示（優良誤認表示。新法5条1号）
② 自己の供給する商品または役務の取引条件について，実際のものや他の事業者のものよりも「著しく有利」であると一般消費者に誤認される表示（有利誤認表示。新法5条2号）

いわゆる指定告示に係る表示（新法5条3号）を行うことは，課徴金対象行為ではない。これは，過去に指定告示に係る表示として問題となった事案の発生件数が多くはないこと等に鑑みたものである。

また，課徴金納付命令との関係においても，不実証広告規制が導入された。すなわち，内閣総理大臣（消費者庁長官）は，ダイエット食品や健康機器に関する表示のような効果や性能に関する表示について，優良誤認表示該当性を判断するため必要があるときは，当該表示を行った事業者に対し，期間を定めて合理的な根拠を示す資料の提出を求めることでき，当該資料が提出されないときは優良誤認表示と推定する手続規定が置かれた（新法8条3項）。

措置命令により禁止される表示行為は，合理的な根拠を示す資料なく表示する行為であり，事後的に当該資料が備わった場合に当該資料に基づき表示することは許容される。他方，課徴金納付命令は，事業者の過去の行為をとらえて命令をした時点で処分が完了するため，同命令との関係においては，資料提出期間経過後であっても仮に合理的な根拠を示す新しい資料が備わった場合には優良誤認表示該当性を争えるよう，措置命令との関係における不実証広告規制のように「みなす」のではなく，「推定」するとされたものである。

(2) 課徴金額の算定方法および課徴金対象期間

課徴金額は，課徴金対象期間における課徴金対象行為に係る商品または役務の政令の定める方法により算定した売上額に，3％を乗じて算定される（新法8条1項）。算定率は，過去に不当表示を行った事業者の売上高営

業利益率のデータを検討した上で，概ね中央値を参考に設定された。なお，課徴金額算定の基礎となる，課徴金対象行為に係る商品または役務の売上額に関する考え方は，ガイドラインにて明確化を図ることとしている。また，かかる「売上額」の算定方法については，政令で定められる予定である。

課徴金対象期間は，課徴金対象行為をした期間（①課徴金対象行為をやめた日から6月経過日，または，②一般消費者による自主的かつ合理的な選択を阻害するおそれを解消するための措置をとった日，のいずれか早い日までの間に，当該課徴金対象行為に係る商品または役務の取引をしたときは，課徴金対象行為をやめてから最後に当該取引をした日までの期間を加えた期間）である。当該期間が3年を超えるときは，当該期間の末日から遡って3年間となる（新法8条2項）。

(3) **主観的要素**

事業者が，課徴金対象行為をした期間を通じて，自ら行った表示が不当表示であること（新法8条1項1号または2号に該当すること）を知らず，かつ，知らないことについて相当の注意を怠った者でないと認められるときは，内閣総理大臣（消費者庁長官）は課徴金の納付を命ずることができない（新法8条1項ただし書の前半部）。

このように課徴金納付命令の要件として主観的要素を取り込んだ趣旨は，課徴金制度導入による不当表示防止の目的を果たすため，事業者が表示内容の真実性について確認を行うインセンティブを与える点にある。

なお，「相当の注意」の内容は，ガイドラインで明確化を図ることとしている。

(4) **規模基準**

新法8条1項により算定した課徴金額が150万円未満であるときは，課徴金の納付を命じることができない（同項ただし書の後半部）。必要性および行政効率の観点から，課徴金対象とすべき事案を適切に絞り込むため規模基準を設定することとし，過去に不当表示を行った事業者の売上額の中

位層に含まれる売上額が5,000万円であったことから，当該基準について課徴金額150万円未満と設定することとした。

なお，課徴金対象期間における課徴金対象行為に係る商品または役務の政令の定める方法により算定した売上額に3％を乗じた金額（＝新法8条1項により算定した課徴金額）が150万円以上である場合，自主申告や自主返金（返金措置）による課徴金額の減額の結果，減額後の金額が150万円未満になったとしても，当該金額の課徴金の納付を命じることとなる。

(5) 除斥期間

事業者が課徴金対象行為をやめた日から5年を経過したときは，内閣総理大臣（消費者庁長官）は課徴金の納付を命ずることができない（新法12条7項）。これは，課徴金制度による不当表示防止の実効性と事業者の法的安定性を勘案し，独占禁止法において課徴金の除斥期間が5年とされていることを参考に設定したものである。

(6) 自主申告による課徴金額の減額

事業者が，課徴金対象行為に該当する事実を内閣府令で定めるところにより報告したときは，新法8条1項により算定した課徴金額から50％相当額を減額する（新法9条本文）。かかる自主申告による課徴金額の減額を認める趣旨は，不当表示の早期発見・防止および事業者のコンプライアンス体制構築の促進を図る点にある。

ただし，当該報告が，当該課徴金対象行為についての調査があったことにより，当該課徴金対象行為について課徴金納付命令があるべきことを予知してされたときは，減額しない（新法9条ただし書）。

(7) 自主返金（返金措置）の実施による課徴金額の減額等

本制度設計は，一般消費者の被害回復を促進する観点から導入されたものであり，課徴金制度を有する他法には見られず，消費者法体系にある景品表示法としての特徴的なものである。

本制度は以下の3つの段階に大別できるところ，それぞれ分けて概説す

る（具体的なイメージについて 資料1-14）。

① 事業者による返金措置に関する計画の作成・提出，消費者庁による認定
② 認定を受けた事業者による返金措置の実施
③ 事業者による返金措置実施の報告，計画適合性が認められる場合の減額等

ア ①事業者による返金措置に関する計画の提出，消費者庁による認定

事業者は，課徴金対象期間において当該商品または役務の取引を行った一般消費者（政令で定めるところにより特定されているもの）のうち申出をした者に対し，当該申出者の購入額（政令に定める方法により算定）の3％以上の額の金銭を交付する措置（返金措置）を実施しようとするときは，内閣府令で定めるところにより，所定の事項を記載した上でその返金措置に関する計画を作成して申請し，内閣総理大臣（消費者庁長官）の認定を受けることができる（新法10条1項。申請前に実施した返金措置も当該計画に記載でき（同条3項），申請後認定前の返金措置は内閣総理大臣（消費者庁長官）に報告しなければならない（同条4項）。）。

イ ②認定を受けた事業者による返金措置の実施

内閣総理大臣（消費者庁長官）は，認定時から計画実施に係る報告期限（実施期間の経過後1週間以内。新法11条1項）までの間は，課徴金の納付を命じない（新法10条10項。この前提として，計画の提出を受けた日から認定時までの間も課徴金の納付を命じることはない。）。

ウ ③事業者による返金措置実施の報告，計画適合性が認められる場合の減額等

認定を受けた事業者が返金措置を実施した旨を適式に報告し，認定を受けた計画に適合して返金措置が実施されたと認められるときは，当該返金措置により交付された金銭の額（内閣府令で定めるところにより計算）を，課徴金額から減額する。

当該減額の結果，課徴金額が1万円未満となる場合は課徴金の納付は命じない（新法11条1項ないし3項）。

3 課徴金納付命令に関する手続（概要）

（具体的な手続の流れのイメージは 資料1-15 のとおり）

(1) 事前手続

課徴金納付命令は「金銭の納付を命じ」る処分であるため行政手続法の事前手続規定は適用されないが（同法13条2項4号），事業者の手続保障と迅速な執行との調和の観点から，弁明の機会を付与する手続規定が設けられている（新法13条ないし16条）。

なお，消費者庁は，実際の運用において，事業者による不当表示について調査を開始してから課徴金納付命令を行うまでの間に，「弁明の機会」を付与するだけでなく，これまでの調査実務と同じく，当該案件に関して事業者との間で継続的にコミュニケーションを取ることとなる（資料2-2）。

(2) 賦課手続

課徴金納付命令は，文書によって行い，課徴金納付命令書には，納付すべき課徴金額，課徴金の計算の基礎，当該課徴金に係る課徴金対象行為と納期限が記載される（新法17条1項）。課徴金納付命令は，その名宛人に課徴金納付命令書の謄本を送達することによりその効力が生ずる（同条2項）。

(3) 不服申立手続

課徴金納付命令に対する不服申立ては，行政不服審査法（昭和37年法律第160号）6条に基づく消費者庁長官に対する異議申立て(注)または行政事件訴訟法（昭和37年法律第139号）3条2項に基づく処分取消訴訟によることとなる。

(注) 行政不服審査法（平成26年法律第68号）の施行後は，消費者庁長官に対する「審査請求」（同法4条1号）。

4 課徴金納付命令の効果等（概要）

(1) 納付義務

　課徴金納付命令を受けた者は課徴金を納付しなければならない（新法12条1項）。課徴金額の1万円未満の端数は切り捨てられる（同条2項）。

(2) 納期限，督促等

　課徴金の納期限は，課徴金納付命令書の謄本を発する日から7月を経過した日である（新法17条3項）。

　内閣総理大臣（消費者庁長官）は，納期限までに納付しない者があるときは，督促状により期限を指定して納付を督促しなければならない（新法18条1項）。

(3) 倒産手続における課徴金の取扱いおよび徴収手続

　課徴金および延滞金の請求権は倒産手続において過料の請求権とみなされ，他の倒産債権と比べて劣後的に取り扱われる（新法20条）。この趣旨は，課徴金の賦課に伴い被害を受けた一般消費者の損害賠償請求権より課徴金債権が優先するとすれば一般消費者の被害回復が損なわれる事態が生じる可能性があるため，これを回避する点にある。このように，景品表示法における課徴金は，他の債権に優先しないため，独占禁止法における課徴金(注)のように国税徴収の例によって徴収できるとすることは不適切である。そこで，金融商品取引法（昭和23年法律第25号）（以下「金商法」という。）および公認会計士法（昭和23年法律第103号）の例に倣って，督促を受けた者が期限までに納付しないときは，内閣総理大臣（消費者庁長官）の命令で課徴金納付命令を執行でき，当該執行命令は執行力のある債務名義と同一の効力を有することとした上で（新法19条1項），課徴金納付命令の執行は，民事執行法その他強制執行の手続に関する法令に従って行うこととされた（同条2項）。

　　(注)　独占禁止法の課徴金は，国税滞納処分の例により徴収することができ（独占禁止法69条4項），当該徴収金の先取特権の順位は「国税及び地方税に次ぐもの」と

され，一般債権に対する優先権が認められている（同条5項）。

【コラム】 課徴金を納付した場合の税法上の取扱い

　本課徴金制度の目的は，不当表示をした事業者に経済的不利益を賦課することで，不当表示規制の抑止力を高め，不当表示を防止する点にある。

　そうであるにもかかわらず，違反行為者（事業者）が課徴金を納付した際に，所得税法の必要経費や法人税法の損金に算入できることとなれば，課徴金による経済的不利益が不当に軽減され，妥当でない（例えば，違反行為者（事業者）が1,000万円の課徴金を支払った場合に，当該課徴金の支払いを損金算入する結果所得が減少し，法人税額が減少するとすれば，実質的に当該課徴金による経済的不利益は1,000万円よりも少なくなってしまうため本課徴金制度の目的を没却することとなる。）。

　このため，景品表示法の課徴金および延滞金について，必要経費・損金に算入できないこととされている（所得税法等の一部を改正する法律（平成27年法律第9号）による改正後の所得税法（昭和40年法律第33号）45条1項12号および法人税法（昭和40年法律第34号）55条4項6号）。

第2部

逐条解説

第1章 総則

　以下では，本改正法により改正された部分について，趣旨および内容等を解説する。なお，本改正法は，課徴金制度以外について条番号等を整理して変更しているところ，条文の文言を一切変えることなく条数のみを変更しているものがあるが，当該条文については説明を省略する。他方，引用条文の変更等により文言が変更された条文については解説を行うこととする。

第2条（定義）

> （定義）
> 第二条　この法律で「事業者」とは，商業，工業，金融業その他の事業を行う者をいい，当該事業を行う者の利益のためにする行為を行う役員，従業員，代理人その他の者は，次項及び<u>第三十一条</u>の規定の適用については，これを当該事業者とみなす。
> 2　この法律で「事業者団体」とは，事業者としての共通の利益を増進することを主たる目的とする二以上の事業者の結合体又はその連合体をいい，次に掲げる形態のものを含む。ただし，二以上の事業者の結合体又はその連合体であつて，資本又は構成事業者（事業者団体の構成員である事業者をいう。<u>第四十条</u>において同じ。）の出資を有し，営利を目的として商業，工業，金融業その他の事業を営むことを主たる目的とし，かつ，現にその事業を営んでいるものを含まないものとする。
> 　一〜三　（略）
> 3・4　（略）

解説

1 改正の趣旨

本改正法が，課徴金制度以外について条番号等を整理して変更したことに伴い，引用条文の条数を変更するものである。

なお，規定の趣旨および内容については，改正前から変更はない。

第3条（景品類及び表示の指定に関する公聴会等及び告示）

> （景品類及び表示の指定に関する公聴会等及び告示）
> 第三条　内閣総理大臣は，前条第三項若しくは第四項の規定による指定をし，又はその変更若しくは廃止をしようとするときは，内閣府令で定めるところにより，公聴会を開き，関係事業者及び一般の意見を求めるとともに，消費者委員会の意見を聴かなければならない。
> 2　前項に規定する指定並びにその変更及び廃止は，告示によつて行うものとする。

解説

1 改正の趣旨

本改正法において景品表示法に章名を付すに当たり，公聴会等および告示に関する旧法5条のうち，①総則的規定である「景品類及び表示の指定に関する公聴会等及び告示」は「第一章　総則」に，②「景品類の制限及び禁止並びに不当な表示の禁止」については「第二章　景品類及び表示に関する規制」に，それぞれ規定することが適切であると考えられる。

本条は，旧法5条のうち，「景品類及び表示の指定に関する公聴会等及び告示」に関する規定を「第一章　総則」に移動させるため新設したものである。

なお，規定の趣旨や内容については，改正前から変更はない。

第2章 景品類及び表示に関する規制

第1節　景品類の制限及び禁止並びに不当な表示の禁止

第6条（景品類の制限及び禁止並びに不当な表示の禁止に係る指定に関する公聴会等及び告示）

> （景品類の制限及び禁止並びに不当な表示の禁止に係る指定に関する公聴会等及び告示）
> 第六条　内閣総理大臣は，第四条の規定による制限若しくは禁止若しくは前条第三号の規定による指定をし，又はこれらの変更若しくは廃止をしようとするときは，内閣府令で定めるところにより，公聴会を開き，関係事業者及び一般の意見を求めるとともに，消費者委員会の意見を聴かなければならない。
> 2　前項に規定する制限及び禁止並びに指定並びにこれらの変更及び廃止は，告示によつて行うものとする。

解説

1　改正の趣旨

「公聴会等及び告示」に関する旧法5条のうち，「景品類及び表示の指定に関する公聴会等及び告示」に関する規定を新法3条に新設（移動）したが（新法3条の解説参照），「景品類の制限及び禁止並びに不当な表示の禁止」に関する規定は，「第二章　景品類及び表示に関する規制」に置くことが適当であることから，移動させることなく残すこととした。

本条は，「景品類の制限及び禁止並びに不当な表示の禁止」に関する規定について条数を6条に変更したものである。

なお，規定の趣旨および内容については，改正前から変更はない。

第2節　措置命令

第7条

> 第七条　（略）
> 2　内閣総理大臣は，前項の規定による命令に関し，事業者がした表示が第五条第一号に該当するか否かを判断するため必要があると認めるときは，当該表示をした事業者に対し，期間を定めて，当該表示の裏付けとなる合理的な根拠を示す資料の提出を求めることができる。この場合において，当該事業者が当該資料を提出しないときは，同項の規定の適用については，当該表示は同号に該当する表示とみなす。

解説

1　改正の趣旨

　本改正法は，効果・性能に関する表示について優良誤認表示に該当するか否かを判断するため必要があると認めるとき，措置命令との関係におけるものとは別に，課徴金納付命令との関係においても，内閣総理大臣（消費者庁長官）は，当該表示を行った事業者に対し，期間を定めて当該表示の裏付けとなる合理的な根拠を示す資料の提出を求めることができることとしている（詳細は新法8条3項の解説参照）。

　措置命令との関係における不実証広告規制と課徴金納付命令との関係における不実証広告規制の効果は異なる(注)ため，規定を分ける必要があり，措置命令との関係における不実証広告規制を規定する旧法4条2項について，措置命令について規定する新法7条の2項に移動させた上で，「前項の規定による命令に関し」の文言を追加した。規定の趣旨や内容については，改正前から変更はない。

　なお，合理的な根拠を示す資料の提出要求は，本項により措置命令との関係で行われる場合のほか，新法8条3項により課徴金納付命令との関係で行われる場合がある。

（注）　措置命令との関係における不実証広告規制および課徴金納付命令との関係における不実証広告規制の内容は以下のとおりであり,「みなす」か「推定する」かが異なる。

　　すなわち,内閣総理大臣（消費者庁長官）は,効果・性能に関する表示について優良誤認表示に該当するか否かを判断するため必要があると認めるときは,当該表示を行った事業者に対し,期間を定めて当該表示の裏付けとなる合理的な根拠を示す資料の提出を求めることでき,当該事業者が当該資料を提出しない場合や表示の裏付けとなる合理的な根拠とは認められない資料を提出した場合において,

① 　措置命令との関係における不実証広告規制

　　当該表示を優良誤認表示と「みなす」ものである。

② 　課徴金納付命令との関係における不実証広告規制

　　当該表示を優良誤認表示と「推定する」ものである。

第3節　課徴金

第8条（課徴金納付命令）
第1項

> （課徴金納付命令）
> 第八条　事業者が，第五条の規定に違反する行為（同条第三号に該当する表示に係るものを除く。以下「課徴金対象行為」という。）をしたときは，内閣総理大臣は，当該事業者に対し，当該課徴金対象行為に係る課徴金対象期間に取引をした当該課徴金対象行為に係る商品又は役務の政令で定める方法により算定した売上額に百分の三を乗じて得た額に相当する額の課徴金を国庫に納付することを命じなければならない。ただし，当該事業者が当該課徴金対象行為をした期間を通じて当該課徴金対象行為に係る表示が次の各号のいずれかに該当することを知らず，かつ，知らないことにつき相当の注意を怠つた者でないと認められるとき，又はその額が百五十万円未満であるときは，その納付を命ずることができない。
> 一　商品又は役務の品質，規格その他の内容について，実際のものよりも著しく優良であること又は事実に相違して当該事業者と同種若しくは類似の商品若しくは役務を供給している他の事業者に係るものよりも著しく優良であることを示す表示
> 二　商品又は役務の価格その他の取引条件について，実際のものよりも取引の相手方に著しく有利であること又は事実に相違して当該事業者と同種若しくは類似の商品若しくは役務を供給している他の事業者に係るものよりも取引の相手方に著しく有利であることを示す表示

解説

1　改正の趣旨

　本項は，違反行為者（事業者）に経済的不利益を課すことにより，事業者が不当表示を行う動機を失わせ，不当表示規制の抑止力を高めることによって不当表示を防止することを目的として，内閣総理大臣（消費者庁長官）は，いわゆる優良誤認表示（新法5条1号）または有利誤認表示（同2号）

を行った事業者に対し，一定の要件の下で課徴金を納付することを命じなければならない旨を定めるものである。

具体的に，本項本文は，課徴金の対象となる行為（課徴金対象行為），課徴金額の算定方法を定めており，ただし書は，納付を命ずることができない場合（主観的要素，規模基準）を定めている。各規定の具体的な趣旨についてはそれぞれの項目ごとに説明する。

2 非裁量的処分（「……命じなければならない」（本項本文））

内閣総理大臣（消費者庁長官）は，違反行為（優良誤認表示行為または有利誤認表示行為）をした事業者に対して，本項ただし書（または新法11条3項）に該当する場合を除き，「課徴金を国庫に納付することを命じなければならない」（本項本文）。これは，内閣総理大臣（消費者庁長官）に対して，課徴金の賦課を義務付けるものであるから，（命令を発するか否かおよび命令の内容について内閣総理大臣（消費者庁長官）に裁量が認められている措置命令とは異なり）課徴金納付命令を発するか否かについて，内閣総理大臣（消費者庁長官）に裁量の余地はない。

なお，課徴金制度は本改正法により景品表示法に新設されるものであるため，当面，（政令で都道府県知事に対して権限付与を行うことなく）内閣総理大臣（消費者庁長官）において調査から命令まで執行することを想定している（新法33条11項参照）(注)。

（注）新法33条11項の委任を受けた政令（平成21年政令第218号）10条1項本文に基づき，都道府県知事は措置命令および同命令を行うため必要な調査を行い得るところ，都道府県知事が措置命令事案について調査を行った結果，当該事案が課徴金納付命令の対象にもなる事案であると判明した場合には，直ちに消費者庁において引き続き調査を実施する等の対応が考えられる。

内閣総理大臣（消費者庁長官）と都道府県知事との役割分担・連携に関する具体的な対応方法については，今後，都道府県知事の意見も聴きながら調整し，前記政令の改正を含め検討していくこととなる。

この点に関する，第187回国会衆議院消費者問題に関する特別委員会（平成26年11月10日）における村上史好議員の質問に対する越智隆雄大臣政務官の答弁（抜

粋）は以下のとおりである（会議録第6号13頁）。

「（略）さきの通常国会で成立しました景品表示法の改正案によりまして，ことしの十二月から措置命令権限をその調査権限も含めまして都道府県知事に付与することが可能になったということでございます。

その際に，消費者庁と都道府県知事との役割分担につきまして，現在検討を進めております政令案におきましては，一つの都道府県内で完結する事案については都道府県知事において，複数の都道府県にまたがる事案については消費者庁において，その他，都道府県知事から要請があった事案については消費者庁において処理することが想定されておりまして，既存の消費者庁と都道府県との間でのネットワークを活用するなどして連携を図ることとしていきたいというふうに考えております。

一方で，課徴金納付命令の権限につきましては，課徴金制度が本改正で新たに設けられるということでございますので，当面，消費者庁が調査から命令まで執行することを想定しているということでございます。

ただ，都道府県における調査事案が課徴金納付命令の対象にもなる事案であると判明することもあると考えられるので，その場合には，直ちに消費者庁において，引き取るか，あるいは共同でやるか，引き続き，調査の体制を検討し，実施していくことも考えられるというふうに思っております。

今後，都道府県の意見を聞きながら体制整備を進めていきたいと考えております。」

3 「課徴金対象行為」（本項本文）

(1) 課徴金対象行為

課徴金対象行為は，「第五条の規定に違反する行為」であり，具体的には以下の表示を行う行為である（本項本文）。

① 自己の供給する商品または役務の内容について，実際のものや競合する他の事業者のものよりも「著しく優良」であると一般消費者に対し示す表示（優良誤認表示。新法5条1号）

② 自己の供給する商品または役務の取引条件について，実際のものや競合する他の事業者のものよりも「著しく有利」であると一般消費者に誤認される表示（有利誤認表示。新法5条2号）

優良誤認表示および有利誤認表示は，景品表示法における主たる不当表示類型であり，景品表示法の所管が消費者庁に移管された後の措置命令事案の大半を占めており，当該不当表示の抑止力強化の必要性が高いと考え

られるため，当該表示を行う行為を課徴金対象行為としたものである。

本改正法では，優良誤認表示に関する手続規定として，課徴金納付命令との関係においても不実証広告規制を導入しているが，この点については本条3項の解説を参照されたい。

なお，本改正法は，優良誤認表示および有利誤認表示に関する従来の内容を変更するものではない(注)。

> (注) 景品表示法は，優良誤認表示および有利誤認表示の定義に当たり，「不当に顧客を誘引し，一般消費者による自主的かつ合理的な選択を阻害するおそれがある」（新法5条1号の後半部および2号後半部）旨の規範的概念を用いているが，一般消費者に誤認される表示であれば通常当該自主的かつ合理的な選択を阻害するものであり，当該「おそれ」は確認的な規定であって具体的な要件として機能するものではない（片桐一幸編著『景品表示法〔第3版〕』（商事法務，平成26年）41頁参照）。
> また，「著しく」とは，当該表示の誇張の程度が，社会一般に許容される程度を超えて，一般消費者による商品または役務の選択に影響を与える場合を指す（「不当景品類及び不当表示防止法第4条第2項の運用指針」第1，2(2)第1段落，「不当な価格表示についての景品表示法上の考え方」第2，1(2)参照。）。この点に関し，事業者による表示の優良誤認表示該当性が争われた事案において，東京高判平成14年6月7日判例タイムズ1099号88頁（同判決に対する上告は棄却されている。最決平成14年11月22日公正取引委員会審決集49巻622頁）は，「誇張・誇大が社会一般に許容される程度を超えるものであるかどうかは，当該表示を誤認して顧客が誘引されるかどうかで判断され，その誤認がなければ顧客が誘引されることは通常ないであろうと認められる程度に達する誇大表示であれば『著しく優良であると一般消費者に誤認される』表示に当たる」と判示している。

(2) 課徴金納付命令の対象とされていない行為

商品または役務の取引に関する事項について一般消費者に誤認されるおそれがある表示であって，内閣総理大臣が指定し告示した表示（いわゆる指定告示に係る表示。新法5条3号）を行うことは，（事業者が行った表示が優良誤認表示または有利誤認表示に該当しない限り）課徴金対象行為に該当しないこととされた。

これは，消費者庁移管後の平成21年9月から平成26年10月までの措置命令事案全146件中当該指定告示に係る表示が問題となった事案は8件

のみであり 資料2-1，課徴金を賦課して違反行為の抑止力を強化するに足りる立法事実が認められないと考えられたことなどによる。

4 課徴金額の算定（本項本文）
(1) 概　要
課徴金額は，「課徴金対象期間」における「課徴金対象行為に係る商品又は役務の政令で定める方法により算定した売上額」に，「百分の三」すなわち3％を乗じて算定する（本項）。

(2) 算定の基礎となる売上額
課徴金額算定の基礎となる売上額は，①「課徴金対象期間」における，②「課徴金対象行為に係る商品又は役務の政令で定める方法により算定した売上額」である。このうち，②の概要について以下で解説することとする。①「課徴金対象期間」については，本条2項の解説を参照されたい。

本課徴金制度の目的は，不当表示行為者（事業者）に経済的不利益を課すことにより，事業者が不当表示を行う動機を失わせ，不当表示規制の抑止力を高めることによって不当表示を防止することにある。このため，不当表示行為が行われた場合，当該不当表示行為による不当表示の対象となった商品または役務の売上額を，課徴金額算定の基礎とすべきである（一般消費者が不当表示によって実際に誤認した結果取引を行った商品または役務の売上額に限定されるべきものではない。）。

すなわち，「課徴金対象行為に係る商品又は役務」について，政令で定める方法により算定した売上額が課徴金額の算定基礎となるのである。

この「売上額」について，例えば，メーカーがある商品を小売業者に対して販売し，当該小売業者が当該商品を一般消費者に対して販売した事案において，メーカーおよび小売業者が不当表示の主体として認められ[注]，両者共に課徴金納付命令の要件を満たすとして両者に対して課徴金納付命令を行う場合，課徴金額算定におけるメーカーの「売上額」は，当該メーカーの当該小売業者に対する販売額であり，当該小売業者の「売上額」は，一般消費者に対する販売額となる。

また，課徴金に係る「売上額」の算定方法につき，例えば独占禁止法は，簡明性を重視しつつ商取引上の事情に対応するため，原則としていわゆる引渡基準に基づき売上額を算定することとしつつ，課徴金の対象となる期間に行われた，違反行為に係る表示についての①商品の不足等の理由による値引き，②返品，③契約により取引の実績に応じて支払われた割戻金を，課徴金額算定の基礎となる「売上額」から控除することとしている（私的独占の禁止及び公正取引の確保に関する法律施行令（昭和52年政令第317号）5条1項等）。

　景品表示法における課徴金額算定の基礎となる「売上額」に関する政令は，制度の簡明性および商取引上の事情への対応の観点から，前記独占禁止法の考え方も参考としつつ，制定されることになる。

（注）　具体的には，メーカーが商品の容器に不当表示を行った上で小売業者に対して当該商品を販売し，当該小売業者が店頭で当該表示をポップにより表示するなどした場合等が考えられる。
　　　この点，衣料品のいわゆるセレクトショップにおいて，イタリア製と表示されていたズボンが実際にはルーマニア製であった事案において，東京高判平成20年5月23日公正取引委員会審決集55巻842頁は，旧法4条1項（新法5条柱書）の「事業者」（不当表示を行った者）の解釈について，以下のとおり判示した上で，当該事案における表示内容の決定過程を踏まえ，小売業者が「表示内容の決定に関与した事業者」として表示主体となる旨判断した（同判決に対する原告からの上告および上告受理申立てについては，上告棄却および上告不受理の決定がなされている（最決平成21年6月23日公正取引委員会審決集56巻第二分冊325頁））。
　　　「『表示内容の決定に関与した事業者』が法4条1項の『事業者』（不当表示を行った者）に当たるものと解すべきであり，そして，『表示内容の決定に関与した事業者』とは，『自ら若しくは他の者と共同して積極的に表示の内容を決定した事業者』のみならず，『他の者の表示内容に関する説明に基づきその内容を定めた事業者』や『他の事業者にその決定を委ねた事業者』も含まれるものと解するのが相当である。そして，上記の『他の者の表示内容に関する説明に基づきその内容を定めた事業者』とは，他の事業者が決定したあるいは決定する表示内容についてその事業者から説明を受けてこれを了承しその表示を自己の表示とすることを了承した事業者をいい，また，上記の『他の事業者にその決定を委ねた事業者』とは，自己が表示内容を決定することができるにもかかわらず他の事業者に表示内容の決定を任せた事業者をいうものと解せられる。」

なお，問題となったズボンを輸入して当該小売業者に対して販売した輸入業者も不当表示主体として公正取引委員会から排除命令を受けたが，当該輸入業者は同命令に対して争わなかった。これらを含め，表示主体に関する議論については，片桐一幸編著『景品表示法〔第3版〕』（商事法務，平成26年）53頁以下参照。

(3) 算定率

　既述のとおり，景品表示法に課徴金制度を導入する目的は，違反行為者（事業者）に経済的不利益を課すことにより，事業者が不当表示を行う動機を失わせ，不当表示規制の抑止力を高めることによって不当表示を防止することにある。そのため，課徴金額の算定率は，不当表示を防止するという目的を達成するのに必要な水準であるかという観点から設定するのが適当である。

　そこで，今回の改正では，不当表示によって得られる不当な利得がどの程度であるかを考えて算定率を設定することとし，消費者庁設置後の措置命令事案における事業者の売上高営業利益率のデータを検討し，概ねその中央値である3％を課徴金額の算定率としている。

　制度の透明性・公平性の確保の観点から，課徴金の賦課要件を明確に規定するとともに，違反行為（不当表示行為）に迅速に対応できるようにするため，課徴金算定率は一律に設定した[注]。

　なお，違反行為（不当表示行為）は，業種や事業規模にかかわらずあらゆる事業者によって行われ得るものである。また，一般消費者に誤認を生じさせて自主的かつ合理的な選択を阻害するという不当表示の一般消費者への影響についても，事業者の業種や事業規模によって異なるものではない。このため，業種や事業規模に応じて算定率を設定することはしていない。

（注）　仮に，事業者が意図的に課徴金対象行為を行ったか否かによって算定率を異ならせる制度設計とする場合，事案ごとにいずれの算定率を適用すべきかの判断が行政に求められることになる。しかしながら，当該判断に必要な調査等に時間等を要することとなり，行政処分の迅速性，機動性が失われ，課徴金制度による不当表示防止の実効性が阻害されかねない。

5 主観的要素（本項ただし書の前半部）
(1) 趣 旨
ア　事業者が，「課徴金対象行為をした期間を通じて」，自らが行った表示が不当表示であること（本項1号または2号に該当すること）を「知らず，かつ，知らないことにつき相当の注意を怠つた者でないと認められるとき」は，課徴金の納付を命じることができない（本項ただし書の前半部）。

　表示を行うに当たりどのような注意を払ったかにかかわらず課徴金が課される制度とすれば，事業者が表示内容の真実性について確認を行う（注意を払う）インセンティブが損なわれ，課徴金制度導入による不当表示防止の目的を果たせないおそれがある。このため，課徴金納付命令の要件として主観的要素を取り込んだものである。

イ　平成20年法案との違い（主観的要素の内容）
　なお，平成20年法案においては，主観的要素の内容として，「相当の注意を著しく怠つた」，すなわち，事業者に重過失がないと認められたときには，課徴金の対象から除外することとされていた。これは，当時，事業者に対して経済的不利益を課すという課徴金制度において，事業者に過度の注意義務を強いるべきではないとの考え方によるものであった。

　しかしながら，平成25年秋に発覚したホテル・レストラン等におけるメニュー表示問題をはじめ，不当表示が跡を絶たない状況にあることに鑑みると，不当表示の防止を徹底する観点からは，事業者に対して，表示の際に注意を怠らないよう促す必要がある。

　したがって，本改正法では，主観的要件として，「相当の注意を怠つた者でないと認められるとき」には，課徴金の納付を命ずることができないこととし，過失による不当表示行為も課徴金の対象とすることとされている。

ウ　消費者委員会の答申等との違い（主観的要素の立証責任）
　主観的要素の立証責任は，法案の検討初期の段階では，消費者委員会の答申 資料1-10・1-11 などを踏まえ，事業者が負うこととされていたが，パブリックコメント等で出された様々な意見を踏まえて，課徴金納付命令は事業者に経済的不利益を課す処分であり，そのような不利益処分をする

上では原則として行政庁がその要件について立証責任を負うべきとの考えが妥当であると解されることに基づき，事業者が相当の注意を怠った者でないと認められるときは課徴金を賦課しないこととし，立証責任は行政の側が負うことに改められたものである。

(2) 主観的要素の内容（「当該課徴金対象行為をした期間を通じて当該課徴金対象行為に係る表示が次の各号のいずれかに該当することを知らず，かつ，知らないことにつき相当の注意を怠つた者でない」）

　事業者が「相当の注意を怠つた者でないと認められる」か否かは個別具体的に判断せざるを得ないが，表示の対象となる商品または役務の内容，表示の方法・内容，事業者の業態（メーカー，卸売業者，小売業者等），商慣行，当該事業者が供給する商品または役務の最終需要者の属性などから決せられるものと考えられる。一般的には，取引先から提供される書類等で当該表示の根拠を確認するなど，表示をする際に必要とされる通常の商慣行に則った注意を行っていれば足りるものと考えられる[注1]。

　この点に関し，事業者は，景品および表示に関する事項を「適正に管理するために必要な体制の整備その他の必要な措置を講じなければならない。」とされている（新法26条1項）。事業者が講じた当該措置が，表示の対象となる商品または役務の内容，表示の方法・内容，事業者の業態等に照らして適切なものであり[注2]，かつ，当該措置が適切に機能していたにもかかわらず不当表示が生じた事実が認められる場合，当該事実は「相当の注意を怠つた者でないと認められる」ことを基礎付ける重要な事実となると考えられる。

　なお，当該相当の注意は，事業者全体として履行されなければならない。

(注1)　第187回国会衆議院消費者問題に関する特別委員会（平成26年11月10日）における田沼隆志議員の質問に対する越智隆雄大臣政務官の答弁（抜粋）は以下のとおりである（会議録第6号5頁）。
　　「(略)事業者に求められる相当の注意というのはどういうものかということでありますが，この場合，小売業者がメーカーから仕入れたときに相当な注意を払って仕入れたとはどういうことかということは，個別具体的に判断せざるを得ませんけ

れども，一般的には，取引業者から，この場合メーカーから提供される書類等でみずから小売業者が自分で表示することの根拠を確認するなど，表示をする際に必要とされている通常の商習慣にのっとった注意を行っていれば足りるということであります。(略)」

(注2) 事業者が「必要な措置」を講じるに当たっては，「事業者が講ずべき景品類の提供及び表示の管理上の措置についての指針」(平成26年内閣府告示第276号)を参考にされたい。

(3) 主観的要素の対象（本項1号および2号）

前記のとおり，課徴金納付命令の要件として主観的要素を取り込む趣旨は事業者が表示内容の真実性について確認を行う（注意を払う）インセンティブを担保する点にある。そこで，主観的要素の対象は，「表示が事実と相違する」ものであることとされた。

すなわち，主観的要素の対象は，自らの表示が新法5条1号または2号の表示に該当すること自体ではなく，以下の①②のいずれかに該当することである。

① 「実際のものよりも著しく優良である」ことまたは「事実に相違して当該事業者と同種若しくは類似の商品若しくは役務を供給している他の事業者に係るものよりも著しく優良である」ことを示す表示（本項1号）

② 「実際のものよりも取引の相手方に著しく有利であること」または「事実に相違して当該事業者と同種若しくは類似の商品若しくは役務を供給している他の事業者に係るものよりも著しく有利である」ことを示す表示[注]（本項2号）

(注) 主観的要素の内容について単純に5条2号の文言を抜き出す場合，(a)「実際のものよりも取引の相手方に著しく有利であること」または(b)「当該事業者と同種若しくは類似の商品若しくは役務を供給している他の事業者に係るものよりも著しく有利である」ことを示す表示であることの認識を求めることになるが，(b)の部分は「表示が事実と相違する」こととは異なる。

そこで，(b)の部分に関し，5条1号の規定ぶりを利用して，「事実に相違して当該事業者と同種若しくは類似の商品若しくは役務を供給している他の事業者に係るものよりも著しく有利である」（注：下線は引用者による。）と定められている。

(4) 主観的要素の対象期間（「当該事業者が当該課徴金対象行為をした期間を通じて」）

「当該事業者が当該課徴金対象行為をした期間を通じて」とは、課徴金対象行為（不当表示行為）を行っていた全期間を指すものであり、課徴金対象期間とは異なる。すなわち、課徴金対象行為という違反行為を行っている期間における事業者の主観を問題とするものであり、事業者が課徴金対象行為をやめた後、当該課徴金対象行為に係る商品または役務の取引を終えた日や一般消費者による自主的かつ合理的な選択を阻害するおそれを解消するための措置をとった日までの期間までを含むものではない(注)。

また、主観的要素を設ける趣旨に照らせば、例えば、事業者が課徴金対象行為開始時点において当該表示が不当表示であること（本項1号または2号に該当すること）を知らず、かつ、知らないことにつき相当の注意を怠った者でなかった場合において、課徴金対象行為を行っている途中で不当表示であることを知り、直ちに表示行為をやめたときは課徴金を賦課すべきではない。しかし、その場合でも、「不当表示であることを知った結果、表示する行為を取りやめる」という過程において、少なからず不当表示であることを知った上での不当表示行為が発生することが多いと考えられるところ、仮に「課徴金対象行為をした期間を通じて……知らず、かつ、……相当の注意を怠つた者でない」と規定すれば、課徴金賦課要件を充足してしまうこととなる。したがって、「……と認められるとき」と規定し、当該要件の該当性を実質的な評価により判断することとした。

なお、上記の場合（事業者が課徴金対象行為開始時点において当該表示が不当表示であることを知らず、かつ、知らないことにつき相当の注意を怠った者でなかった場合）において、事業者が課徴金対象行為を行っている途中で不当表示であることを知ったにもかかわらず漫然と課徴金対象行為を継続したとき（相当の注意を怠った者でないと認められないとき）は、本項本文に基づき「課徴金対象期間に取引をした当該課徴金対象行為に係る商品又は役務の…売上額」が課徴金額算定の基礎となる（不当表示であることを知った以降の当該商品または役務の売上額のみが課徴金額算定の基礎となるわけではない。）。

(注) 仮に，主観的要素の対象期間を「当該課徴金対象行為をした期間を通じて」でなく「課徴金対象期間」とすると，次のとおり不都合が生じる。
　すなわち，事業者が注意義務を果たした上で（＝怠ったものではなく）表示を行い，当該表示行為をやめた後に，事後的に当該表示が不当表示であることが発覚した場合，当該事業者が表示行為を終了した後に不当表示をした旨の公告等一般消費者の誤認を排除する措置をとったとしても，不当表示を認識した後当該措置をとるまでの間に取引を停止できなかったときは，遅くとも当該措置をとる前の取引時には当該表示が不当表示であることを知っていたこととなり，当該事業者は，「相当の注意を怠つた者」に該当することとなってしまう。しかし，そのような結論は，事業者に表示内容の真実性について確認を行うインセンティブを担保するという主観的要素の趣旨に反する。

(5) 主観的要素の立証責任

　事業者が相当の注意を怠った者でないと認められるときは，課徴金を賦課しないことと規定しており，立証責任は行政の側が負うことになる。
　なお，実務上，課徴金納付命令に関する争訟において，主観的要素が争点となるのは，同命令を受けた事業者が主観的要素に関して一定の具体的な主張を行った場合であり，主張された事実の存否またはその主張に合理性が認められるかどうかが問題となるものであるから，主観的要素に係る事実に関する立証責任を内閣総理大臣（消費者庁長官）が負うとしても，執行が困難になるということはないものと考えられる。

6　規模基準（本項ただし書の後半部）
(1) 趣　旨

　本項により算定した課徴金額が150万円未満（課徴金対象行為に係る商品または役務の売上額が5,000万円未満）であるときは，課徴金の納付を命じることができない（本項ただし書の後半部）。
　不当表示事案において，事業者の不当表示行為（課徴金対象行為）に係る商品または役務の売上額が大きければ大きいほど，消費生活への影響が大きいと考えられ，課徴金による不当表示防止効果を発揮させる必要性が高い。他方で，規模基準を設けず全ての事案を課徴金賦課の対象とすると，不当表示行為に係る商品または役務の売上額が小さく，消費生活の影響が

相対的に小さいと考えられる事案までことごとく課徴金を課す対象とすることとなり，消費生活の影響が大きく，防止効果を発揮させる必要性が高い事案に対する執行にかえって支障を及ぼすおそれがある。

そこで，必要性および行政効率の観点から，課徴金納付命令の対象とすべき事案を適切に絞り込むため，課徴金納付命令の要件として規模基準を設けることとしたものである(注)。

> (注) 第187回国会衆議院消費者問題に関する特別委員会（平成26年11月10日）における穀田恵二議員の質問に対する赤澤亮正内閣府副大臣の答弁（抜粋）等参照。なお，当該答弁（抜粋）は以下のとおりである（会議録第6号9頁）。
> 「(略)不当表示に対する抑止力の強化を考える際には，新たな課徴金納付命令に加えて，従来の措置命令，指導なども含めた全体の執行力が強化されたことにならなければならないと考えております。
> そういう意味では，先ほどの事務コストの御指摘の点に戻りますが，課徴金制度の導入に伴う事務量の増大によって，景品表示法についての全体の執行力がかえって落ちるようなことがあってはならないというふうに考えております。このような観点から，今回採用する規模基準の水準は妥当なものと現時点で考えております。(略)」

(2) 基準額

本改正法においては，消費者庁設置後の措置命令事案（平成21年9月から平成26年10月までの事案のうち売上額を把握できた107件）における不当表示に係る商品または役務の売上額の中位層に含まれる売上額が5,000万円であったことから，規模基準について150万円未満と設定することとした。

なお，「その額」すなわち「課徴金対象期間に取引をした当該課徴金対象行為に係る商品又は役務の政令で定める方法により算定した売上額」に3％を乗じた金額（＝本項により算定した課徴金額）が150万円以上である場合，自主申告や自主返金（返金措置）による課徴金額の減額の結果，減額後の金額が150万円未満になったとしても，当該減額後の金額について，課徴金の納付を命じることとなる。

第2項

> 2 前項に規定する「課徴金対象期間」とは，課徴金対象行為をした期間（課徴金対象行為をやめた後そのやめた日から六月を経過する日（同日前に，当該事業者が当該課徴金対象行為に係る表示が不当に顧客を誘引し，一般消費者による自主的かつ合理的な選択を阻害するおそれを解消するための措置として内閣府令で定める措置をとつたときは，その日）までの間に当該事業者が当該課徴金対象行為に係る商品又は役務の取引をしたときは，当該課徴金対象行為をやめてから最後に当該取引をした日までの期間を加えた期間とし，当該期間が三年を超えるときは，当該期間の末日から遡つて三年間とする。）をいう。

1 改正の趣旨

本項は，課徴金額算定の基礎となる「売上額」の期間的範囲を画する「課徴金対象期間」について，以下の(1)または(2)の期間であるとしつつ，当該期間が3年を超えるときは，当該期間の末日から遡って3年間とするものである。

(1) 原則：「課徴金対象行為をした期間」

(2) 「課徴金対象行為をやめた日」から①6月を経過する日，または，「②一般消費者による自主的かつ合理的な選択を阻害するおそれを解消するための措置」をとった日のいずれか早い日までの間に，「当該課徴金対象行為に係る商品又は役務の取引をした」場合：課徴金対象行為をした期間に，「当該課徴金対象行為をやめてから最後に当該取引をした日までの期間」を加えた期間

2 課徴金対象行為をやめた後に「当該課徴金対象行為に係る商品又は役務の取引をしたとき」の課徴金対象期間の終期（前記(2)）

事業者が，課徴金対象行為をやめた後も，当該課徴金対象行為によって生じた一般消費者による自主的かつ合理的な選択を阻害するおそれを解消するための措置[注1]をとらないまま当該課徴金対象行為に係る商品または役務の取引を行う場合には，当該課徴金対象行為によって生じた一般消費

者の誤認を利用した取引が含まれるといえる。

　そこで，新法8条2項では，課徴金額の算定に当たり，課徴金による不当表示規制の実効性を担保するため，1個の課徴金対象行為に係る表示により惹起された「一般消費者による自主的かつ合理的な選択を阻害するおそれ」が存続する期間を，課徴金対象行為をやめた後（当該おそれを解消する措置を講じない限り）最長6月とみなし，前記(2)の期間（「当該課徴金対象行為をやめてから最後に当該取引をした日までの期間」）も課徴金対象期間に含める，すなわち当該期間中の取引に係る売上額を課徴金額算定の基礎に含めることとしたものである(注2)。かかる趣旨から当然ではあるが，「最後に当該取引をした日までの期間」とは，「当該課徴金対象行為をやめた日」から①6月を経過する日または②前記おそれを解消する措置をとった日のいずれか早い日までにおける「最後に当該取引をした期間」であり，例えば，事業者が課徴金対象行為をやめた日から，当該措置をとらないまま9月間取引を継続したとしても，課徴金対象行為をやめた日から6月を経過する日が課徴金対象期間の終期となる（9月を経過した日が終期となるのではない。後記4(1)および(2)の（ⅱ-2）参照）。

　このように画一的な終期を定めることは，課徴金対象期間を明確化し，事業者の予見可能性および法的安定性を確保し得るものであると考えられる。

　　(注1)　例えば，不当表示をした旨の周知を行うことが考えられる。具体的な方法等については内閣府令で定める予定である。
　　(注2)　仮に，新法8条2項のように定めない場合，違反行為者（事業者）は，課徴金対象行為をやめた後，敢えて課徴金対象行為に係る商品または役務の取引を少しずつ継続する等により，課徴金の対象となる期間が3年を超える場合に課徴金額を不当に低くすることが可能になるおそれがある。
　　　　また，違反行為者（事業者）が課徴金対象行為をやめたものの，課徴金対象行為に係る商品または役務の取引を継続し，かつ，当該課徴金対象行為に係る表示によって生じた一般消費者による自主的かつ合理的な選択を阻害するおそれを解消するための措置をとらない場合，課徴金対象期間が定まらず，課徴金納付命令の迅速な発出が困難となるおそれもある。
　　　　しかし，新法8条2項のように課徴金対象期間の終期を画一的に定めることで，

これらの問題点に対応したものである。

3 「課徴金対象期間」の上限（3年間）

　本課徴金制度の目的は，事業者に経済的不利益を賦課することで，不当表示規制の抑止力を高め，不当表示を防止することにある。そこで，課徴金対象期間としては，当該目的を達成するのに必要な範囲を設定する必要がある。

　この点に関し，課徴金対象期間の上限が短すぎると，課徴金額が過少なものとなり，課徴金制度の実効性を殺ぐことになってしまい，適当でない。他方で，課徴金対象期間の上限を必要以上に長期に設定した場合，法的安定性を害するおそれがある。また，事業者に対して長期間にわたる売上額の報告を求めることは，事業者に過度の負担を強いるおそれがあり，行政にとっても，法執行の負担が過大なものとなりかねない。

　そこで，課徴金制度の実効性を確保しつつ，過去に遡及し得る期間に合理的な限定をするとの考えの下，課徴金対象期間の上限は3年間とされた（既述のとおり，課徴金対象期間は基本的には前記1の(1)または(2)の期間であるが，当該期間が3年を超えるとき，当該期間の末日から遡って3年間が課徴金対象期間となる。）。

　この「3年間」という期間は，独占禁止法における違反行為に対する課徴金に係る対象期間の上限に倣ったものであり(注)，また，消費者庁設置後に措置命令を受けた事業者が行った表示期間の平均値も参考にしたものである。

　（注）　独占禁止法における課徴金対象期間も上限3年とされている（不当な取引制限について7条の2第1項，支配型私的独占について7条の2第2項により同条1項を準用，排除型私的独占について7条の2第4項，不公正な取引方法のうち共同ボイコットについて20条の2，差別対価について20条の3，不当廉売について20条の4，再販売価格維持行為について20条の5，優越的地位の濫用について20条の6）。

4 「課徴金対象期間」に関する具体例

(1) 事案①

例えば，事業者Ｘが，平成30年4月1日から平成31年3月31日までの間，自社ウェブサイトにて，自ら直接一般消費者に対して販売する商品Ａについて，課徴金対象行為（優良誤認表示行為）を行った事案を想定する。

かかる事案において，（ⅰ）Ｘが，商品Ａの販売も平成31年3月31日に終了した場合，課徴金対象期間の始期は平成30年4月1日，終期は平成31年3月31日である。

他方，（ⅱ-1）Ｘが，課徴金対象行為をやめた後，一般消費者の誤認のおそれの解消措置をとらないまま，商品Ａの販売を平成31年7月31日まで継続した場合，課徴金対象期間の終期は平成31年7月31日となる（始期は平成30年4月1日）。

また，（ⅱ-2）Ｘが，課徴金対象行為をやめた後，一般消費者の誤認のおそれの解消措置をとらないまま，商品Ａの販売を平成31年12月31日まで継続した場合，課徴金対象期間の終期は，課徴金対象行為をやめてから6月経過日までの最後の取引日である平成31年9月30日となる（始期は平成30年4月1日）。

(2) 事案②

例えば，事業者Ｙが，平成30年4月1日から平成34年3月31日までの間，自社ウェブサイトにて，自ら直接一般消費者に対して販売する商品Ｂについて，課徴金対象行為（優良誤認表示行為）を行った事案を想定する。

かかる事案において，（ⅰ）Ｙが，商品Ｂの販売も平成34年3月31日に終了した場合，課徴金対象期間の始期は，（平成30年4月1日ではなく）平成31年4月1日（平成34年3月31日から遡って3年間）となり，終期は平成34年3月31日となる。

他方，（ⅱ-1）Ｙが，課徴金対象行為をやめた後，一般消費者の誤認のおそれの解消措置をとらないまま，商品Ｂの販売を平成34年7月31日まで継続した場合，課徴金対象期間の終期は平成34年7月31日となる（始期は平成31年8月1日）。

また、(ⅱ-2) Yが、課徴金対象行為をやめた後、一般消費者の誤認のおそれの解消措置をとらないまま、商品Bの販売を平成34年12月31日まで継続した場合、課徴金対象期間の終期は、課徴金対象行為をやめてから6月経過日までの最後の取引日である平成34年9月30日となる（始期は平成31年10月1日）。

第3項

> 3　内閣総理大臣は、第一項の規定による命令（以下「課徴金納付命令」という。）に関し、事業者がした表示が第五条第一号に該当するか否かを判断するため必要があると認めるときは、当該表示をした事業者に対し、期間を定めて、当該表示の裏付けとなる合理的な根拠を示す資料の提出を求めることができる。この場合において、当該事業者が当該資料を提出しないときは、同項の規定の適用については、当該表示は同号に該当する表示と推定する。

1　改正の趣旨（課徴金納付命令との関係における不実証広告規制の導入）

　ダイエット食品や健康機器に関する広告表示など商品または役務の効果・性能に関する表示は、表示どおりの効果・性能があるか否かを行政庁が立証するのに、事業者が現に有している書類等を調査することで足りるとは限らず、行政庁がその立証をするには鑑定等が必要となって多大な時間がかかり、その間に消費者被害が拡大してしまう。このため、平成15年の改正[注1]により、措置命令との関係において、一定期間内に当該表示の裏付けとなる合理的な根拠を示す資料を提出できなければ、当該表示を優良誤認表示とみなし、迅速に規制する不実証広告規制が景品表示法に導入された。

　そして、①消費者庁における措置命令事案の不実証広告規制の適用事案が相当数認められること[注2]、②課徴金納付命令との関係で不実証広告規制を導入しない場合は、課徴金納付命令をするまでに多大な時間を要することとなり、不当表示規制の抑止力を低下させてしまうこと、③事業者は、

効果・性能に関する表示を行うに当たっては、当該表示を裏付ける合理的な根拠を示す資料をあらかじめ有すべきとの判決[注3]も出されており、この点は措置命令と課徴金納付命令とで変わるものではないことなどに鑑み、課徴金納付命令との関係においても不実証広告規制が導入された。

本項は、課徴金納付命令との関係における不実証広告規制を定めるものである。すなわち、本項は、内閣総理大臣（消費者庁長官）が、効果・性能に関する表示について優良誤認表示に該当するか否かを判断するため必要があると認めるとき、当該表示を行った事業者に対し、期間[注4]を定めて当該表示の裏付けとなる合理的な根拠を示す資料の提出を求めることでき、当該事業者が当該資料を提出しない場合や表示の裏付けとなる合理的な根拠とは認められない資料を提出した場合[注5]には優良誤認表示と「推定する」と定める手続規定である。

(注1) 不当景品類及び不当表示防止法の一部を改正する法律（平成15年法律第45号）。

(注2) 平成21年9月から平成26年10月における優良誤認表示に関する措置命令事案119件中、35件について不実証広告規制を適用した（資料2-1）。

(注3) 東京高判平成22年11月26日公正取引委員会審決集57巻第二分冊181頁。なお、本判決に対し上告および上告受理の申立てがされたが、上告棄却および上告不受理決定がされている（最決平成23年6月7日公正取引委員会審決集58巻第二分冊10頁）。

(注4) 提出期限については、措置命令との関係における不実証広告規制と同様、内閣府令にて定める予定である。

(注5) 課徴金納付命令との関係の不実証広告規制の運用については、措置命令との関係における不実証広告規制の考え方を示した「不当景品類及び不当表示防止法第4条第2項の運用指針」の考え方が踏襲されるものと考えられる。

2 「推定」の効果等

措置命令との関係における不実証広告規制は、事業者が合理的な根拠を示す資料を提出しないときに優良誤認表示と「みなす」ものである（新法7条2項）。このため、「みなす」規定の適用を受けた事業者は、「当該事業者が当該資料を提出しないとき」に該当しないことについて主張・反証し

て当該規定の適用を争うことはできるが，(資料提出期間経過時までに提出しなかった)合理的な根拠を示す新たな資料を提出して当該表示の優良誤認表示該当性を争うことができなくなるという効果が生じる(注1)。ただし，措置命令により禁止される表示行為は，合理的な根拠を示す資料なく表示する行為であり，事後的に当該資料が備わった場合に当該資料に基づき表示することは許容されるため，当該効果が生じても不都合はないと考えられる(注2)。

しかしながら，課徴金納付命令は，事業者の過去の行為をとらえて命令をした時点で処分が完了する。このため，事後的に，合理的な根拠を示す新資料が備わった場合であっても，課徴金納付命令との関係における不実証広告規制の効果を「みなす」としたときには，当該資料によって同命令を争えなくなり，客観的には不当表示ではなかったとしても課徴金納付命令の効果が維持されることとなってしまうため，事業者の財産権または営利的言論の自由の保障の観点から，当該資料によって同命令を争えるようにする必要がある。

そこで，本法律では，課徴金納付命令との関係における不実証広告規制について，「みなす」のではなく「推定する」と規定している。

事業者は，自ら行った表示について本項により優良誤認表示であると「推定」された場合，資料提出期間経過後であっても，(資料提出期間経過時までに提出しなかった)合理的な根拠を示す新しい資料を提出して当該表示の優良誤認表示該当性を争うことができる(注3)。

なお，「推定」されたとしても，主観的要素について争えなくなるものではなく，かかる場合(本項により優良誤認表示であると「推定」された場合)において，事業者が，合理的な根拠を示す資料であると信じるにつき相当の注意を怠った者でないため課徴金納付命令の要件を満たさないと主張すること(新法8条1項ただし書の前半部)を否定するものではない。

手続の流れに沿った，課徴金納付命令との関係における不実証広告規制に関する具体的なイメージについて，資料2-2 を参照されたい。

(注1) 資料提出期間経過前に提出した資料が合理的な根拠を示す資料であったこと

を補強する趣旨で当該期間経過後にそれまで提出しなかった資料を提出し、「当該事業者が当該資料を提出しないとき」に該当しないことを主張・反証すること自体はできると考えられる。

(注2) 例えば、措置命令との関係における不実証広告規制（旧法4条2項）を適用した上で措置命令を行った件（平成25年12月5日消費者庁報道発表）では、事業者に対し表示行為を禁止するに当たり、「貴社は、今後、本件商品又はこれと同種の商品の取引に関し、表示の裏付けとなる合理的な根拠をあらかじめ有することなく、…（略）の表示と同様の表示をしてはならない。」と示している。

(注3) 課徴金納付命令との関係における不実証広告規制の効果は、法律上の事実推定であることから、当該不実証広告規制により優良誤認表示該当性が推定された上で課徴金納付命令を受けた事業者が取消訴訟において当該命令を争う場合、当該事業者は、当該表示が優良誤認表示に該当しないことについて立証責任を負うこととなる。

第9条（課徴金対象行為に該当する事実の報告による課徴金の額の減額）

> （課徴金対象行為に該当する事実の報告による課徴金の額の減額）
> 第九条　前条第一項の場合において、内閣総理大臣は、当該事業者が課徴金対象行為に該当する事実を内閣府令で定めるところにより内閣総理大臣に報告したときは、同項の規定により計算した課徴金の額に百分の五十を乗じて得た額を当該課徴金の額から減額するものとする。ただし、その報告が、当該課徴金対象行為についての調査があつたことにより当該課徴金対象行為について課徴金納付命令があるべきことを予知してされたものであるときは、この限りでない。

解　説

1　改正の趣旨

(1)　本文

本条本文は、事業者が、課徴金対象行為に該当する事実を内閣府令で定めるところにより内閣総理大臣（消費者庁長官）に報告したときは、新法8条1項により算定した課徴金額から50％相当額を減額することを定めている[注1]。

景品表示法の目的は、一般消費者による自主的かつ合理的な選択を阻害

するおそれのある行為を制限および禁止することによって一般消費者の利益を保護することにある（新法1条）ところ，一般消費者の利益の保護のためには不当表示を早期に発見して対処することが重要であり，たとえ不当表示行為が単独行為であったとしても，事業者が自らの不当表示を発見した場合に，自ら対処するインセンティブを与える仕組みを設ける必要性がある(注2)。

また，事業者は，新法26条1項により，表示等を適正に管理するための必要な体制の整備その他の必要な措置を講じる義務を負うところ，当該措置を講じることにより，事業者が自律的に不当表示の発生を防止するだけではなく，仮に不当表示が行われた場合にはそれを事業者自ら発見できるようにするとともに，不当表示を自ら発見した場合には自主的に内閣総理大臣（消費者庁長官）に報告し，公表するといった対応をとることも期待される。

そこで，不当表示の早期発見・防止およびコンプライアンス体制構築の促進のため，本文の規定を置いたものである。

仮に，本条と異なり，自主申告すれば全額免除とする制度設計とする場合，例えば，事業者が意図的に不当表示を行い，一定程度売り上げた後で，当局の調査が行われる前に自主申告をしさえすれば，課徴金の納付を命じられなくなるという事態を招来することとなり，不当表示の防止という課徴金目的に反する。このため，課徴金額を全額免除とする制度とはしなかった。

(注1) 平成20年法案には，本条のような課徴金額の減額規定はなかった。
(注2) 例えば，経営者の知らないところで不当表示が行われ，内部通報により経営者の知るところとなったような場合には，本減額制度が，その内部通報を生かして表示の適正化や再発防止等の対処を行うインセンティブになることが期待される。

(2) ただし書

本条ただし書は，事業者が行った報告が，当該課徴金対象行為についての調査があったことにより，当該課徴金対象行為について課徴金納付命令があるべきことを予知してされたものであるときは，例外的に減額しない

こととしている。

仮に，事業者が，課徴金対象行為について調査があったことにより課徴金納付命令を受ける可能性を認識してからでも自主申告を行えば課徴金の減額を認めることとすれば，不当表示の早期発見・防止およびコンプライアンス体制構築の促進という減額制度の趣旨が没却されるばかりか，全ての不当表示事案について課徴金額が50％減額され得ることとなり，本課徴金制度による不当表示の防止効果が不十分なものとなるからである。

2 要 件
(1) 「課徴金対象行為に該当する事実を内閣府令で定めるところにより内閣総理大臣に報告したとき」（積極的要件）

本条による課徴金額の減額が認められるためには，課徴金対象行為をした事業者[注1]が，当該課徴金対象行為に該当する事実を内閣府令で定めるところにより内閣総理大臣（消費者庁長官）に報告することが必要である[注2]。

「課徴金対象行為に該当する事実」とは，優良誤認表示または有利誤認表示をする行為に該当する具体的な事実をいう。

なお，本条は，「前条第一項の場合において，……当該事業者が課徴金対象行為に該当する事実を……内閣総理大臣に報告したとき……当該課徴金の額から減額する」ものであるから，課徴金額を減額する前提として，内閣総理大臣（消費者庁長官）が認定した課徴金納付命令上の課徴金対象行為と，事業者が報告した「課徴金対象行為に該当する事実」が同一であることが必要である[注3]。

「課徴金対象行為に該当する事実」の報告方法は内閣府令で定められる。

(注1) 報告主体は「当該事業者」すなわち課徴金対象行為をした事業者であるから，「報告」は，当該事業者の意思に基づき行われる必要がある。したがって，課徴金対象行為をした事業者の代表権を有さない役員や従業員個人による申告（公益通報その他形式を問わない。）は，本項の「報告」には該当しない。

(注2) 不当表示の早期発見・防止という本制度の趣旨から，事業者が故意に課徴金対象行為をしていた場合であっても，「課徴金対象行為に該当する事実」を内閣府

令に定めるところにより報告したときには，課徴金額を減額することとしている（自主申告による課徴金額の減額に当たり，事業者の故意・過失は問わない。）。この点につき，平成26年11月6日衆議院消費者問題に関する特別委員会第5号（第187回国会）9頁（濱地雅一議員の質問に対する越智隆雄内閣府大臣政務官の答弁）。

(注3) したがって，課徴金納付命令で認定された課徴金対象行為と事業者が報告した「課徴金対象行為に該当する事実」に同一性（少なくとも事業者が報告した「課徴金対象行為に該当する事実」に課徴金納付命令で認定した課徴金対象行為が包含される関係）が認められない場合，課徴金額の減額が認められないこととなる。

また，事業者による特定の「課徴金対象行為に該当する事実」の報告を契機として，内閣総理大臣（消費者庁）が当該事業者を調査したところ，当該特定の「課徴金対象行為に該当する事実」との間で同一性が認められない別個の課徴金対象行為に係る事実を確認し，新たに確認した当該課徴金対象行為について課徴金納付命令を発出する場合，当該事業者が「課徴金対象行為に該当する事実」を報告したとはいえないため，本条による課徴金額の減額はされないこととなる。

(2) 「その報告が，当該課徴金対象行為についての調査があつたことにより当該課徴金対象行為について課徴金納付命令があるべきことを予知してされたものであるとき」（消極的要件）

ここでいう「調査」とは，罰則によって間接的に履行を担保する調査（新法29条）のみならず，当該調査権限を行使せずに相手方の協力の下で報告を求めるなどのいわゆる任意調査も含まれる(注)。そこで，事業者の予測可能性を確保するため，課徴金納付命令があるべきことを「予知してされたものであるとき」という要件を置いて，自己申告により課徴金額が減額される終期について事業者の予測可能性を確保している。

例えば，消費者庁の職員等が，特定の課徴金対象行為について質問したり確認や報告を求めたりする趣旨で事業者に接触した後，当該事業者が自主申告をした場合，「当該課徴金対象行為についての調査があつたことにより当該課徴金対象行為について課徴金納付命令があるべきことを予知してされたものであるとき」に該当するものと考えられる。

(注) これは，不当表示を行ったことが疑われる事業者に対する行政調査は，いわゆる任意調査によって開始される場合も多いという実務を踏まえたものといえる。

3　効果等

　上記の要件を充足した場合，新法8条1項の規定により計算した課徴金の額に100分の50を乗じて得た額が，当該課徴金の額から減額される。課徴金納付命令そのものに内閣総理大臣（消費者庁長官）の裁量が認められていないことと同様，自主申告による減額制度についても，裁量は認められない。

　新法8条1項ただし書後半部は，課徴金の額が150万円未満であるときは課徴金を課すことができないとしているところ，本条本文は「同項〔第八条第一項〕の規定により計算した課徴金の額に百分の五十を乗じて得た額」と定めているので，減額される前の課徴金の額が150万円以上であれば，本条本文の規定により減額された課徴金の額が150万円未満となったとしても，課徴金が課されることとなる。

　返金措置の実施による課徴金の額の減額等（新法10条および11条）との関係においては，新法11条2項に「第八条第一項又は第九条の規定により計算した課徴金の額から減額する」とあることから，本条本文の規定により減額された課徴金の額から返金措置において交付した金銭の額が減額されることとなる。

　また，1万円未満の場合の端数計算（新法12条2項）は，本条本文の規定により減額された課徴金の額に対しても行われる。

第10条（返金措置の実施による課徴金の額の減額等）
第1項

> （返金措置の実施による課徴金の額の減額等）
> 第十条　第十五条第一項の規定による通知を受けた者は，第八条第二項に規定する課徴金対象期間において当該商品又は役務の取引を行つた一般消費者であつて政令で定めるところにより特定されているものからの申出があつた場合に，当該申出をした一般消費者の取引に係る商品又は役務の政令で定める方法により算定した購入額に百分の三を乗じて得た額以上の金銭を交付する措置（以下この条及び次条において「返金措置」という。）を実施しようとするときは，内閣府令で定めるところにより，その実施しよう

とする返金措置（以下この条において「実施予定返金措置」という。）に関する計画（以下この条において「実施予定返金措置計画」という。）を作成し，これを第十五条第一項に規定する弁明書の提出期限までに内閣総理大臣に提出して，その認定を受けることができる。

解説

1 改正の趣旨
(1) 返金措置が実施された場合に課徴金額を減額等することの趣旨

不当表示事案では，その特性上，①不当表示と商品または役務の購入との具体的な因果関係の立証が困難であること，②一般消費者各人の損害の算出が困難であること，③損害額を算出できたとしても，その金額が僅少な場合があることなどから，消費者の財産的被害の集団的な回復のための民事の裁判手続の特例に関する法律（平成25年法律第96号）による訴訟手続も含め民事訴訟手続による対応だけでは，不当表示により一般消費者に生じた被害を回復するためには十分とはいい難い。

他方，事業者が任意に一般消費者に対して返金を行う場合，事業者が自ら費用を支出して行う自主的な対応であることから，一般消費者が訴訟手続を進める場合の前記①から③までの問題は生じず，一般消費者の被害回復に資する。

そこで，本改正法では，課徴金制度を導入するとともに，被害回復を促進する観点から，新法10条および11条を新設し，事業者が所定の手続に沿って返金（返金措置）を実施した場合に，課徴金額を減額するまたは課徴金の納付を命じないとする措置が講じられた（以下「本減額制度」という。本減額制度の概要は 資料1-14 ，手続の流れは 資料1-15 のとおり。）。

なお，課徴金制度に被害回復の観点を盛り込むに当たり，当初は，消費者委員会の答申（資料1-10・1-11）等を踏まえ，自主返金によって被害回復を行うこととしつつ，自主返金をしきれなかった分については，事業者が独立行政法人国民生活センターに対し寄附を行うことで，課徴金の納付を命じないとすることを検討していた[注1]。しかしながら，パブリックコメント等で出された様々な意見を踏まえ，所定の要件が満たされている場

合は，原則として課徴金を賦課することで不当表示規制の抑止力を高めるという課徴金制度の趣旨に鑑み，さらに，寄附は直接の被害回復ではないことから，今回の制度設計には導入しないこととした(注2)。

（注1）　独立行政法人国民生活センターが，景品表示法に関する消費者被害の防止や回復に関する活動を行う者へ助成金を交付する業務を新たに行うこととし，事業者は，自主返金しきれなかった分をその原資として寄附することで，不当な利得を一般消費者に還元したものとみなすことを想定していた。

（注2）　http://search.e-gov.go.jp/servlet/PcmFileDownload?seqNo=0000119229。
　　　この点に関し，第187回国会衆議院消費者問題に関する特別委員会（平成26年11月6日）における重徳和彦議員の質問に対する有村治子国務大臣の答弁（会議録第5号11頁）等参照。なお，当該答弁（抜粋）は以下のとおりである。
　　　「（略）当初は，消費者委員会の答申等も踏まえて，自主返金によって被害回復を行うことをしつつ，自主返金し切れなかった部分は国民生活センター，国センに寄附を行うということで，不当な利益を一般消費者に還元したものとみなし，課徴金の納付を命じないということも，一定の時期までは真剣に検討されておりました。
　　　しかしながら，パブリックコメントなどで出されたさまざまな意見，また与党における御意見なども踏まえまして，所定の要件が満たされている場合は，やはり課徴金を賦課することで不当表示規制の抑止力を高めるという本制度の趣旨に鑑みて，また，寄附によって被害者の回復ということは直接図られるわけではないということから，今回の制度設計については導入しないということを判断した次第でございます。（略）」
　　　なお，被害回復制度の変更前後の違いについては，資料2-3 参照。

(2)　本項の趣旨

　本項は，課徴金の減額対象となる適切な返金を「返金措置」として定義した上で，課徴金納付命令に係る弁明の機会の付与の通知を受けた事業者が返金措置を実施しようとするときは，その実施しようとする返金措置に関する事項を記載した計画（実施予定返金措置計画）を作成し，これを弁明書の提出期限までに内閣総理大臣（消費者庁長官）に提出して，その認定を受けることができることを定めるものである。

　このように，事業者から実施予定返金措置計画を提出させ，内閣総理大臣（消費者庁長官）が認定することとしている趣旨は，事業者が実施しよ

うとする返金措置が課徴金の減額等を認めるに足りる適正性を有していることを担保する点にある。

本項のかかる趣旨を受け、新法10条5項は、返金措置が適切に実施されることが類型的に期待できるものとして認定要件を定め、当該認定要件を全て満たすと認められる場合に限り、認定を行うこととしている。

2 「返金措置」

返金措置とは、(1)「課徴金対象期間において当該商品又は役務の取引を行つた一般消費者であつて政令で定めるところにより特定されているもの」(以下「特定返金措置対象者」という。)から(2)「申出があつた場合に」、(3)「当該申出をした一般消費者の取引に係る商品又は役務の政令で定める方法により算定した購入額」に(4)「百分の三を乗じて得た額以上」の(5)「金銭を交付する」措置をいう。

(1) 「課徴金対象期間において当該商品又は役務の取引を行つた一般消費者であつて政令で定めるところにより特定されているもの」

課徴金は、課徴金対象行為に係る商品または役務の売上額を基礎に算定され、本来国庫に納付されるべきものであるから、課徴金の減額対象となる返金措置は、当該商品または役務について取引をした一般消費者に対して行われたものに限る必要がある。

これを担保するため、本項は、「返金措置」の対象者について、当該商品または役務について取引をした一般消費者として「政令で定めるところにより特定されている」者に限定している。

政令では、「特定されている」といえる場合について具体的な定めを行う予定であるが、特定の方法としては、例えば、①事業者が通信販売を行った事案や一般消費者がいわゆるポイントカードを使用して購入した事案において、取引履歴等の事業者が保有する資料のみによって特定する方法のほか、②一般消費者が当該商品または役務の取引に関するレシートを持参した際に当該レシートの確認を行って特定する方法等も考えられるところである[注]。

具体的な内容については，今後，不当表示による一般消費者の被害回復を促進する観点も踏まえ，適切な制度設計となるよう検討していくこととなる。

（注）　第187回国会衆議院消費者問題に関する特別委員会（平成26年11月6日）における鬼木誠議員の質問に対する菅久修一消費者庁審議官の答弁の抜粋は以下のとおりである（会議録第5号7頁）。

「（略）この法案の改正後の十条一項，この委任を受けた政令では，そうした一般消費者の具体的な特定の方法について定めることを予定しておりますけれども，この特定の方法といたしましては，例えば，違反事業者が通信販売を行った事案でありますとか，また一般消費者がいわゆるポイントカードを使用して購入した事案などにおきまして，取引履歴などの違反事業者が保有しております資料のみによって特定する方法というのがまず考えられます。また，一般消費者が不当表示の対象商品，役務の取引に関するレシートを持参した際に，レシートの確認及び本人確認を行って特定する方法というものも考えられるかと思っております。

こういう具体的な内容につきましては，本法案が成立した後に，不当表示による一般消費者の被害回復を促進するという観点を踏まえまして，関係各位の御意見も伺いながら，適切な制度設計となるよう検討を行っていきたいというふうに考えております。」

(2)　「申出があつた場合に」

ア　「申出」を条件とする趣旨

事業者による返金を受領するか否かは一般消費者の自由意思に委ねるべきものであるため，本項では，課徴金の減額対象となる返金措置の対象者について，特定返金措置対象者のうち，申出をした者に限定されている。事業者は，一般消費者の申出の機会を担保するため，実施予定返金措置計画には，実施予定返金措置の内容を把握するための周知の方法に関する事項を記載しなければならない（新法10条2項）。

したがって，事業者が，申出を受ける前に，特定返金措置対象者に対して金銭を交付したとしても，当該金銭交付は「返金措置」に該当せず，課徴金の減額対象とはならない。

イ　「申出」以外の条件を付さない金銭交付

本減額制度の目的に照らし，事業者が，特定返金措置対象者からの「申

出があつた場合に」，当該申出者に対して条件を付すことなく金銭を交付する場合に，適正な返金手続である返金措置を実施しているものと認められる。

　反対に，事業者が，返金のための条件を設定した上で，当該条件を満たさない限り金銭を交付しないこととし，条件を満たすことを理由として金銭を交付する場合，当該金銭交付は「返金措置」に該当せず，課徴金の減額対象とはならない。

　例えば，商品を返品しない限り返金に応じない旨の条件を付す場合は，「返金措置」とは認められないため，こうした条件を付した返金を内容とする計画は，本減額制度における「返金措置」に関する計画には該当しない[注]。

　他方，事業者が特定返金措置対象者の申出に応じて金銭を交付するほか，特定返金措置対象者の希望に応じて商品の返品を受けた上で金銭を交付する対応をとった場合は，事業者は，返品を受けた上で金銭を交付するとしても特定返金措置対象者の希望を受けているのであって，無条件の金銭交付を行っており，「返金措置」を実施していると評価できるものと考えられる。

　なお，「……一般消費者であつて政令で定めるところにより特定されている」といえる場合について定める政令により，事業者が，一般消費者が当該商品または役務の取引に関するレシートを持参した際に，当該レシートの確認および本人確認を行って特定する方法が許容される場合（前記(1)参照），当該レシートの提出（持参）は，特定返金措置対象者か否かの判断に当たり必要なものであり，特定返金措置対象者からの「申出があつた場合」に行う金銭交付に条件を付すものではないと考えられる。

　　（注）　消費者庁は，申請の補正を求め，またはその申請の認定を拒否することになる（行政手続法7条）。

(3) 「当該申出をした一般消費者の取引に係る商品又は役務の政令で定める方法により算定した購入額」

本項の「購入額」については、課徴金額の算定基礎となる新法8条1項の「売上額」と同様に、政令で、その算定方法について定められる予定である。

ただし、本課徴金制度の目的は不当表示規制の抑止力を高める点にあることに対し、本減額制度は、不当表示による一般消費者の被害回復の促進を図ることを主な目的としていることから、政令を定める際には、この点も踏まえて検討されることとなると考えられる。

(4) 「百分の三を乗じて得た額以上」

自主返金額は事業者が任意に決定し得るものであるが、僅少な金額の返金が実施される場合（極端な例として、例えば、返金対象となるべき者に対して1円ずつ返金する場合）であっても消費者庁において一定期間課徴金納付命令を発出できないとすると、当該命令の発出がいたずらに遅れ、不当表示規制の抑止力が不当に低下する。

そこで、本項においては、課徴金額の算定式が課徴金対象行為の対象となった商品または役務の「売上額」×「算定率」（3％）であることに鑑み、特定返金措置対象者各人に対する返金額が当該各人に係る「購入額」×「算定率」（3％）未満である場合には、類型的に適正な返金手続とはいい難く、自主返金に対する課徴金額減額という恩典を与えるのに相当でないとして、「購入額」×3％以上の金銭を交付する場合に限り「返金措置」に該当することとされている。

このように、課徴金額減額の対象となる「返金措置」に該当するためには、特定返金措置対象者の購入額の3％「以上」の金銭交付が必要であるが、事業者が本減額制度の枠外で当該金額未満の金銭交付を任意に行うことを制限するものではない。

他方、事業者が、特定返金措置対象者に対して「購入額」を超える金銭を交付した場合については、当該購入額相当額に限り、課徴金額から減額することを想定している（詳細は新法11条2項・3項に関する解説参照）。

(5) 「金銭を交付」

　事業者は，一般消費者に対する被害回復として，商品交換，商品券や仮想通貨を含む代替物の提供その他金銭の交付以外の様々な方法を用いることができるが，本項は，課徴金額の減額対象となる「返金措置」としては，一般消費者に対して「金銭を交付」する措置に限定している(注)。

　景品表示法は，一般消費者の自主的かつ合理的な選択を確保することを目的としており，不当表示によって自主的かつ合理的な選択を阻害された一般消費者にとって，商品交換その他金銭の交付以外の方法では，依然として，他の事業者の商品または役務も含めた自主的かつ合理的な選択をすることができず，引き続き不当表示を行った事業者との取引が維持されることとなるためである（これは，他の事業者との取引の機会を引き続き失わせることでもある。）。

> （注）「金銭の交付」には，現金の交付および銀行振込の方法による支払いが含まれると解される。

3　実施予定返金措置計画を提出して認定を受けることができる者（「第十五条第一項の規定による通知を受けた者」）

　本減額制度は，一般消費者の被害回復の促進を図る観点から導入するものであるが，返金措置を行った事業者に対する恩典としての性格も有する。

　しかしながら，事業者に対し弁明の機会の通知を行うのは，消費者庁は既に何度か事業者に接触して調査を行い，課徴金納付命令案も作成している段階であるから，事業者は事業所の移転の事実を事前に消費者庁に報告することが可能である。それにもかかわらず，事業者の所在が判明しなくなった場合，課徴金納付命令が発出されることを予期して所在をくらませた蓋然性が高く恩典を与えるに値しないと評価できる。

　また，仮に当該事業者に対し実施予定返金措置計画の提出を認めたとしても，既に所在が不明である以上，類型的に返金措置の実施に必要な資金の調達が困難であって，返金措置が円滑かつ確実に実施されると見込まれ

ないといえるため認定要件を充足しないのが通常であり，実施予定返金措置計画について敢えて審査する必要が乏しいものと考えられる。

そこで，本項では，実施予定返金措置計画を提出して認定を受けることができる者について，消費者庁から，「第十五条第一項の規定による通知を受けた者」，すなわち課徴金納付命令に係る弁明の機会の通知を受けた者に限定されている(注)。

したがって，内閣総理大臣（消費者庁長官）は，当該名宛人となるべき者の住所が判明しない場合には，弁明の機会の通知を消費者庁の掲示場に掲示し，当該掲示日から2週間経過時に当該通知がその者に到達したものとみなすことができるが（新法15条2項後段），当該到達があったとみなされる者は，実施予定返金措置計画を提出して認定を受けることはできない。

(注) 弁明の機会における代理人に関する規定である新法16条では，当該弁明の機会の「通知を受けた者」について，新法15条「第二項後段の規定により当該通知が到達したものとみなされる者を含む。」と定めている。そこで，新法10条1項においては，新法15条「第二項後段の規定により当該通知が到達したものとみなされる者を含む。」旨を定めないことで，実施予定返金措置計画を提出できる者の範囲から，新法15条2項後段により弁明の機会の通知が到達されたとみなされる事業者を除外している。

4 実施予定返金措置計画の作成方法，提出方法等（「内閣府令で定めるところにより」）

新法10条5項の定める認定要件の確認に必要となる実施予定返金措置計画の記載事項，内容，添付資料，提出方法については，本項の委任を受けた内閣府令において，詳細に定められる予定である(注)。

なお，新法10条2項は，実施予定返金措置計画の必要的記載事項を定めているが，その他にも，本項の委任を受けた内閣府令において，実施予定返金措置計画に関する問合せ先等を記載することを求めることとなると考えられる。

(注) この点に関する第187回国会参議院消費者問題に関する特別委員会（平成26

年11月18日)における森本真治議員の質問に対する菅久修一消費者庁審議官の答弁(抜粋)は以下のとおりである(会議録第5号6頁)。

「(略)この申告内容が適切なものであることかどうかということにつきましては,これを示す客観的な資料を必要に応じまして添付させる予定にもしております。また,こうした資料を精査しつつこの要件を満たすかどうか判断を行ってまいりますが,更に必要があれば追加的な調査を行って確認をするということも考えております。」

5 実施予定返金措置計画の提出期限(「弁明書の提出期限まで」)

弁明の機会通知を受けた事業者には,弁明書提出期限までの間,課徴金賦課要件充足性を争うか否かを検討する機会を保障している(新法15条1項)。この点,事業者は,「相当の注意を怠つた者でない」と主張する等課徴金賦課要件充足性を争いながら返金措置を実施できる場合もあると考えられるが,いずれかを行うか,いずれも行うかという点の検討は密接に関連するものである。

したがって,前記のとおり課徴金賦課要件充足性を争う機会を保障した趣旨を没却しないよう,返金措置の計画の提出期限についても,弁明書提出期限と同じとすることとした。

【コラム】実施予定返金措置計画不認定処分を受けた事業者による争訟

(1) 実施予定返金措置計画不認定処分の取消訴訟

内閣総理大臣(消費者庁長官)は,実施予定返金措置計画認定時から認定実施予定返金措置計画に係る返金措置の実施についての報告期限(実施期間の経過後1週間以内。新法11条1項)までの間は,課徴金の納付を命じない(新法10条10項)。そして,この前提として,実施予定返金措置計画の提出を受けた日から実施予定返金措置計画認定時までの間も課徴金の納付を命じることはない。

他方で,内閣総理大臣(消費者庁長官)は,実施予定返金措置計画を認定しない場合には直ちに課徴金納付命令を課すこととなる。

このため,実施予定返金措置計画不認定処分は,課徴金納付命令と同時に存在することとなる。すなわち,既に課徴金納付命令が発出されている以上,実施予定返金措置計画不認定処分が取り消されても,返金措置の実施により当該課徴金納付命令の課徴金額が減額等されることはない。

したがって，実施予定返金措置計画不認定処分とともに課徴金納付命令を受けた者は，訴訟上主張する理由が認定要件であっても，課徴金納付命令について取消訴訟を提起すべきこととなる（課徴金納付命令を受けた者としては，当該課徴金納付命令の取消訴訟の中で，課徴金納付命令の違法事由として，認定要件の存在を主張する方が権利救済の手段として直截であり，実施予定返金措置計画不認定処分の取消訴訟は，訴えの利益を欠き却下されると解される。）。

(2) 課徴金納付命令の取消訴訟

実施予定返金措置計画不認定処分を受けた事業者が，課徴金納付命令の取消訴訟において，課徴金納付命令の違法事由として認定要件の存在を主張するには，いわゆる違法性の承継(注)が肯定される必要があるところ，最判平成21年12月17日民集63巻10号2631頁はこの点に関する一般論を示すものではないが，①実体上2つの処分（東京都建築安全条例に基づく建築確認および安全認定）が同一の目的を達成するために行われること，②先行処分を争うための手続保障が十分に与えられていないことに着目して違法性の承継を肯定している。

この点，①実施予定返金措置計画不認定処分は課徴金納付命令の前提となるものであり，両者は同一の目的を有するものであると言え，②前記（1）のとおり実施予定返金措置計画不認定処分の取消訴訟は提起できない以上，課徴金納付命令に係る取消訴訟において認定要件を争う機会を与える必要がある。

このため，新法の下では，課徴金納付命令の取消訴訟において，課徴金納付命令の違法事由として認定要件の存在を主張し，課徴金納付命令を争うことは許容されると解される。

課徴金納付命令に係る取消訴訟において，認定要件の有無が争点となり，裁判所が当該認定要件は満たされていたと判断して当該課徴金納付命令について取消判決を行い，当該判決が確定した場合，内閣総理大臣（消費者庁長官）は，裁判所によって取り消された課徴金納付命令に係る弁明の機会の通知を自ら取り消し，別途新たに弁明の機会の通知を行う（当該通知を受けた事業者は，当該通知を受けて改めて実施予定返金措置計画を作成し，提出することができる。）という取扱いが考えられるところである。

(注) 2個の行政処分が時をおいて行われた場合に，後続処分の取消訴訟において，その違法事由として，取り消されていない先行処分の違法を主張することができることをいう（例えば，倉地康弘「時の判例」ジュリスト1415号82頁）。

第2項

2 実施予定返金措置計画には，次に掲げる事項を記載しなければならない。
　一　実施予定返金措置の内容及び実施期間
　二　実施予定返金措置の対象となる者が当該実施予定返金措置の内容を把握するための周知の方法に関する事項
　三　実施予定返金措置の実施に必要な資金の額及びその調達方法

解説

1　改正の趣旨

本項は，返金措置の適切な実施が期待される場合か否かを選別するための認定要件（新法10条5項）を満たすか否かを判断するに当たり最低限必要不可欠な情報を，実施予定返金措置計画の必要的記載事項とするものである。

2　実施予定返金措置計画の必要的記載事項

新法10条1項の委任を受けた内閣府令によって，本項が定める事項以外も実施予定返金措置計画に係る必要的記載事項として定められる可能性はあるが，少なくとも，法律上は，本項1号から3号までの事項が必要的記載事項である。

したがって，当該事項の記載がない，または記載が不十分である場合，消費者庁は，申請の補正を求め，またはその申請の認定を拒否することになる（行政手続法7条）。

本項が定める事項について具体的に記載すべき内容および添付すべき資料等については，新法10条1項の委任を受けた内閣府令によって定めら

れることとなる。

第3項・第4項

> 3　実施予定返金措置計画には，第一項の認定の申請前に既に実施した返金措置の対象となつた者の氏名又は名称，その者に対して交付した金銭の額及びその計算方法その他の当該申請前に実施した返金措置に関する事項として内閣府令で定めるものを記載することができる。
> 4　第一項の認定の申請をした者は，当該申請後これに対する処分を受けるまでの間に返金措置を実施したときは，遅滞なく，内閣府令で定めるところにより，当該返金措置の対象となつた者の氏名又は名称，その者に対して交付した金銭の額及びその計算方法その他の当該返金措置に関する事項として内閣府令で定めるものについて，内閣総理大臣に報告しなければならない。

解説

1　改正の趣旨

　仮に，①消費者庁が課徴金対象行為（不当表示行為）について調査→②事業者に対し弁明の機会を通知→③事業者が実施予定返金措置計画を作成→④消費者庁が当該計画を認定というプロセスを経ない限り，それ以前に事業者が特定返金措置対象者に対して返金措置を適切に実施していても課徴金額から減額しないこととすれば，事業者が認定前に返金措置を実施することを躊躇させることとなる。

　この結果，当該特定返金措置対象者に直ちに返金措置が実施されることが望ましいにもかかわらずこれが実施されなくなり，速やかな被害回復の促進を図る本減額制度の趣旨が損なわれる。

　そこで，本改正法では，認定後の返金相当額のみならず，認定前の返金実施に係る相当額についても，課徴金額から減額することとされた（新法11条2項）。

　新法10条3項は，実施予定返金措置計画の申請前の返金措置（以下「申請前の返金措置」という。）について，4項は，実施予定返金措置計画の申請

後認定前の返金措置（以下「申請後認定前の返金措置」という。）について，それぞれ課徴金額からの減額対象となるための手続等を定めるものである。

2　申請前の返金措置（3項）

　申請前の返金措置を実施した事業者は，弁明の機会の付与の通知を受領する前に返金措置を実施した場合が多いと考えられるため，当該返金措置は自主性が高いものといい得る。

　そこで，当該返金措置については，任意的記載事項とし，事業者が実施予定返金措置計画に記載した際に，初めて減額対象となるか否かを検討することとされた（新法10条3項）。

　当該事項を計画に記載する場合の様式や記載事項の具体的な内容および添付書類は，新法10条3項の委任を受けた内閣府令において定められることとなる。

3　申請後認定前の返金措置（4項）

　申請後認定前の返金措置は，弁明の機会の付与の通知を受領した後に行われるものである。

　そこで，新法10条4項は，当該申請後認定前の返金措置の対象者と実施予定返金措置計画に記載された実施予定返金措置の対象となる者との間で不当に差別的なものでないか否か（同条5項2号）を確認すべく，実施予定返金措置計画を提出して認定申請を行った事業者に対し，当該申請後認定前の返金措置について報告する義務を負わせている。当該返金措置に係る報告書の様式や記載事項の具体的な内容および添付資料については，新法10条4項の委任を受けた内閣府令において，前記趣旨の下で詳細に定められることとなる。

4　実施予定返金措置計画への記載（申請前の返金措置）および報告（申請後認定前の返金措置）の効果

　事業者が，①申請前の返金措置を実施して実施予定返金措置計画に記載し，または②申請後認定前の返金措置を実施して当該返金措置を内閣総理

大臣（消費者庁長官）に報告した後，当該実施予定返金措置計画について認定を受けた場合であって，当該実施予定返金措置計画に係る返金措置の結果を内閣総理大臣（消費者庁長官）に報告し，かつ，当該返金措置が当該認定実施予定返金措置計画に適合していると認められるとき，①申請前の返金措置および（または）②申請後認定前の返金措置において交付された金銭相当額（内閣府令で定めるところにより計算される。）が，課徴金額から減額されることとなる（新法11条2項。詳細は，同項の解説参照。）。

第5項

> 5 内閣総理大臣は，第一項の認定の申請があつた場合において，その実施予定返金措置計画が次の各号のいずれにも適合すると認める場合でなければ，その認定をしてはならない。
> 一 当該実施予定返金措置計画に係る実施予定返金措置が円滑かつ確実に実施されると見込まれるものであること。
> 二 当該実施予定返金措置計画に係る実施予定返金措置の対象となる者（当該実施予定返金措置計画に第三項に規定する事項が記載されている場合又は前項の規定による報告がされている場合にあつては，当該記載又は報告に係る返金措置が実施された者を含む。）のうち特定の者について不当に差別的でないものであること。
> 三 当該実施予定返金措置計画に記載されている第二項第一号に規定する実施期間が，当該課徴金対象行為による一般消費者の被害の回復を促進するため相当と認められる期間として内閣府令で定める期間内に終了するものであること。

解　説

1 改正の趣旨

　新法10条1項において，実施予定返金措置計画を提出させ，認定することとしている趣旨は，事業者が実施しようとする返金措置について，課徴金の減額等を認めるに足りる適正性を有していることを担保することにある。

本項は，かかる趣旨の下，返金措置が適切に実施されることが類型的に期待できるものとして1号ないし3号の認定要件を定め，当該認定要件を全て満たすと認められる場合に限り，認定を行うこととするものである。

2 「実施予定返金措置が円滑かつ確実に実施されると見込まれるものであること」(本項1号)

仮に，特定返金措置対象者全員が申出をした場合でも，全員に対して返金措置を実施することが可能であるかといった観点から検討するものと考えられる。当該要件の該当性は，例えば，予想される金銭交付合計額等を上回る預金残高証明書や融資証明書を提出させること等で確認することが想定されるところである（新法10条2項3号参照）。

3 「実施予定返金措置の対象となる者………のうち特定の者について不当に差別的でないものであること」(本項2号)

(1) 「実施予定返金措置の対象となる者」

実施予定返金措置計画に①申請前の返金措置が記載された場合，「実施予定返金措置の対象となる者」には当該記載された申請前の返金措置の対象者が含まれる。したがって，内閣総理大臣（消費者庁長官）は，当該計画に記載された③実施予定返金措置および①申請前の返金措置の対象者双方について，「不当に差別的でない」(新法10条5項2号)か否かを確認して認定要件を判断することとなる。

また，②申請後認定前の返金措置が報告された場合，「実施予定返金措置の対象となる者」には当該報告された申請後認定前の返金措置の対象者が含まれる。したがって，内閣総理大臣（消費者庁長官）は，当該計画に記載された③実施予定返金措置および当該報告された②申請後認定前の返金措置の対象者双方について，「不当に差別的でない」か否かを判断することとなる。

(2) 「不当に差別的でないものであること」

「不当に差別的でない」ことを認定要件とすることから，事業者が，返

金措置の実施に当たり、「不当に差別的でない」合理的な理由による区別を行うことは妨げるものではない。

　例えば、1個の課徴金対象行為の対象となった商品または役務に係る最終需要者の購入額が、販売者、販売時期、地域等によって異なる事案において、事業者が、当該「商品又は役務の購入額×課徴金算定率」以上となり得る一律の金額を定めることにより、各最終需要者の購入額に占める返金額の割合が異なるという場合はあり得ると考えられる。

4 「実施期間が，当該課徴金対象行為による一般消費者の被害の回復を促進するため相当と認められる期間として内閣府令で定める期間内に終了するものであること」(本項3号)

　消費者庁において、消費者庁設置後に不当表示事案として措置命令を行った事業者に対し、自主返金に係るアンケート調査を実施しているところ、この結果も参考に、内閣府令にて具体的な期間が設定される予定である。

第6項・第7項

> 6　第一項の認定を受けた者（以下この条及び次条において「認定事業者」という。）は、当該認定に係る実施予定返金措置計画を変更しようとするときは、内閣府令で定めるところにより、内閣総理大臣の認定を受けなければならない。
> 7　第五項の規定は、前項の認定について準用する。

解　説

1　改正の趣旨

　事業者の実施予定返金措置計画作成時の想定に比して、当該計画に記載した返金額が低い等の理由で返金の申出をする一般消費者が少ない場合や、実施期間の終期直前に返金の申出をした一般消費者が多い等の事情で返金事務が追いつかないような場合において、計画どおりに返金措置が進まないことも想定され得る。

このような場合に，事業者が一般消費者の被害回復に資する返金措置を実効的に行えるよう，新法10条6項および7項は，認定に係る実施予定返金措置計画の変更に関して定めるものである。

2 変更手続

認定を受けた実施予定返金措置計画の変更申請の方法，申請書の記載事項や添付書類等の具体的な点については，新法10条6項の委任を受けた内閣府令にて定められることとなる。

3 変更に関する認定要件

新法10条5項を準用する（新法10条7項）。

(1) 「不当に差別的でないものであること」（新法10条7項の準用する同条5項2号）

新法10条7項により準用する同条5項2号の「返金措置の対象となる者」は，変更認定後の実施予定返金措置計画により返金措置の対象となる者に加え，変更認定前の返金措置の対象となる者を含むものである。

したがって，変更の認定に当たっては，変更後の実施予定返金措置計画により返金措置の対象となる者はもちろん，変更前の計画により返金措置の対象となった者も含め「特定の者について不当に差別的でないものであること」といった認定要件を満たすことが必要となる。

例えば，返金措置に係る返金額を増額させる場合であっても，変更前の実施予定返金措置計画により返金措置の対象となった者に対して合理的な理由なく差額を全く支払わず，変更後の実施予定返金措置計画により返金措置の対象となる者に対してだけ増額した金額を返金する場合は，「不当に差別的」なものであるから，変更の認定は行われないものと考えられる。

また，返金措置に係る返金額を単純に減額する変更は，変更認定前の実施予定返金措置計画により返金措置の対象となった者に比して，当該変更認定後の実施予定返金措置計画により返金措置の対象となる者を不利益に扱うものであり，特段の事情のない限り「不当に差別的」なものであるか

ら，変更の認定を行われないものと考えられる。

(2) 「実施期間が，当該課徴金対象行為による一般消費者の被害の回復を促進するため相当と認められる期間として内閣府令で定める期間内に終了するものであること。」(新法10条7項の準用する同条5項3号)

変更後の実施期間の終期に関しては，新法10条6項の委任を受けた内閣府令にて定められることとなる。

第8項

> 8 内閣総理大臣は，認定事業者による返金措置が第一項の認定を受けた実施予定返金措置計画（第六項の規定による変更の認定があつたときは，その変更後のもの。次条第一項及び第二項において「認定実施予定返金措置計画」という。）に適合して実施されていないと認めるときは，第一項の認定（第六項の規定による変更の認定を含む。次項及び第十項ただし書において単に「認定」という。）を取り消さなければならない。

解説

1 改正の趣旨

本改正法は，課徴金の減額等を認めるに足りる適正性を有していることを担保するため認定要件を定めた上で（新法10条5項)，当該認定要件を満たす実施予定返金措置計画に適合して実施された返金措置に限り，課徴金額から減額することとしている（新法11条2項)。

このため，実施予定返金措置計画の認定後，事業者が認定実施予定返金措置計画に適合する返金措置を実施していないと認められる場合，課徴金額を減額する余地はなく，原則どおり課徴金を課すことが適当である。

そこで，本項は，かかる場合において，当該認定を取り消さなければならない旨を定めている。

2 返金措置が認定実施予定返金措置計画に「適合して実施されていないと認めるとき」の具体例

例えば、以下のような場合が挙げられる。

① 返金措置の内容を把握するための周知の方法が、認定実施予定返金措置計画記載のものと異なり、返金措置対象者の一部にしか認識し得ない方法のみで行われた場合（新法10条2項2号参照）。

② 返金の申出をした消費者のうち、一部の者に対して、認定実施予定返金措置計画に記載されている返金額よりも著しく高い額を不当に返金した場合（新法10条5項2号参照）。

3 認定取消処分を行うに当たっての行政手続法の適用

認定取消処分については、その性格に鑑み、行政手続法12条（処分の基準）および14条（不利益処分の理由の提示）の適用を除外していない（新法25条ただし書）。

4 認定取消処分の争訟手続

（以下では概要を示す。基本的には不認定処分の争訟手続とパラレルに考えられるため、新法10条1項の解説におけるコラムを参照されたい。）

内閣総理大臣（消費者庁長官）としては、認定実施予定返金措置計画を取り消す場合には直ちに課徴金納付命令を課すこととなり、認定取消処分は、課徴金納付命令と同時に存在することとなる。

このため、認定取消処分とともに課徴金納付命令を受けた者は、当該課徴金納付命令の全部または一部を除去するには、訴訟上主張する理由が認定取消理由の不存在であるか課徴金賦課要件であるかにかかわらず、課徴金納付命令について取消訴訟を提起すべきこととなる。

そして、課徴金納付命令の取消訴訟において、課徴金納付命令の違法事由として認定取消理由の不存在を主張し、課徴金納付命令を争うことは許容されると解される。

第10条（返金措置の実施による課徴金の額の減額等）　77

第9項

> 9　内閣総理大臣は，認定をしたとき又は前項の規定により認定を取り消したときは，速やかに，これらの処分の対象者に対し，文書をもつてその旨を通知するものとする。

解　説

1　改正の趣旨

　本項は，実施予定返金措置計画の認定をしたときまたは当該認定を取り消したときに，当該事実を処分対象者に対して確実に伝えるべく，速やかに，処分対象者に対して文書をもってその旨を通知する旨を定めるものである。

　これは，返金措置を実施しようとする事業者において，実施予定返金措置計画の認定が行われたか否かおよび当該認定が取り消されたか否かという事実が極めて重要なものであることに鑑みたものである。

第10項

> 10　内閣総理大臣は，第一項の認定をしたときは，第八条第一項の規定にかかわらず，次条第一項に規定する報告の期限までの間は，認定事業者に対し，課徴金の納付を命ずることができない。ただし，第八項の規定により認定を取り消した場合には，この限りでない。

解　説

1　改正の趣旨

　本項本文は，内閣総理大臣（消費者庁）は，実施予定返金措置計画の認定後，当該計画実施に係る報告期限までの間は，認定事業者に対して課徴金の納付を命ずることができない旨を定めるものである。ただし，当該認定が取り消された場合はこの限りでない（本項ただし書）。

2　課徴金納付命令を命ずることができない期間

　内閣総理大臣（消費者庁長官）は，認定時から認定実施予定返金措置計

画に係る返金措置の結果の報告期限（前記実施期間の経過後1週間以内。新法11条1項）までの間は，課徴金の納付を命じないが（新法10条10項），この前提として，計画が提出された日から認定時までの間も課徴金の納付を命じることはない。

仮に，実施予定返金措置計画を適式に提出したにもかかわらず，課徴金の納付を命じられるとすれば，事業者が自主的に一般消費者へ返金するインセンティブを失わせることになりかねず，不当表示による被害回復の促進という本減額制度の趣旨に反するからである。

第11条
第1項

> 第十一条　認定事業者（前条第八項の規定により同条第一項の認定（同条第六項の規定による変更の認定を含む。）を取り消されたものを除く。第三項において同じ。）は，同条第一項の認定後に実施された認定実施予定返金措置計画に係る返金措置の結果について，当該認定実施予定返金措置計画に記載されている同条第二項第一号に規定する実施期間の経過後一週間以内に，内閣府令で定めるところにより，内閣総理大臣に報告しなければならない。

解説

1　改正の趣旨

内閣総理大臣（消費者庁長官）が，認定事業者が行った返金措置について課徴金額の減額要件を満たすか否かを判断するに当たっては，認定事業者が，返金措置を実施したか（特定返金対象者のうち申出をした者に対して例外なく金銭を交付したか等），当該実施された返金措置が認定実施予定返金措置計画と適合するかを確認する必要がある。

そこで，本項は，認定を受けた事業者に対し，当該計画に係る返金措置の結果について，実施期間の経過後1週間以内に，内閣総理大臣（消費者庁長官）に対して報告しなければならない旨を定めている。

2 報告を行い得る者（「認定事業者」）

認定を取り消された事業者は報告の主体となることができない。

その結果，新法11条2項の「前項の規定による報告」がないことになるため，当該事業者は本減額制度の適用を受けられないこととなる。

3 報告対象（「返金措置の結果」）

本項は，認定後に実施された，認定実施予定返金措置計画に係る返金措置の結果について報告を求めるものである。認定前の返金措置については，新法10条3項または4項により計画に記載されまたは報告されているため，本項で改めて報告を求めることとはされていない。

4 報告手続等

報告に当たっての様式，記載事項や添付すべき資料等については，本項の委任を受けた内閣府令で定められることとなる。

5 報告が虚偽であった場合

事業者からの報告を受けて課徴金額を減額した場合や課徴金を命じないとした後に，報告を受けた返金措置の全部または一部が認定実施予定返金措置計画と適合しておらず，事業者が虚偽の報告を行っていたことが判明した場合，内閣総理大臣（消費者庁長官）においては，減額した課徴金額での課徴金納付命令を取り消した上で，改めて課徴金納付命令を課すこととなる。

第2項・第3項

> 2　内閣総理大臣は，第八条第一項の場合において，前項の規定による報告に基づき，前条第一項の認定後に実施された返金措置が認定実施予定返金措置計画に適合して実施されたと認めるときは，当該返金措置（当該認定実施予定返金措置計画に同条第三項に規定する事項が記載されている場合又は同条第四項の規定による報告がされている場合にあつては，当該記載又は報告に係る返金措置を含む。）において交付された金銭の額として内閣

府令で定めるところにより計算した額を第八条第一項又は第九条の規定により計算した課徴金の額から減額するものとする。この場合において，当該内閣府令で定めるところにより計算した額を当該課徴金の額から減額した額が零を下回るときは，当該額は，零とする。
3 内閣総理大臣は，前項の規定により計算した課徴金の額が一万円未満となつたときは，第八条第一項の規定にかかわらず，認定事業者に対し，課徴金の納付を命じないものとする。この場合において，内閣総理大臣は，速やかに，当該認定事業者に対し，文書をもつてその旨を通知するものとする。

解　説

1 改正の趣旨

　新法10条1項以下において，実施予定返金措置計画を提出させ，認定することとしている趣旨は，消費者の被害回復に資する返金措置について，課徴金の減額等を認めるに足りる適正性を有していることを担保する点にある。このため，認定事業者が返金措置を実施した場合，当該返金措置が認定実施予定返金措置計画に適合していれば，返金措置が適切に実施されたものといえる。

　そこで，新法11条2項は，「認定実施予定返金措置計画に適合して実施されたと認めるとき」に，当該返金措置により「交付された金銭の額」を課徴金額から減額する旨を定めるとともに，当該交付額をそのまま減額すると不都合が生じる場合があり得るため，「内閣府令で定めるところにより計算した額」を課徴金額から減じる旨を定めている。

　なお，本減額制度は，不当表示による一般消費者の被害回復の促進を図る観点から，事業者が返金措置を適切に行う等した場合に，当該返金措置相当額を課徴金額から減額するものであり，事業者の返金措置における金銭交付の性格を限定するものではなく，一般消費者の民事上の請求権の減少等とは関連性を有さない（事業者の民事上の債務の減少に伴い直ちに課徴金額が減額されるものではない。）。

　また，新法11条3項は，当該減額の結果，課徴金額が1万円未満とな

る場合は課徴金の納付は命じない旨，かかる場合には速やかに文書をもってその旨を通知する旨を定めるものである。

2 「認定後に実施された返金措置が認定実施予定返金措置計画に適合して実施されたと認めるとき」(2項)

「認定後に実施された返金措置が認定実施予定返金措置計画に適合して実施された」と認められることが減額要件である。認定を受けた事業者が認定後に実施した返金措置について認定実施予定返金措置計画適合性が認められない場合，認定後に実施された返金措置のみならず，当該計画に記載された申請前の返金措置および報告された申請後認定前の返金措置いずれについても課徴金額からの減額対象とならない。

なお，事業者の返金措置について，「(特定の者について) 不当に差別的でないものであること」(新法10条5項2号) との認定要件を設けた趣旨は，事業者が恣意的な返金措置を実施した場合に課徴金額の減額を認めず，返金措置の適正性を担保する点にある。かかる不当に差別的な返金措置が記載された計画は最初から認定しないのであるから，当該不当に差別的な返金措置が実施された場合には，認定実施予定返金措置計画に適合した返金措置であると認められず，事業者が返金措置において交付した金銭の額全てについて減額しないこととなる。

例えば，事業者が自らの従業員等にのみ高額な返金措置を実施する場合や，返金合計額が課徴金額に達した時点で，返金対象となるべき一般消費者から申出があるにもかかわらず返金措置の実施を一切やめてしまうといった場合には「不当に差別的」であると考えられる[注]。

(注) 事業者が返金措置を実施する際，「特定されている」一般消費者と「特定されていない」一般消費者がいずれも存在することがあり得るが，その場合に「特定されている」一般消費者のうち申出を行った者に対して返金措置を実施することは，恣意的な返金措置ではなく，「不当に差別的」な返金措置には該当しないと考えられる。

この点に関する，第187回国会衆議院消費者問題に関する特別委員会 (平成26年11月6日) における重徳和彦議員の質問に対する菅久修一消費者庁審議官の答

弁（抜粋）は以下のとおりである（会議録第5号10頁）。

「（略）この不当に差別的な返金措置でございますけれども，例えば，違反事業者の従業員などに対してのみ高額な返金措置を実施するでありますとか，それから，返金合計額が課徴金額に達した時点で，消費者からさらに申し出があるにもかかわらず，返金措置の実施をやめてしまう，そういう場合が該当するものというふうに考えております。

したがいまして，返金措置の中で，返金対象者が，把握できる人とできない人が，そういう人もいるわけでございますが，そのことについては不当というふうには考えていないということでございます。」

3 「当該返金措置……において交付された金銭の額として内閣府令で定めるところにより計算した額」(2項)

内閣総理大臣（消費者庁長官）は，認定事業者が認定後に実施した返金措置について認定実施予定返金措置計画適合性があると認める場合，③認定後に実施された返金措置に加え，計画に記載された①申請前の返金措置および（または）報告された②申請後認定前の返金措置において交付された金銭相当額を，課徴金額から減額することとなる（事業者が認定後に実施した返金措置について当該計画適合性が認められない場合，認定後に実施された返金措置のみならず，当該計画に記載された①申請前の返金措置および報告された②申請後認定前の返金措置いずれについても課徴金額からの減額対象とならないことは前記のとおり。）。

新法11条2項の委任を受けた内閣府令においては，例えば，事業者が「購入額」を超える金銭を交付した場合に課徴金額から減額する金額について定めることが考えられる。すなわち，本減額制度の目的に照らし，一部の者に対する過大な金額の返金によって安易に返金合計額が課徴金額以上となる事態を作出することを防止する必要がある。そこで，新法11条2項の委任を受けた内閣府令において，不当表示の対象となった商品または役務に係る特定返金措置対象者の購入額を，「交付された金銭の額」の上限額と定めることは考えられるところである[注]。

（注）内閣府令においてかかる規定が行われた場合，内閣総理大臣（消費者庁長官）としては，違反行為者が特定返金措置対象者の全部または一部に対して各人の購入

額を超えた金銭の交付を行った旨の報告を受けた場合，(認定実施予定返金措置計画に適合する内容であることを前提として) 各特定返金措置対象者に係る各購入額相当額を合計した額に限り，課徴金額から減額することとなる。

4 「前項の規定により計算した課徴金の額が一万円未満となつたとき」(3項)

新法11条2項の規定により計算した課徴金額が0円以下となった場合は，「1万円未満となつたとき」に該当するので，同条3項の規定により，事業者に対して課徴金の納付を命じないこととなる。

第12条（課徴金の納付義務等）
第1項

> (課徴金の納付義務等)
> 第十二条　課徴金納付命令を受けた者は，第八条第一項，第九条又は前条第二項の規定により計算した課徴金を納付しなければならない。

解　説

1　改正の趣旨

本項は，課徴金納付命令を受けた事業者が，課徴金の納付義務を負担することを定めるものである。

既述のとおり，新法8条1項ただし書は，「その額」すなわち「課徴金対象期間に取引をした当該課徴金対象行為に係る商品又は役務の政令で定める方法により算定した売上額」に3％を乗じた金額（＝同項により算定した課徴金額）が150万円未満であるときには課徴金の納付を命ずることができない旨定めているが，当該金額が150万円以上であれば，自主申告や返金措置の実施による課徴金額の減額後の金額が150万円未満になったとしても，当該減額後の金額について，課徴金の納付を命じることとなる。

第2項

> 2　第八条第一項，第九条又は前条第二項の規定により計算した課徴金の額

> に一万円未満の端数があるときは，その端数は，切り捨てる。

解説

1 改正の趣旨

本項は，減額等を経て最終的に算定された課徴金の額に1万円未満の端数がある場合，かかる端数を切り捨てることを定めるものである。

なお，内閣総理大臣（消費者庁長官）が課徴金を納期限までに納付しない者に対し納付を督促したとき，その督促に係る課徴金額につき年14.5％の割合で，納期限の翌日から納付の日までの日数により計算した延滞金を徴収することができることになるが，当該延滞金額については，100円未満の端数を切り捨てる（新法18条3項）。

第3項

> 3 課徴金対象行為をした事業者が法人である場合において，当該法人が合併により消滅したときは，当該法人がした課徴金対象行為は，合併後存続し，又は合併により設立された法人がした課徴金対象行為とみなして，第八条から前条まで並びに前二項及び次項の規定を適用する。

解説

1 改正の趣旨

本項は，大要，課徴金対象行為をした違反行為者（事業者）が課徴金納付命令を受ける前に合併により消滅したときは，当該事業者が行った課徴金対象行為を合併後に存続する法人（以下「存続法人」という。）または合併により設立された法人（以下「新設法人」という。）がした課徴金対象行為であるとみなし，当該存続法人または新設法人に対して課徴金納付命令を課すことや，存続法人または新設法人がしたとみなされる課徴金対象行為について，当該存続法人または新設法人が自主申告または返金措置を実施したときには，当該課徴金対象行為に係る課徴金額が減額されること等を明らかにするものである。

2 みなし規定の意義（「当該法人が合併により消滅したときは，当該法人がした課徴金対象行為は，合併後存続し，又は合併により設立された法人がした課徴金対象行為とみなし」）

　株式会社に関する合併は，一般的には当事会社の一部または全部が解散し，解散会社の権利義務の全部が清算手続を経ることなく存続会社または新設会社に一般承継（包括承継）される効果を持ったものである[注1]が，「合併により消滅会社の公法上の権利義務が存続会社・新設会社に承継されるか否かは，当該公法上の制度の趣旨に従い個別に判断される」[注2]と考えられている。この点に関し，課徴金納付命令という特定の不利益処分を受ける具体的可能性がある（課徴金対象行為をした）地位・状態は，「公法上の権利義務」自体ではないものの，それに準じたものと考えられるため，存続会社または新設会社に当然に承継されるかは明らかでない。これは，株式会社以外の法人についても同様と考えられる。

　景品表示法における本課徴金制度の目的は，経済的不利益を課すことにより，事業者が不当表示を行う動機を失わせ，不当表示規制の抑止力を高めることによって不当表示を防止する点にある。そして，消滅法人と存続法人または新設法人は実質的に同一であるといえるところ，不当表示を防止するという本課徴金制度の目的を達成するため，存続法人または新設法人に対し経済的不利益を課すことが適当であると考えられる。

　そこで，本条3項のとおり定めることにより，（課徴金対象行為を行った法人が課徴金納付命令を受ける前[注3]に合併により消滅したときに）消滅法人が行った課徴金対象行為について，存続法人または新設法人が行った課徴金対象行為とみなし，当該課徴金対象行為をした（とみなされる）存続法人または新設法人に対して課徴金納付命令を課すことを明らかにしたものである。

（注1）　例えば，江頭憲治郎『株式会社法〔第6版〕』（有斐閣，平成27年）843頁。
（注2）　江頭憲治郎『株式会社法〔第6版〕』（有斐閣，平成27年）845頁。なお，最判昭和59年2月24日刑集38巻4号1287頁（石油価格協定刑事事件）は，「刑事責任については民事責任とは異なり合併による承継を理論上肯定し難い」とし，存続会社に対し消滅会社の刑事責任を追及することができない旨を判示している。

（注3）当該法人が課徴金納付命令書の謄本の送達を受けた後に合併により消滅したときは，当該送達に伴い，既に当該消滅法人が具体的な課徴金納付義務を負っていたため，当該具体的な義務が承継されると考えられる。

3 「第八条から前条まで並びに前二項及び次項の規定を適用する」

事業者が課徴金対象行為に係る事実を報告した場合や返金措置を実施した場合に課徴金額を減額する趣旨は，存続法人または新設法人が当該報告や返金措置を実施した場合にも妥当する。

そのため，本項は，（消滅法人が課徴金納付命令を受ける前に合併により消滅したときに）消滅法人が行った課徴金対象行為について，存続法人または新設法人が行った課徴金対象行為とみなした上で，「第八条」および本条1項・2項に限らず，新法9条ないし11条を適用すると規定することで，存続法人または新設法人が，当該存続法人または新設法人がしたとみなされる課徴金対象行為に係る事実の報告や返金措置を実施した場合に，当該課徴金対象行為に係る課徴金額が減額されることを明らかにしている。

第4項・第5項

4 課徴金対象行為をした事業者が法人である場合において，当該法人が当該課徴金対象行為に係る事案について報告徴収等（第二十九条第一項の規定による報告の徴収，帳簿書類その他の物件の提出の命令，立入検査又は質問をいう。以下この項において同じ。）が最初に行われた日（当該報告徴収等が行われなかつたときは，当該法人が当該課徴金対象行為について第十五条第一項の規定による通知を受けた日。以下この項において「調査開始日」という。）以後においてその一若しくは二以上の子会社等（事業者の子会社若しくは親会社（会社を子会社とする他の会社をいう。以下この項において同じ。）又は当該事業者と親会社が同一である他の会社をいう。以下この項において同じ。）に対して当該課徴金対象行為に係る事業の全部を譲渡し，又は当該法人（会社に限る。）が当該課徴金対象行為に係る事案についての調査開始日以後においてその一若しくは二以上の子会社等に対して分割により当該課徴金対象行為に係る事業の全部を承継させ，かつ，合併以外の事由により消滅したときは，当該法人がした課徴金対象行為は，

当該事業の全部若しくは一部を譲り受け，又は分割により当該事業の全部若しくは一部を承継した子会社等（以下この項において「特定事業承継子会社等」という。）がした課徴金対象行為とみなして，第八条から前条まで及び前三項の規定を適用する。この場合において，当該特定事業承継子会社等が二以上あるときは，第八条第一項中「当該事業者に対し」とあるのは「特定事業承継子会社等（第十二条第四項に規定する特定事業承継子会社等をいう。以下この項において同じ。）に対し，この項の規定による命令を受けた他の特定事業承継子会社等と連帯して」と，第一項中「受けた者は，第八条第一項」とあるのは「受けた特定事業承継子会社等（第四項に規定する特定事業承継子会社等をいう。以下この項において同じ。）は，第八条第一項の規定による命令を受けた他の特定事業承継子会社等と連帯して，同項」とする。
5　前項に規定する「子会社」とは，会社がその総株主（総社員を含む。以下この項において同じ。）の議決権（株主総会において決議をすることができる事項の全部につき議決権を行使することができない株式についての議決権を除き，会社法（平成十七年法律第八十六号）第八百七十九条第三項の規定により議決権を有するものとみなされる株式についての議決権を含む。以下この項において同じ。）の過半数を有する他の会社をいう。この場合において，会社及びその一若しくは二以上の子会社又は会社の一若しくは二以上の子会社がその総株主の議決権の過半数を有する他の会社は，当該会社の子会社とみなす。

解　説

1　改正の趣旨

(1)　4項

　前記のとおり，合併により，消滅法人の課徴金納付命令を受ける具体的可能性がある（課徴金対象行為をした）地位・状態が存続法人・新設法人に承継されるか否かは明らかではなく，これは会社分割についても同様に考えられるところ，事業譲渡についてはそもそも組織法的行為ではない。

　また，課徴金対象行為に係る事業の分割や譲渡を行った違反行為者（事業者）が存在している場合には，当該事業者に対して課徴金の納付を命じ

ればよく，課徴金対象行為に係る事業の分割または譲渡を受けた事業者に対して課徴金の納付を命じる必要はない。

　他方，違反行為者（事業者）が消滅した場合は，不当表示を防止する本課徴金制度の実効性確保の観点から，不当表示行為すなわち課徴金対象行為に係る事業を承継した事業者に課徴金の納付を命じることが必要となる。ただし，課徴金対象行為に係る事業を承継しただけで直ちに当該承継事業者が課徴金納付命令の対象となるとすれば，特定の事業を承継するリスクが大きくなる。

　そこで，本条4項1文において，独占禁止法7条の2第25項の例に倣い，所定の要件（後記2⑴ないし⑶参照）が全て満たされる場合に限り，「特定事業承継子会社等」に対して課徴金の納付を命じる旨を定めることとした。

　また，当該規定を実効的なものとするため，本条4項2文では，特定事業承継子会社等が2社以上の場合に限り，必要な読替規定を置くことにより，各特定事業承継子会社等に連帯して課徴金納付義務を負わせることとした。当該読替規定は，課徴金の連帯責任を規定するに当たっての特別な規定であるため，本条6項の委任を受けた政令が（本条3項および本項による新法8条2項および3項ならびに9条ないし11条までの規定の適用に関し必要な事項として）定める読替規定とは切り離して，法律上特に定められたものである。

⑵　5項

　本条4項において「特定事業承継子会社等」を定義するに当たり，基礎的な用語である「子会社」について，別途定義規定を置いたものである。

2　「特定事業承継子会社等」（4項）

　本条4項前段は，次の⑴ないし⑶の要件が全て満たされる場合に限り，「特定事業承継子会社等」に対して課徴金の納付を命じる旨を定めている。

(1) 「調査開始日」以後に分割・譲渡がなされたこと

　この要件を満たす場合には，違反行為者（事業者）および承継を受ける事業者の双方が，課徴金対象行為が認定されれば課徴金納付命令を受ける蓋然性が高いことを理解した上で分割・譲渡を行ったものと捉えることができる。

　なお，「調査開始日」は，「当該課徴金対象行為に係る事案について報告徴収等」が最初に行われた日である。そして，「報告徴収等」とは新法29条1項の「報告の徴収，帳簿書類その他の物件の提出の命令，立入検査又は質問」をさすところ，新法9条1項の「調査」とは異なり，（当該調査権限を行使せずに相手方の協力の下で報告を求めるなどの）いわゆる任意調査は含まれない。したがって，本条4項の「調査開始日」は，自主申告に関する新法9条1項の「調査」が最初に行われた日とは必ずしも一致しない。

(2) 違反行為者（事業者）が，課徴金対象行為に係る事業の全部について分割・譲渡を行った上で消滅していること

　「調査開始日」以後に課徴金対象行為に係る事業の全部について分割・譲渡がなされた場合であっても，違反行為者（事業者）が存続しているときがあり得る。このような場合には，当該違反行為者（事業者）に対して課徴金納付命令を行うことが可能であるので，命令時までに違反行為者（事業者）が消滅していることを要件としている。

(3) 「子会社等」に課徴金対象行為に係る事業を承継させていること

　「子会社」とは，50％超の議決権を保有している会社（子会社と合算して50％超の議決権を保有する場合や子会社の子会社等を含む。）をいい（本条5項），「子会社等」とは，親会社，子会社，兄弟会社等（親会社が同一である会社）をさす（外国会社も含まれる。）（本条4項）。

第6項

> 6　第三項及び第四項の場合において，第八条第二項及び第三項並びに第九条から前条までの規定の適用に関し必要な事項は，政令で定める。

解　説

1　改正の趣旨

　本項は，違反行為者（事業者）が合併により消滅した場合や課徴金対象行為に係る事業全部の譲渡または分割に伴い消滅した場合において，課徴金対象期間（新法8条2項），課徴金納付命令との関係における不実証広告規制（同条3項），課徴金対象行為に該当する事実の報告による減額（新法9条）および返金措置の実施による課徴金額の減額（新法10条および11条）に関する規定を適用するに当たって必要となる事項を，政令において定めることとしたものである(注)。

　　(注)　本書執筆時現在，消費者庁において，施行までの間に当該政令等を整備するなど，課徴金制度の円滑な運用に向けた所要の整備のための作業が進められている。

第7項

> 7　課徴金対象行為をやめた日から五年を経過したときは，内閣総理大臣は，当該課徴金対象行為に係る課徴金の納付を命ずることができない。

解　説

1　改正の趣旨

　本項は，課徴金納付命令に関する除斥期間を定めるものである。

　これは，課徴金制度による不当表示防止の実効性と事業者の法的安定性を勘案し，独占禁止法において課徴金の除斥期間が5年とされている（独占禁止法7条の2第27項）ことを参考に設定したものである。

第13条（課徴金納付命令に対する弁明の機会の付与）

> （課徴金納付命令に対する弁明の機会の付与）
> 第十三条　内閣総理大臣は，課徴金納付命令をしようとするときは，当該課徴金納付命令の名宛人となるべき者に対し，弁明の機会を与えなければならない。

解説

1　改正の趣旨
(1)　意見陳述のための手続をとることとした理由

　行政手続法上，行政庁が不利益処分をする場合，不利益処分の名宛人となるべき者について，意見陳述のための手続（聴聞または弁明の機会の付与。以下「意見陳述手続」という。）をとらなければならないが（同法13条1項），「一定の額の金銭の納付を命じ」る処分をする場合は，当該手続をとる必要はない（同条2項4号）。その趣旨は，①金銭に関する処分は類型的に多数の者に対する大量の処分であること，②金銭は代替性があるため，事後の争訟において処分が否定されても，その段階で清算されれば（利息の点を除き）被処分者に不利益は生じないこと等に鑑み，意見陳述手続を不要とすることで行政効率を確保しようとする点にあるとされている(注)。

　本改正法における課徴金納付命令は，「一定の額の金銭の納付を命じ」る処分であるため，同命令をする場合，行政手続法上は意見陳述手続をとることを求められるものではない。

　しかしながら，①課徴金納付命令の賦課要件には，課徴金対象行為該当性，課徴金額の算定のための売上額の算定，主観的要素等個別具体的な判断が必要となる事項が多い。また，②課徴金の額次第では，事業者の経営状況の著しい悪化を招来するおそれがあることに鑑みると，事後の争訟で処分が否定された際に清算されれば足りるとするのではなく，事案ごとの事情について，事業者に事前に説明する機会を与えることが適切である。

　したがって，景品表示法における課徴金納付命令との関係においては，意見陳述手続をとることとした。

(注) 行政管理研究センター編『逐条解説　行政手続法〔27年改訂版〕』(ぎょうせい，平成27年) 185頁参照。

(2) 弁明の機会を付与することとした理由

　景品表示法は，事業者が自ら提供する商品または役務の取引に関連する不当表示を行うことを禁止することによって，一般消費者の自主的かつ合理的な選択を確保することを目的としている (1条)。本課徴金制度は，当該目的を達成するため，不当表示を行った事業者に対して経済的不利益を課すことにより，不当表示規制の抑止力を強化し，もって不当表示を防止することを趣旨とするものであるところ，不当表示規制の抑止力強化のために，課徴金対象行為が行われた場合，迅速に課徴金納付命令をする必要がある。

　また，措置命令との関係における意見陳述手続は弁明の機会の付与 (行政手続法13条1項2号) であるところ，課徴金納付命令は，措置命令と同時または近接して行うことが想定され，同一の違反行為に係る意見陳述手続にもかかわらず，同時または近接した時期に異なる手続保障レベルの意見陳述手続を行うこととした場合，行政効率の無用な低下を招くこととなる[注1]。

　そこで，景品表示法上の課徴金納付命令との関係における意見陳述手続として，弁明の機会を付与することとした (新法13条)[注2]。

　なお，課徴金納付命令との関係における意見陳述手続を弁明の機会の付与とする場合，行政手続法上の弁明手続に関する規定を準用することも考えられるが，規定の一覧性，分かりやすさという観点から，当該行政手続法の規定を参考として，本改正法において，弁明手続に関する規定を具体的に定めることとした (新法13条ないし16条)。

(注1) 平成20年法案も，課徴金納付命令に係る意見陳述手続として，弁明の機会を付与することとしていた。
(注2) 消費者庁における法制化作業において，独占禁止法が課徴金納付命令との関係における意見陳述手続として意見聴取手続を置いている点 (独占禁止法62条4項，同法49条ないし60条) を理由に，景品表示法上の課徴金納付命令との関係におけ

る意見陳述手続も同水準の手続を置くべきであるという意見が寄せられることもあった。

　しかしながら，景品表示法は，当該商品または役務に係る表示から一般消費者が受ける印象が実際の商品または役務に比べ著しく優良または有利等であるとの誤認が生じる表示をする行為を規制するものであるところ，当該表示自体は一般公衆に対して晒されており，表示の対象となっている商品または役務の実際の内容等は事業者が把握している事実である上，課徴金対象行為に係る商品または役務の売上額および主観的要素に関する証拠も事業者側に存在するのであり，弁明の機会において，事業者は十分に防御することが可能である。

　また，景品表示法は，同法制定前に独占禁止法が不当表示を含む欺瞞的広告や不当な利益による顧客誘引について不公正な取引方法の一類型として規制していたところ，特に一般消費者との関係で問題が大きいと考えられた不当表示と過大な景品類の提供について迅速かつ効果的な規制を行うため，独占禁止法の特則として制定されたものである。かかる経緯に鑑みると，迅速な執行を実現するための意見陳述手続としては，書面によることを原則とする弁明手続が適当である。

　したがって，景品表示法上の課徴金納付命令との関係における意見陳述手続として，弁明の機会の付与とした。

第14条（弁明の機会の付与の方式）

（弁明の機会の付与の方式）
第十四条　弁明は，内閣総理大臣が口頭ですることを認めたときを除き，弁明を記載した書面（次条第一項において「弁明書」という。）を提出してするものとする。
2　弁明をするときは，証拠書類又は証拠物を提出することができる。

解　説

1　改正の趣旨

　内閣総理大臣（消費者庁長官）は，課徴金納付命令の名宛人となるべき者から弁明がなされれば，これを斟酌した上で課徴金納付命令の発出を決する必要がある。したがって，意見陳述手続としての弁明の機会の付与の方式を整備しておく必要がある。

　本条は，当該方式を整備するものである。

2　1項（弁明書の提出）

①弁明内容を明確にすること，②簡易迅速の防御手続を確保すること，③事務処理の上で合理的であること等から，事業者による弁明は，原則として書面を提出して行うこととしている。

ただし，内閣総理大臣が口頭ですることを認めたときは，口頭で弁明することも認められる。

3　2項（証拠書類等の提出）

当事者の権利保障のために，弁明による主張だけではなく，当該主張を裏付ける証拠書類または証拠物の提出も認めるものである。

なお，証拠書類または証拠物は，弁明書の提出期限（または出頭日時）までに提出される必要がある。

第15条（弁明の機会の付与の通知の方式）

> （弁明の機会の付与の通知の方式）
> 第十五条　内閣総理大臣は，弁明書の提出期限（口頭による弁明の機会の付与を行う場合には，その日時）までに相当な期間をおいて，課徴金納付命令の名宛人となるべき者に対し，次に掲げる事項を書面により通知しなければならない。
> 一　納付を命じようとする課徴金の額
> 二　課徴金の計算の基礎及び当該課徴金に係る課徴金対象行為
> 三　弁明書の提出先及び提出期限（口頭による弁明の機会の付与を行う場合には，その旨並びに出頭すべき日時及び場所）
> 2　内閣総理大臣は，課徴金納付命令の名宛人となるべき者の所在が判明しない場合においては，前項の規定による通知を，その者の氏名（法人にあつては，その名称及び代表者の氏名），同項第三号に掲げる事項及び内閣総理大臣が同項各号に掲げる事項を記載した書面をいつでもその者に交付する旨を消費者庁の事務所の掲示場に掲示することによつて行うことができる。この場合においては，掲示を始めた日から二週間を経過したときに，当該通知がその者に到達したものとみなす。

解説

1 改正の趣旨

弁明の機会の付与の通知は，課徴金納付命令の名宛人となるべき者に対し，自らに対して課徴金納付命令が行われようとしていることおよびそれに際し弁明手続がとられることを認知させ，弁明手続における防御の準備を図る上で重要な手続である。

本条1項は，弁明の機会の付与の通知を書面で行う旨を定めるとともに，当該通知の必要的記載事項を定めたものである。

また，本条2項は，課徴金納付命令の名宛人となるべき者の所在が判明しない場合の弁明の通知の方法および効果を定めたものである。

2 1項（弁明の機会の付与の通知）

弁明の機会の付与の通知の必要的記載事項として，納付を命じようとする課徴金の額，課徴金の計算の基礎および当該課徴金に係る課徴金対象行為，弁明書の提出先および提出期限の3つを定めている。

(1) 「弁明書の提出期限……までに相当な期間をおいて」

内閣総理大臣（消費者庁長官）は，課徴金納付命令の名宛人となるべき者が防御の準備をするのに期間として相当であるかという観点から，措置命令との関係における「相当な期間」をおいた弁明書の提出期限を参照しつつ（行政手続法30条），事案に応じて，課徴金納付命令との関係での「相当な期間」をおいて，弁明書の提出期限を決することとなると考えられる。

(2) その他

課徴金納付命令の名宛人となるべき者に弁明の機会の付与の通知が到達すれば弁明の機会を付与したこととなるから（民法97条参照），仮に，当該名宛人から提出期限までに何ら応答しないときであっても，必要な弁明の機会を与え終えたことになると考えられる。

3　2項

(1)　「課徴金納付命令の名宛人となるべき者の所在が判明しない場合」

　課徴金納付命令の名宛人となるべき者の所在が判明していない場合や弁明の通知を郵送により行ったものの居所が不明である場合などにおいて，必要に応じて追跡調査を行ってもなお相手方の住所および居所等が不明である場合を指す。

　課徴金納付命令を行おうとする場合には名宛人となるべき者について弁明の機会の付与をしなければならないため（新法13条），本原則を確保するためにも，名宛人となるべき者の所在が判明しない場合には，いわゆる公示送達に類似した手続をとることが適当であると考えたものである。

(2)　「前項の規定による通知を，その者の氏名（法人にあつては，その名称及び代表者の氏名），同項第三号に掲げる事項及び内閣総理大臣が同項各号に掲げる事項を記載した書面をいつでもその者に交付する旨を消費者庁の事務所の掲示場に掲示することによつて行う」

　公示送達について規定する民事訴訟法や行政手続法等は，①送達すべき書類の名称・種別，②送達を受けるべき者の氏名，③その書類をいつでも送達を受けるべき者に交付する旨を公示事項としているところ（民事訴訟法111条，行政手続法15条等），これらは，公示送達に類似した手続をとるときの公示事項としても必要十分な事項と考えられるので，この内容に準じて規定している。

　また，いわゆる公示送達に類似した手続の具体的な手段についても，民事訴訟法の例を踏まえ，「消費者庁の事務所の掲示場に掲示することによつて行う」としている。

(3)　「掲示を始めた日から二週間を経過したときに，当該通知がその者に到達したものとみなす。」

　民事訴訟法等の例に倣ったものである。

第16条（代理人）

> （代理人）
> 第十六条　前条第一項の規定による通知を受けた者（同条第二項後段の規定により当該通知が到達したものとみなされる者を含む。次項及び第四項において「当事者」という。）は，代理人を選任することができる。
> 2　代理人は，各自，当事者のために，弁明に関する一切の行為をすることができる。
> 3　代理人の資格は，書面で証明しなければならない。
> 4　代理人がその資格を失つたときは，当該代理人を選任した当事者は，書面でその旨を内閣総理大臣に届け出なければならない。

解説

1　改正の趣旨

弁明手続に関し当事者の権利利益を十分に保護し，かつ手続の簡易・迅速化を図る観点から，代理人に関する規定を定めたものである。

2　1項（代理人の選任）

「代理人」とは，当事者本人に代わり，本人の名においてかつ自己の意思決定に基づき弁明手続に関する行為をする者をいう。代理人がその権限内でした行為は当事者本人がしたのと同様の効果を生じ，その効力は当事者本人に及ぶ。

代理人となる資格については，法文上限定を設けていない。

なお，新法15条1項の通知（同条2項後段による，いわゆる公示送達に類似した手続がされた場合を含む。）を受けて以降，課徴金納付命令の名宛人となるべき者は弁明手続の当事者となると考えられるので，本項でその旨を規定している。

3　2項（代理人の権限）

代理人の権限は，本来委任の内容によってその範囲が決められるのであるが，個々の代理人の権限が区々であれば，弁明手続上，種々の障害が生

じ得るので，事前手続を迅速に進めるという要請から，権限の内容を画一的にしている。

　代理人は，当事者のために弁明に関する一切の行為をすることができる。

4　3項（資格の証明）

「代理人の資格は，書面で証明しなければならない。」。この理由は，当事者によって代理人として正当に選任されたことが弁明手続を有効に行うための要件であるから，その点を弁明手続の当初から明確にし，無駄な手続の発生を防止する点にある。選任行為については，その正当性を担保させる為に，届出ではなく書面の証明を義務付けている。

5　4項（資格の喪失）

代理人がその資格を失ったときは，無駄な手続の進行を避けるため，当該代理人を選任した当事者が「書面でその旨を内閣総理大臣に届け出なければならない。」こととしている。

第17条（課徴金納付命令の方式等）

> （課徴金納付命令の方式等）
> 第十七条　課徴金納付命令は，文書によつて行い，課徴金納付命令書には，納付すべき課徴金の額，課徴金の計算の基礎及び当該課徴金に係る課徴金対象行為並びに納期限を記載しなければならない。
> 2　課徴金納付命令は，その名宛人に課徴金納付命令書の謄本を送達することによって，その効力を生ずる。
> 3　第一項の課徴金の納期限は，課徴金納付命令書の謄本を発する日から七月を経過した日とする。

解説

1　改正の趣旨

本条は，課徴金納付命令の方式，効力発生時期と課徴金の納期限を定め

たものである。

2　課徴金納付命令の方式

　課徴金納付命令は文書によって行わなければならず，課徴金納付命令の発出に当たり，課徴金納付命令書が作成されることとなる。

　課徴金納付命令書には，「納付すべき課徴金の額，課徴金の計算の基礎及び当該課徴金に係る課徴金対象行為並びに納期限」を記載しなければならない。

　このうち，「課徴金の計算の基礎」は，「納付すべき課徴金の額」の算定過程を意味するものである。具体的には，課徴金対象行為に係る商品または役務の範囲，当該商品または役務の売上額，課徴金対象期間，課徴金算定率による計算，自主申告や返金措置が行われた場合の課徴金額の減額，端数切捨ての計算等(注)が，課徴金納付命令書に記載されることとなる。

　(注)　その他，課徴金納付命令に関する消極的要件である主観的要素に係る事実も記載されることが想定される。

3　課徴金納付命令の効力発生時期

　課徴金納付命令は，その名宛人に課徴金納付命令書の謄本を送達することによって効力が生ずる。

　課徴金納付命令書の謄本の送達を受けた事業者は，当該課徴金納付命令書記載の課徴金の額を国庫に納付しなければならない（新法12条1項）。また，当該課徴金納付命令書の謄本が送達された日の翌日から，課徴金納付命令の取消訴訟の出訴期間等が起算されることとなる。

4　課徴金の納期限（「課徴金納付命令書の謄本を発する日から七月を経過した日」）

　課徴金納付命令の名宛人である事業者に対し，争訟手続によって課徴金納付命令を争うか否かを熟慮するのに必要な期間を与える必要がある。また，当該期間を与えた趣旨を確保するため，当該期間中に課徴金額の金銭

を準備した上で納付させることは適当ではない。そこで，課徴金の納期限は，熟慮に必要な期間が経過した後に更に相当期間を置いて設定する必要がある。

この点に関し，課徴金納付命令の終局的な争訟手続である課徴金納付命令の処分の取消しの訴え（行政事件訴訟法3条2項）は，処分があったことを知った日から6月経過する前までにしなくてはならない（行政事件訴訟法14条1項）。このため，課徴金の納期限を設定する上では，処分の取消しの訴えの出訴期間である6月を参考に，更に1月を加算した7月とすることが適切である。

したがって，本改正法では，課徴金の納期限を，課徴金納付命令の謄本を発した日から7月を経過する日とした。

第18条（納付の督促）

> （納付の督促）
> 第十八条　内閣総理大臣は，課徴金をその納期限までに納付しない者があるときは，督促状により期限を指定してその納付を督促しなければならない。
> 2　内閣総理大臣は，前項の規定による督促をしたときは，その督促に係る課徴金の額につき年十四・五パーセントの割合で，納期限の翌日からその納付の日までの日数により計算した延滞金を徴収することができる。ただし，延滞金の額が千円未満であるときは，この限りでない。
> 3　前項の規定により計算した延滞金の額に百円未満の端数があるときは，その端数は，切り捨てる。

解説

1　改正の趣旨

本条は，課徴金納付命令の名宛人となった事業者が，納期限までに課徴金を納付しない場合の納付の督促およびその効果について定めたものである。

2　1項（督促命令）

　内閣総理大臣（消費者庁長官）は，課徴金を納期限までに納付しない事業者に対し，督促状により，期限を指定して，当該課徴金の納付を督促しなくてはならない。督促命令は，「その納付を督促しなければならない。」とあるとおり，課徴金納付命令の名宛人である事業者が納期限に課徴金を納付しない場合に発出しなくてはならない非裁量的処分である。

　なお，督促命令には行政手続法3章の規定が適用されない（新法25条）。

3　2項および3項（督促命令の効果）

　内閣総理大臣（消費者庁長官）は，1項による督促をしたときは，納期限の翌日から年14.5％の割合による延滞金を徴収することができる（督促は，延滞金発生の要件となっている。）。ただし，延滞金の額が1,000円未満であるときはこの限りではない。

　また，延滞金について100円未満の端数があるときはこれを切り捨てる。

　なお，延滞金の請求権の執行は，課徴金の請求権の執行とともに，次条の規定により行われる。

> 【コラム】　督促命令を受けた事業者による争訟
>
> 　督促命令は，納期限の翌日から納付の日まで年14.5％の割合による延滞金を発生させる上，督促命令を受けた事業者を，督促状の指定期限までに課徴金（および延滞金）を納付しなければ課徴金納付命令の執行を受ける立場に立たせる効果を有する。このため，督促命令には処分性が認められるものと考えられる。
>
> 　したがって，事業者としては，督促命令の適法性を争う場合，行政不服審査法6条に基づく消費者庁長官に対する異議申立て（行政不服審査法（平成26年法律第68号）の施行後は，消費者庁長官に対する「審査請求」（同法4条1号））を行うか，または，行政事件訴訟法3条2項に基づく処分取消訴訟を行うこととなる。

第19条（課徴金納付命令の執行）

> （課徴金納付命令の執行）
> 第十九条　前条第一項の規定により督促を受けた者がその指定する期限までにその納付すべき金額を納付しないときは，内閣総理大臣の命令で，課徴金納付命令を執行する。この命令は，執行力のある債務名義と同一の効力を有する。
> 2　課徴金納付命令の執行は，民事執行法（昭和五十四年法律第四号）その他強制執行の手続に関する法令の規定に従つてする。
> 3　内閣総理大臣は，課徴金納付命令の執行に関して必要があると認めるときは，公務所又は公私の団体に照会して必要な事項の報告を求めることができる。

解説

1　改正の趣旨

課徴金納付命令を受けた事業者が，課徴金を任意に納付しない場合における課徴金の強制徴収の方法を定めるものである。

(1)　2項（課徴金納付命令の執行）

本改正法は，課徴金および延滞金の請求権を倒産手続において劣後的に取り扱われるものとしているため（新法20条），課徴金および延滞金の納付義務に係る請求権については，一般的な優先権が認められないこととなる。

この点，国税徴収法は徴収する請求権に優先権が認められることを前提として制度設計されているため，本課徴金制度における課徴金請求権の強制徴収方法を国税徴収の例によって行うことは不適切である。

他方で，国税徴収の例によらない国の公的な請求権の自力執行の方法は存在しないため，金商法および公認会計士法の課徴金制度の例[注]に倣って，本法律の課徴金納付命令の執行は，民事執行法その他強制執行の手続に関する法令にしたがって行うこととしたものである（本条2項）。

第 19 条（課徴金納付命令の執行） 103

(注) 金商法 185 条の 15 第 2 項，公認会計士法 34 条の 60 第 2 項。

(2) 1 項（執行命令）

民事執行法上，強制執行は，「執行力のある債務名義の正本」（同法 51 条 1 項）に基づいて実施される（同法 25 条）。そこで，本改正法は，金商法および公認会計士法の例[注1]に倣って，課徴金の納付の督促を受けた者がその指定する期限までにその納付すべき金額を納付しないときは，内閣総理大臣（消費者庁長官）の命令で課徴金納付命令を執行でき，当該執行命令は執行力のある債務名義と同一の効力を有することとして，（執行文の付与を受けることなく）課徴金請求権を強制執行することができることとしたものである[注2]（本条 1 項）。

(注 1) 金商法 185 条の 15 第 1 項，公認会計士法 34 条の 60 第 1 項。
(注 2) 執行力のある債務名義の正本は，原則として，執行文の付された債務名義の正本であるが（民事執行法 25 条本文），ある文書について法律上「執行力のある債務名義の正本と同一の効力を有する」と明記されている場合，強制執行は，当該文書に基づいても実施することができる（表示された当事者に承継があった場合を除き，執行文の付与を受けることなく強制執行を実施できる）と考えられている（例えば，齋藤隆＝飯塚宏編著『リーガル・プログレッシブ・シリーズ　民事執行〔補訂版〕』（青林書院，平成 26 年）41 頁（齋藤隆執筆部分）参照）。

(3) 3 項（照会権限）

課徴金納付命令の執行に当たり，その執行を受ける者の所在や資産等の調査を行う必要があることから，照会権限について定めるものである。

2　1 項（執行命令）

景品表示法上の課徴金納付命令は，内閣総理大臣（消費者庁長官）の命令で執行するものとし，内閣総理大臣の執行命令は「執行力のある債務名義と同一の効力を有する」ものとしている。したがって，強制執行は，内閣総理大臣（消費者庁長官）の執行命令に基づいて実施することとなる（民事執行法 25 条）。

納期限までに課徴金が納付されない場合における延滞金の請求権の発生

の根拠となる行政処分は課徴金納付命令にほかならない（延滞金の請求権は，課徴金の請求権から派生した支分権としての請求権である。）。そのため，本項による課徴金納付命令の執行は，課徴金の請求権と延滞金の請求権の双方の満足を目的とするものである。

なお，執行命令には行政手続法第三章の規定は適用されない（新法25条）。

第20条（課徴金等の請求権）

> （課徴金等の請求権）
> 第二十条　破産法（平成十六年法律第七十五号），民事再生法（平成十一年法律第二百二十五号），会社更生法（平成十四年法律第百五十四号）及び金融機関等の更生手続の特例等に関する法律（平成八年法律第九十五号）の規定の適用については，課徴金納付命令に係る課徴金の請求権及び第十八条第二項の規定による延滞金の請求権は，過料の請求権とみなす。

解説

1　改正の趣旨

景品表示法は，一般消費者の利益の保護を目的としているため（新法1条），課徴金の賦課に伴って，一般消費者が損害の賠償を満足に受けられず，一般消費者の利益の保護が損なわれる事態を回避する必要がある。

この点，金商法および公認会計士法は，各法の課徴金納付命令の原因となる行為類型の中に投資家の違反行為者（事業者（または公認会計士，監査法人））に対する損害賠償請求権を基礎付けるものが含まれているところ，課徴金の賦課に伴って，投資家が損害の賠償を満足に受けられず，投資家の利益の保護が損なわれる事態を回避するため，倒産手続において，課徴金の請求権を過料の請求権とみなし，他の債権より劣後的取扱いを受ける請求権とみなしている（金商法185条の16および公認会計士法34条の61）[注1]。

そこで，本法律における課徴金制度においても，課徴金の請求権は，不当表示の防止をするという課徴金制度と一般消費者の利益の保護の調和を図る観点から，金商法および公認会計士法の例に倣い，倒産手続において，

過料の請求権とみなすこととしたものである^(注2)。

(注1) 一方，独占禁止法上の課徴金は，国税滞納処分の例により徴収することができ（同法69条4項），当該徴収金の先取特権の順位は「国税及び地方税に次ぐもの」とされ，一般債権に対する優先権が認められている（同条5項）。

(注2) 過料の請求権は，破産手続において，劣後的破産債権とされ，一般破産債権が配当を受け終わって，なお残余財産がある場合に限って，配当を受けることができる（破産法（平成16年法律第75号）99条1項1号，97条6号，194条1項3号）。また，再生手続・更生手続開始前の過料の請求権については，再生計画・更生計画で定められた弁済期間が満了する時までの間は，弁済を受けることができない（民事再生法（平成11年法律第225号）181条3項，会社更生法（平成14年法律第154号）204条2項）。

第21条（送達書類）

> （送達書類）
> 第二十一条　送達すべき書類は，この節に規定するもののほか，内閣府令で定める。

解　説

1　改正の趣旨

本条は，課徴金納付命令書の謄本（新法17条2項）のほかに，課徴金納付命令に関して送達すべき書類を定めることを内閣府令に委任する旨を規定するものである。

新法17条2項および本条に基づき「送達すべき書類」の送達は，新法22条および23条に基づき行われることとなる。

2　内閣府令で定める「送達すべき書類」

「送達すべき書類」として内閣府令で定めることになると考えられるものとしては，例えば，課徴金納付命令を執行する内閣総理大臣の命令に係る文書（謄本）が挙げられる。

課徴金納付命令の執行は，「内閣総理大臣の命令」（以下「執行命令」という。）により行われ（新法19条1項前段），民事執行法その他強制執行の

手続に関する法令の規定に従ってする（同条2項）。

この点，一般的な債権に係る強制執行は，執行文の付与された債務名義の正本に基づいて実施されるが（民事執行法25条），執行命令は，執行力のある債務名義と同一の効力を有することから（新法19条1項後段），執行文の付与は不要である。

もっとも，強制執行は，「債務名義」が，あらかじめ，または同時に，債務者に送達されたときに限り開始できるため（民事執行法29条），執行の開始に当たり，債務名義となるべき執行命令に係る文書（謄本）を送達する必要がある。このため，内閣府令において，執行命令に係る文書（謄本）を送達すべき旨を定めることが必要であると考えられる。

第22条（送達に関する民事訴訟法の準用）

> （送達に関する民事訴訟法の準用）
> 第二十二条　書類の送達については，民事訴訟法（平成八年法律第百九号）第九十九条，第百一条，第百三条，第百五条，第百六条，第百八条及び第百九条の規定を準用する。この場合において，同法第九十九条第一項中「執行官」とあるのは「消費者庁の職員」と，同法第百八条中「裁判長」とあり，及び同法第百九条中「裁判所」とあるのは「内閣総理大臣」と読み替えるものとする。

解　説

1　改正の趣旨

本条は，書類の送達について，民事訴訟法における送達に関する規定の一部を準用するとともに（前段），当該準用において所要の読替えを行う（後段）旨を定めるものである。

民事訴訟法における送達に関する規定は，同法98条から同法113条までであるが，本条は，これらのうち，同法99条（送達実施機関），同法101条（交付送達の原則），同法103条（送達場所），同法105条（出会送達），同法106条（補充送達及び差置送達），同法108条（外国における送達）および同法109条（送達報告書）を準用することとしている。これは，独占禁

止法70条の7の例に倣ったものである。

2 送達の概要
(1) 送達を実施する機関
書類の送達は，郵便または消費者庁の職員によって実施され（民事訴訟法99条1項の準用），郵便による送達にあっては，郵便の業務に従事する者が送達実施機関となる（同条2項の準用）。

(2) 送達場所
送達は，原則として[注]，その名宛人の住所，居所，営業所または事務所（以下「住所等」という。）においてする（民事訴訟法103条1項本文の準用）。

> [注] 一定の要件の下，名宛人が雇用，委任その他の法律上の行為に基づき就業する他人の住所等（以下「就業場所」という。）においてすることができ（民事訴訟法103条2項前段の準用），その名宛人が就業場所において送達を受ける旨の申述をしたときも同様である（同項後段の準用）。

(3) 送達方法
ア 交付送達の原則
送達は，特別の定めがある場合を除き，その名宛人に送達すべき書類を交付して実施される（民事訴訟法101条の準用）。ここでいう「特別の定め」としては，補充送達・差置送達（民事訴訟法106条の準用）および公示送達（新法23条）がある。

イ 特殊な送達方法
場所的特殊性に鑑みた出会送達（民事訴訟法105条），人的特殊性に鑑みた補充送達（同法106条1項および2項），現実の授受行為がない点で出会送達の変形である差置送達（同条3項）に関する民事訴訟法の規定をそれぞれ準用している。

また，外国においてすべき送達は，内閣総理大臣（消費者庁長官）が，その国の管轄官庁またはその国に駐在する日本の大使，公使もしくは領事に嘱託して行われることとなる[注]（民事訴訟法第108条の準用）。

(注) ただし，書類の送達が，当該送達の相手方に対して金銭の支払義務を発生させるものである場合，当該送達は公権力の行使に該当し，他国の主権を侵害するおそれがある。そのため，民事訴訟法108条の準用による外国への送達を行う場合，「具体的には，外務省を窓口として，在外日本国大使館・領事館等を通じ，外国事業者の所在する国の外務当局に対して，外国事業者に対する送達を行うことについての応諾を求め，応諾が得られた場合には，通常，外務省を通じて，在外日本国大使館・領事館等に対して外国事業者に対する送達を嘱託する方法がとられる（領事送達）」（菅久修一編著『独占禁止法〔第2版〕』（商事法務，平成27年）366頁）。

(4) 送達報告書の作成および提出

送達をした者は，書面を作成し，送達に関する事項を記載して，これを内閣総理大臣（消費者庁長官）に提出しなければならない（民事訴訟法109条の準用）。民事訴訟法において，「送達は，特定の名宛人に対し，訴訟上の書類を確実に了知させることを目的とする要証的公証行為であるため」[注]送達報告書の作成および提出が定められているところ（民事訴訟法109条），景品表示法においても，送達すべき書類については当該趣旨が妥当するため，当該民事訴訟法の定めが準用されたものである。

(注) 秋山幹男＝伊藤眞＝加藤新太郎＝高田裕成＝福田剛久＝山本和彦『コンメンタール民事訴訟法Ⅱ〔第2版〕』（日本評論社，平成18年）414頁。

第23条 （公示送達）

（公示送達）
第二十三条　内閣総理大臣は，次に掲げる場合には，公示送達をすることができる。
一　送達を受けるべき者の住所，居所その他送達をすべき場所が知れない場合
二　外国においてすべき送達について，前条において準用する民事訴訟法第百八条の規定によることができず，又はこれによつても送達をすることができないと認めるべき場合
三　前条において準用する民事訴訟法第百八条の規定により外国の管轄官庁に嘱託を発した後六月を経過してもその送達を証する書面の送付がな

い場合
2　公示送達は，送達すべき書類を送達を受けるべき者にいつでも交付すべき旨を消費者庁の事務所の掲示場に掲示することにより行う。
3　公示送達は，前項の規定による掲示を始めた日から二週間を経過することによつて，その効力を生ずる。
4　外国においてすべき送達についてした公示送達にあつては，前項の期間は，六週間とする。

解　説

1　改正の趣旨

　課徴金納付命令の名宛人となるべき者が行方をくらますなどにより送達すべき場所が不明な場合に課徴金納付命令書の送達が実施できないとすれば，不当表示への抑止力を高め不当表示を防止するという課徴金制度の目的を達成することができない（その他送達すべき書類についても当該書類送達により達成しようとする法目的を果たせない。）。

　そこで，本条は，通常の手続による送達ができない場合を念頭に，公示送達に関する規定を行うものであり，独占禁止法70条の8の例に倣ったものである(注)。

　本条1項は内閣総理大臣（消費者庁長官）が公示送達をすることができる場合について，2項は公示送達の方法について，3項および4項は公示送達による効力の発生時期について規定している。

（注）　独占禁止法は，基本的に民事訴訟法の送達規定を準用しているが，公示送達については，同法の公示送達に係る規定（110条ないし113条）を準用せず，独占禁止法70条の8に特別の定めを置いている。

　　これは，①「民事訴訟法の公示送達は，送達における職権主義の例外として申立てが要件とされてい」ることのほか（110条1項），「裁判所書記官が実施することになっているため，裁判所書記官を前提とした規定があるなど独占禁止法で準用するに当たって，不要な規定が多数あるため，そのための読み替え規定を多数置くと条文が複雑になること」，②独占禁止法と同様，送達規定に関し，民事訴訟法の送達規定を準用している特許法も，上記①と同様の理由から，公示送達については，独自の規定を設けていること」（特許法191条）に鑑みたものと説明されている（菅久

修一=小林渉編著『平成14年改正独占禁止法の解説』(商事法務，平成14年) 46頁)。

2 公示送達の方法等

公示送達は，送達すべき書類を送達を受けるべき者にいつでも交付すべき旨を消費者庁の事務所の掲示場に掲示することにより行う（本条2項）。

この掲示に係る送達事務は消費者庁の職員が行い（新法22条による民事訴訟法99条1項の準用），当該掲示を行った消費者庁の職員は，送達報告書を作成し，内閣総理大臣（消費者庁長官）に提出しなければならない（新法22条による民事訴訟法109条の準用）。

第24条（電子情報処理組織の使用）

> （電子情報処理組織の使用）
> 第二十四条　行政手続等における情報通信の技術の利用に関する法律（平成十四年法律第百五十一号）第二条第七号に規定する処分通知等であつて，この節又は内閣府令の規定により書類の送達により行うこととしているものについては，同法第四条第一項の規定にかかわらず，当該処分通知等の相手方が送達を受ける旨の内閣府令で定める方式による表示をしないときは，電子情報処理組織（同項に規定する電子情報処理組織をいう。次項において同じ。）を使用して行うことができない。
> 2　消費者庁の職員が前項に規定する処分通知等に関する事務を電子情報処理組織を使用して行つたときは，第二十二条において準用する民事訴訟法第百九条の規定による送達に関する事項を記載した書面の作成及び提出に代えて，当該事項を電子情報処理組織を使用して消費者庁の使用に係る電子計算機（入出力装置を含む。）に備えられたファイルに記録しなければならない。

解説

1　改正の趣旨

(1)　1項

行政手続等における情報通信の技術の利用に関する法律（平成14年法律

第 151 号。以下「行政手続オンライン化法」という。）4 条 1 項は,「処分通知等」(注1)について，その根拠規定が「書面等」(注2)により行うこととしている場合であっても，主務省令で定めるところにより，その名宛人の同意を得ることなく,「電子情報処理組織」（オンライン）(注3)を使用して行うことができると定めている。

しかしながら，新法17条 2 項や同 20 条が課徴金納付命令等（課徴金納付命令や執行命令は「処分通知等」に該当すると解される。）を書面により送達することとしている趣旨は，その内容を相手方に確実に伝達し，紛争の発生を未然に防止することにある。

そこで，本条 1 項は，行政手続オンライン化法 4 条 1 項の適用を制限し，景品表示法において課徴金納付命令書の謄本を含め送達すべき書類の送達により行うこととしている処分通知等については，事前にその名宛人の同意を得ない限り，電子情報処理を使用して行うことができないことを定めている。

(注1) 行政手続オンライン化法における「処分通知等」とは,「処分（行政庁の処分その他公権力の行使に当たる行為をいう。）の通知その他の法令の規定に基づき行政機関等（地方公共団体や独立行政法人なども含まれる。）が行う通知（不特定の者に対して行うもの及び裁判手続等において行うものを除く。）をいう。」（行政手続オンライン化法2条7号）。

(注2) 行政手続オンライン化法における「書面等」とは,「書面，書類，文書，謄本，抄本，正本，副本，複本その他文字，図形等人の知覚によって認識することができる情報が記載された紙その他の有体物をいう。」（行政手続オンライン化法2条3号）。

(注3) 行政手続オンライン化法における「電子情報処理組織」とは,「行政機関等の使用に係る電子計算機…と申請等をする者の使用に係る電子計算機とを電気通信回線で接続した電子情報処理組織をいう。」（行政手続オンライン化法3条1項）。

(2) 2 項

既述のとおり，民事訴訟法において，送達は，特定の名宛人に対し，訴訟上の書類を確実に了知させることを目的とする要証的公証行為であるため，送達報告書の作成および提出が定められているところ（民事訴訟法109条)，本改正法は，景品表示法においても，送達すべき書類については

112　第2章　景品類及び表示に関する規制

当該趣旨が妥当するため当該規定を準用することとしている（新法22条）。

　事前に名宛人の同意を得て，課徴金納付命令書の謄本の送達等を電子情報処理組織を使用して行った場合であっても，その名宛人に書類を確実に了知させることが必要である。

　そこで，本条2項は，電子情報処理組織を使用した場合について，送達報告書に代わるものとして，送達に関する事項を，電子情報処理組織を使用して，消費者庁の使用に係る電子計算機に備えられたファイルに記録しなければならないことを定めている。

第25条（行政手続法の適用除外）

> （行政手続法の適用除外）
> 第二十五条　内閣総理大臣がする課徴金納付命令その他のこの節の規定による処分については，行政手続法（平成五年法律第八十八号）第三章の規定は，適用しない。ただし，第十条第八項の規定に係る同法第十二条及び第十四条の規定の適用については，この限りでない。

解　説

1　改正の趣旨

　本節における不利益処分（行政手続法2条4号）として，内閣総理大臣（消費者庁長官）が行う課徴金納付命令（新法8条1項），認定実施予定返金措置計画取消処分（新法10条8項），督促命令（新法18条1項）および執行命令（新法19条）があるところ，本条は，認定実施予定返金措置計画取消処分（当該処分には行政手続法3章の規定の一部を適用する。）を除く当該不利益処分に行政手続法同章の規定を適用しないこととしたものである。

2　「課徴金納付命令その他のこの節の規定による処分」

　本節の規定による不利益処分は，課徴金納付命令のほか，認定実施予定返金措置計画取消処分，督促命令および執行命令である。

3 「行政手続法……第三章の規定は，適用しない。」

　行政手続法3章は，行政庁が不利益処分をする場合，①処分の基準を定め（行政手続法12条），②事前手続をし（同法13条），③不利益処分の理由の提示（同法14条）をしなければならないと規定しているが，本条ただし書の場合を除き，上記不利益処分には，同章の規定を適用しないこととしている。

4 「第十条第八項の規定に係る同法第十二条及び第十四条の規定の適用については，この限りでない。」

　認定実施予定返金措置計画取消処分は，認定事業者による返金措置が，認定実施予定返金措置計画に適合して実施されていないと認めるときに行わなければならない処分である。

　同処分の要件である「認定を受けた実施予定返金措置計画……に適合して実施されていないと認めるとき」の判断には，規範的な判断を伴うので，処分の基準を定めることが適当であるため行政手続法12条を適用することとした。

　また，同処分がなされた場合，課徴金納付命令が直ちに発出されることとなり，当該命令を受けた事業者は，課徴金納付命令の不服申立手続の中で課徴金納付命令の違法事由として認定実施予定返金措置計画認定取消処分の適法性を争うこととなる（新法10条8項の解説4参照）。そこで，事業者の不服申立ての便宜のため，同処分の理由の提示が必要であるから，同処分に行政手続法14条を適用することとした。

5 本節における申請に対する処分における行政手続法の適用

　本節における申請に対する処分として，実施予定返金措置計画認定処分，実施予定返金措置計画不認定処分，認定実施予定返金措置計画変更認定処分および認定実施予定返金措置計画変更不決定処分がある。

　これらの処分には，行政手続法2章が適用される。

114 第2章 景品類及び表示に関する規制

第4節　景品類の提供及び表示の管理上の措置

第28条（勧告及び公表）

> （勧告及び公表）
> <u>第二十八条</u>　内閣総理大臣は，事業者が正当な理由がなくて<u>第二十六条第一項</u>の規定に基づき事業者が講ずべき措置を講じていないと認めるときは，当該事業者に対し，景品類の提供又は表示の管理上必要な措置を講ずべき旨の勧告をすることができる。
> 2　（略）

解説

1　改正の趣旨

本改正法が，課徴金制度以外について条番号等を整理して変更したことに伴い，引用条文の条数を変更するものである。

なお，規定の趣旨や内容については，改正前から変更はない。

第5節　報告の徴収及び立入検査等

第29条

<u>第二十九条</u>　内閣総理大臣は，<u>第七条第一項</u>の規定による命令，<u>課徴金納付命令</u>又は前条第一項の規定による勧告を行うため必要があると認めるときは，当該事業者若しくはその者とその事業に関して関係のある事業者に対し，その業務若しくは財産に関して報告をさせ，若しくは帳簿書類その他の物件の提出を命じ，又はその職員に，当該事業者若しくはその者とその事業に関して関係のある事業者の事務所，事業所その他その事業を行う場所に立ち入り，帳簿書類その他の物件を検査させ，若しくは関係者に質問させることができる。
2・3　（略）

解説

1　改正の趣旨

　本改正法により課徴金制度を導入することに伴い，内閣総理大臣（消費者庁長官）が課徴金納付命令を行うため必要があるときに調査を行えるよう，報告の徴収および立入検査等について定める本条に，「課徴金納付命令（……を行うため必要があると認めるとき）」の文言が追加された。

　なお，課徴金制度は本改正法により景品表示法に新設されるものであるため，当面，（新法33条11項の委任を受けた政令で都道府県知事に対して権限付与を行うことなく）内閣総理大臣（消費者庁長官）において調査から命令まで執行することを想定している（新法8条1項に関する解説参照）。

　その余，措置命令に関する引用条文を6条から7条に変更する形式的な改正が行われた。

2　「帳簿書類その他の物件の提出を命じ」

　例えば，課徴金の算定の基礎となる「売上額」を確認するに当たり，（相手方の協力が得られない場合に）総勘定元帳や仕訳帳を含む会計帳簿の提出

を命じることなどが考えられる。

第3章 適格消費者団体の差止請求権等

第30条

<u>第三十条</u>　消費者契約法（平成十二年法律第六十一号）第二条第四項に規定する適格消費者団体（以下この条及び<u>第四十一条</u>において単に「適格消費者団体」という。）は、事業者が、不特定かつ多数の一般消費者に対して次の各号に掲げる行為を現に行い又は行うおそれがあるときは、当該事業者に対し、当該行為の停止若しくは予防又は当該行為が当該各号に規定する表示をしたものである旨の周知その他の当該行為の停止若しくは予防に必要な措置をとることを請求することができる。
　一・二　（略）
2・3　（略）

解説

1　改正の趣旨

　本改正法が、課徴金制度以外について条番号等を整理して変更したことに伴い、引用条文の条数を変更するものである。
　なお、規定の趣旨や内容については、改正前から変更はない。

第4章 協定又は規約

第32条（協議）

> （協議）
> 第三十二条　内閣総理大臣は，前条第一項及び第四項に規定する内閣府令を定めようとするときは，あらかじめ，公正取引委員会に協議しなければならない。

解説

1　改正の趣旨

　本改正法において景品表示法に章名を付すに当たり，内閣総理大臣（消費者庁長官）が所定の内閣府令を定めるに当たりあらかじめ公正取引委員会と協議しなければならない旨を定める旧法14条のうち，①旧法11条1項および4項が明示的に委任する内閣府令（公正競争規約^{（注）}の認定や取消時の告知に関する内閣府令）に関しては「第四章　協定又は規約」において，②その他，旧法13条が委任する，景品表示法の実施のために必要な事項（ただし公正競争規約について定めるものに限られる。）に関する内閣府令に関しては「第五章　雑則」において，それぞれ規定することが適切であると考えられる。

　本条は，旧法14条のうち，前記①の内閣府令（旧法11条1項および4項が明示的に委任する公正競争規約の認定や取消時の告知に関する内閣府令）についての規定を「第四章　協定又は規約」に移動させるため新設したものである。

　なお，規定の趣旨や内容については，改正前から変更はない。

　　（注）　公正競争規約とは，新法31条（旧法11条）の規定に基づき，事業者または事業者団体が内閣総理大臣（消費者庁長官）および公正取引委員会の認定を受けて設定する，「商品または役務の表示方法に関するルール（表示規約）や当該業界にお

ける景品類の提供の制限に関するルール（景品規約）」である（片桐一幸編著『景品表示法〔第3版〕』（商事法務，平成26年）205頁。詳細について同頁以下参照。）。

第5章 雑則

第33条（権限の委任等）

（権限の委任等）
第三十三条　（略）
2　（略）
3　消費者庁長官は，緊急かつ重点的に不当な景品類及び表示に対処する必要があることその他の政令で定める事情があるため，事業者に対し，第七条第一項の規定による命令，課徴金納付命令又は第二十八条第一項の規定による勧告を効果的に行う上で必要があると認めるときは，政令で定めるところにより，第一項の規定により委任された権限（第二十九条第一項の規定による権限に限る。）を当該事業者の事業を所管する大臣又は金融庁長官に委任することができる。
4～11　（略）

解説

1　改正の趣旨

　本改正法により課徴金制度を導入することに伴い，消費者庁長官が，緊急かつ重点的に不当な景品類および表示に対処する必要があることその他の政令で定める事情があるため，事業者に対し，課徴金納付命令を効果的に行う上で必要があると認めるとき，本条1項に基づき内閣総理大臣から委任を受けた権限のうち，新法29条1項の規定による権限（報告の徴収および立入検査等に関する権限）を，当該事業者の事業を所管する大臣または金融庁長官に委任できるよう，当該権限委任について定める本条3項（旧法12条3項）に，「課徴金納付命令」の文言が追加された。

　その余，①措置命令に関する引用条文を（旧法6条から）新法7条1項に変更し，②勧告に関する引用条文を（旧法8条の2第1項から）新法28条1項に変更し，③報告の徴収および立入検査等に関する引用条文を（旧

法9条1項から）新法29条1項に変更するという形式的な改正が行われた。

なお、課徴金制度は本改正法により景品表示法に新設されるものであるため、当面、（本条11項の委任を受けた政令で都道府県知事に対して権限付与を行うことなく）内閣総理大臣（消費者庁長官）において調査から命令まで執行することを想定している（新法8条1項に関する解説参照）。

第34条（内閣府令への委任等）

> （内閣府令への委任等）
> 第三十四条　（略）
> 2　第三十二条の規定は、内閣総理大臣が前項に規定する内閣府令（第三十一条第一項の協定又は規約について定めるものに限る。）を定めようとする場合について準用する。

解説

1　改正の趣旨

内閣総理大臣（消費者庁長官）が所定の内閣府令を定めるに当たりあらかじめ公正取引委員会と協議しなければならない旨を定める旧法14条のうち、①旧法11条1項および4項が明示的に委任する内閣府令（公正競争規約の認定や取消時の告知に関する内閣府令）に関する規定を新法32条に新設（移動）したが（新法32条の解説参照）、旧法13条が委任する、景品表示法の実施のために必要な事項（ただし公正競争規約について定めるものに限られる。）に関する内閣府令に関しては「第五章　雑則」に置くことが適当であると考えられる。

そこで、景品表示法の実施のために必要な事項に関する内閣府令について規定について条数を新法34条に変更した上で2項を追加し、当該内閣府令（ただし公正競争規約について定めるものに限られる。）に関する内閣府令に関する規定を新設（移動）したものである。

なお、規定の趣旨や内容については、改正前から変更はない。

第6章 罰 則

第36条〜第41条

第三十六条　第七条第一項の規定による命令に違反した者は，二年以下の懲役又は三百万円以下の罰金に処する。

2　（略）

第三十七条　第二十九条第一項の規定による報告若しくは物件の提出をせず，若しくは虚偽の報告若しくは虚偽の物件の提出をし，又は同項の規定による検査を拒み，妨げ，若しくは忌避し，若しくは同項の規定による質問に対して答弁をせず，若しくは虚偽の答弁をした者は，一年以下の懲役又は三百万円以下の罰金に処する。

第三十八条　法人の代表者又は法人若しくは人の代理人，使用人その他の従業者が，その法人又は人の業務又は財産に関して，次の各号に掲げる規定の違反行為をしたときは，行為者を罰するほか，その法人又は人に対しても，当該各号に定める罰金刑を科する。

一　第三十六条第一項　三億円以下の罰金刑

二　前条　同条の罰金刑

2　法人でない団体の代表者，管理人，代理人，使用人その他の従業者がその団体の業務又は財産に関して，次の各号に掲げる規定の違反行為をしたときは，行為者を罰するほか，その団体に対しても，当該各号に定める罰金刑を科する。

一　第三十六条第一項　三億円以下の罰金刑

二　前条　同条の罰金刑

3　（略）

第三十九条　第三十六条第一項の違反があつた場合においては，その違反の計画を知り，その防止に必要な措置を講ぜず，又はその違反行為を知り，その是正に必要な措置を講じなかつた当該法人（当該法人で事業者団体に該当するものを除く。）の代表者に対しても，同項の罰金刑を科する。

第四十条　第三十六条第一項の違反があつた場合においては，その違反の計画を知り，その防止に必要な措置を講ぜず，又はその違反行為を知り，そ

の是正に必要な措置を講じなかつた当該事業者団体の理事その他の役員若しくは管理人又はその構成事業者（事業者の利益のためにする行為を行う役員，従業員，代理人その他の者が構成事業者である場合には，当該事業者を含む。）に対しても，それぞれ同項の罰金刑を科する。
2　（略）
<u>第四十一条　第三十条第三項</u>の規定に違反して，情報を同項に定める目的以外の目的のために利用し，又は提供した適格消費者団体は，三十万円以下の過料に処する。

解　説

1　改正の趣旨

　いずれも，本改正法が，課徴金制度以外について条番号等を整理して変更したことに伴い，引用条文の条数を変更するものである。

　なお，規定の趣旨や内容については，いずれも改正前から変更はない。

附　則

附則第 1 条（施行期日）

> （施行期日）
> 第一条　この法律は，公布の日から起算して一年六月を超えない範囲内において政令で定める日から施行する。ただし，附則第三条の規定は，公布の日から施行する。

解　説

1　改正の趣旨

　本条は，本改正法の施行期日について定めるものである。

　すなわち，本改正法について，附則に定めるもののほかその施行に関し必要な経過措置を政令へ委任する旨の規定（附則3条。同条の施行日は公布日である平成26年11月27日）を除き，公布の日から起算して1年6月を超えない範囲内において政令で定める日から施行することとされた。

　本改正法は，制度設計の詳細の整備について政令や内閣府令について委任しているところ，執筆時現在，消費者庁において，施行までの間に当該政令等を整備するなど，課徴金制度の円滑な運用に向けた所要の整備のための作業が進められているところである。

附則第 2 条（経過措置）・附則第 3 条（政令への委任）

> （経過措置）
> 第二条　この法律による改正後の不当景品類及び不当表示防止法（以下「新法」という。）第二章第三節の規定は，この法律の施行の日（附則第七条において「施行日」という。）以後に行われた新法第八条第一項に規定する課徴金対象行為について適用する。
> （政令への委任）
> 第三条　前条に定めるもののほか，この法律の施行に関し必要な経過措置は，

政令で定める。

解説

1 改正の趣旨

附則2条および附則3条は，本改正法の施行に関する経過措置について定めるものである。

附則2条は，新法の課徴金に関する規定（2章3節）は，本改正法の施行日以後に行われた課徴金対象行為について適用することを定めている（不利益処分である課徴金納付命令に関する規定について，不遡及の趣旨を明確にするものである。）。この結果，新法の課徴金に関する規定は，施行日以後に行われた課徴金対象行為に限り適用されることとなる。

附則3条は，附則2条に定めるもの以外に必要な経過措置について，政令に委任することを定めている。

2 基本的な考え方（資料2-4 参照）

「課徴金対象行為」とは，優良誤認表示（新法5条1号）または有利誤認表示（新法5条2号）を行うことである（新法8条1項）。

課徴金対象期間は原則として「課徴金対象行為をした期間」と定義されているところ（同条第2項），本条により新法の課徴金に関する規定は施行日以後に行われた課徴金対象行為について適用されるので（施行日以後に行われた優良誤認表示または有利誤認表示を行う行為のみが新法の「課徴金対象行為」に該当するので），新法の課徴金対象期間の始期は，常に施行日以後となる。

したがって，

① 事業者が施行日以後に課徴金対象行為（優良・有利誤認表示行為）を始めた場合は，その始めた日（または課徴金対象期間の終期から3年間遡った日のいずれか遅い日）が課徴金対象期間の始期となる。

② 事業者が，優良・有利誤認表示行為を施行日前後にまたがって継続的に行った場合は，施行日（または，施行日から課徴金対象行為が開始

することを前提とした課徴金対象期間の終期から3年間遡った日のいずれか遅い日）が課徴金対象期間の始期となる。

③　事業者が、優良・有利誤認表示行為を施行日前に終了した場合は、当該事業者が、(a)当該表示行為をやめた日から6月経過日、または、(b)一般消費者による自主的かつ合理的な選択を阻害するおそれを解消するための措置をとった日のいずれか早い日までの間に、当該優良・有利誤認表示行為に係る商品または役務の取引をしたとしても（新法8条2項参照）、新法の課徴金に関する規定が適用される余地はなく、課徴金は課されないこととなる。

3　新法の適用の対象となる返金措置

　新法10条1項は、新法11条の適用を受けて課徴金額の減額対象となる返金措置の対象となる者について、「課徴金対象期間において当該商品又は役務の取引を行つた一般消費者であつて政令で定めるところにより特定されているもの」（のうち申出を行った者）と定めているところ、前記2のとおり、新法の課徴金対象期間の始期は常に施行日以後となることから、当該「課徴金対象期間において…取引を行つた一般消費者」は、施行日以後に取引を行った一般消費者のみを含むこととなる。

　したがって、事業者が、課徴金対象行為に係る商品または役務について施行日前に取引をした一般消費者のうち申出を行った者に対して金銭を交付した場合、（当該金銭交付が施行日以後に行われたか否かにかかわりなく）当該金銭交付は「返金措置」に該当しないため、課徴金額の減額の対象とはならない。

附則第4条（検討）

（検討）
第四条　政府は、この法律の施行後五年を経過した場合において、新法の施行の状況について検討を加え、必要があると認めるときは、その結果に基づいて所要の措置を講ずるものとする。

> 解　説

1　改正の趣旨

本条は，本改正法の施行後5年経過時に，新法の施行状況について検討し，必要に応じ所要の措置を講ずることを内容とする，いわゆる検討条項を定めたものである。

附則第5条～附則第7条（他法改正・調整規定）

> （消費者契約法の一部改正）
> 第五条　消費者契約法（平成十二年法律第六十一号）の一部を次のように改正する。
> 　　第十二条の二第一項及び第四十三条第二項第二号中「第十条第一項」を「第三十条第一項」に改める。
> （消費税の円滑かつ適正な転嫁の確保のための消費税の転嫁を阻害する行為の是正等に関する特別措置法の一部改正）
> 第六条　消費税の円滑かつ適正な転嫁の確保のための消費税の転嫁を阻害する行為の是正等に関する特別措置法（平成二十五年法律第四十一号）の一部を次のように改正する。
> 　　第九条中「）第六条」を「）第七条第一項及び第八条第一項」に改める。
> 　　第十一条中「第四条第一項」を「第五条」に改める。
> （調整規定）
> 第七条　施行日が行政不服審査法の施行に伴う関係法律の整備等に関する法律（平成二十六年法律第六十九号）の施行の日前である場合には，同法第二十八条のうち不当景品類及び不当表示防止法第十二条第十項の改正規定中「第十二条第十項」とあるのは，「第三十三条第十項」とする。

> 解　説

1　改正の趣旨

(1)　附則5条および附則6条（他法の形式改正）

附則5条および6条は，本改正法の制定に伴い必要な他法改正について定めるものである。ただし，他法が引用する景品表示法の条数を変更するものにとどまり，内容に影響を及ぼすものではない。

(2) **附則 7 条（調整規定）**

　行政不服審査法の施行に伴う関係法律の整備等に関する法律（平成 26 年法律第 69 号）28 条は，旧法 12 条 10 項中「行政不服審査法（昭和 37 年法律第 160 号）による不服申立て」を「審査請求」に改める旨を定めている。この点，本改正法は，旧法 12 条 10 項について，新法 33 条 10 項へと条数を変更することとしているが，前記整備法の施行日は，公布日である平成 26 年 6 月 13 日から起算して 2 年を超えない範囲内において政令で定められる日であり，本改正法の施行日との先後関係が明らかではなかった。

　附則 7 条は，前記整備法の公布日が本改正法の公布日に先立つことも踏まえ，原則として当該整備法が先に施行されることを念頭に，仮に本改正法の施行日が当該整備法よりも先である場合には当該整備法が引用する景品表示法の条数を変更することを定めるものである。

第3部

資料

資料1-1　集団的消費者被害救済制度研究会　委員名簿

集団的消費者被害救済制度研究会　委員名簿

◎座長
○座長代理

（座長及び座長代理を除き五十音順）

◎慶應義塾大学大学院法務研究科教授	三木浩一
○一橋大学大学院法学研究科教授	山本和彦
弁護士	江野栄
中央大学法科大学院教授	大村雅彦
一橋大学大学院法学研究科教授	沖野眞已
神戸大学大学院法学研究科教授	窪田充見
早稲田大学大学院法務研究科教授	黒沼悦郎
東京大学大学院法学政治学研究科教授	佐伯仁志
法務省民事局参事官	佐藤達文
大阪市立大学大学院法学研究科教授	髙田昌宏
最高裁判所事務総局民事局第一課長（第6回まで）	手嶋あさみ
（第7回から）	朝倉佳秀
神戸大学大学院法学研究科教授	中川丈久
弁護士	野々山宏
学習院大学法務研究科教授	長谷部由起子

（オブザーバー）

消費者機構日本　理事・事務局長	磯辺浩一
パナソニック株式会社東京法務室室長	坂田礼司

資料1-2　集団的消費者被害救済制度研究会報告書の概要

集団的消費者被害救済制度研究会報告書の概要

Ⅱ　集団的消費者被害の実態

- 消費生活相談事例を分析した結果、少額被害が多い。
- 集団的消費者被害の事例について、集合訴訟に適する事案、集合訴訟での対応が困難な事案がどのようなものかを分析。
  ⇒偽装表示事案、悪質商法事案は集合訴訟以外の手法の検討が必要。
  ⇒集合訴訟には、一般消費者の特定が容易で被害内容が定型的な事案（不当条項規制に関する事案、個人情報流出事案、虚偽の有価証券報告書開示による証券被害事案）などがなじみやすいが、そのほかどのようなものを取り込めるかの引き続き検討。

Ⅳ　集合訴訟制度

- 集合訴訟制度について、これまでの検討を踏まえたオプト・イン型、オプト・アウト型、二段階方式を組み合わせて、4つの手続モデルを提示し、それぞれの制度設計上の課題について分析。
  ⇒制度設計上の課題、運用の容易さ、被害救済の観点、紛争の一回的解決の視点を踏まえ引き続き検討。
  ⇒訴訟の主体をどのようにするか、通知・公告の方法、訴訟手続の費用の確保など、更に検討すべき論点を提示。

Ⅴ　行政による経済的不利益賦課制度

- 行政による経済的不利益賦課制度について、賦課金型、利益はく奪型、原状回復命令型の3案を提示して、それぞれの制度設計上の課題について分析。
  ⇒対象事案、金額の算定方法、調査や不利益賦課の手続、行政組織体制など更に検討すべき論点を提示。

Ⅵ　財産保全制度

- 財産保全制度については、悪質商法事業をまたる対象として、破産手続開始の申立て制度、悪質商法事業者のための個別財産保全制度、賦課金等のための口座凍結制度、行政による個別財産保全制度の4案を提示して、それぞれの制度設計上の課題について分析。
  ⇒財産保全をする場合の要件、事前手続や不服申立てでの在り方、組織体制など更に検討すべき論点を提示。

Ⅶ　まとめ

- 集合訴訟制度と行政による経済的不利益賦課制度及び財産保全制度は、専門性が異なり検討の場を分けて、制度の詳細について引き続き検討。

資料1-3 消費者の財産被害に係る行政手法研究会　委員等名簿

消費者の財産被害に係る行政手法研究会

委員等名簿

（委員）

◎成蹊大学法科大学院教授	小早川　光郎
○関西学院大学司法研究科教授	曽和　俊文
特定非営利活動法人消費者機構日本 専務理事	磯辺　浩一
弁　　護　　士	江野　栄
慶應義塾大学法科大学院教授	鹿野　菜穂子
東京大学大学院法学政治学研究科教授	川出　敏裕
全国商工会連合会　常務理事	後藤　準
主婦連合会　事務局長	佐野　真理子
株式会社東芝　法務部長	島岡　聖也
神戸大学大学院法学研究科教授	中川　丈久
北海道大学大学院法学研究科教授	町村　泰貴
東京経済大学現代法学部教授	村　千鶴子
一橋大学大学院法学研究科教授	山本　和彦
公益社団法人全国消費生活相談員協会 理事長	吉川　萬里子

（オブザーバー）

最高裁判所事務総局民事局第一課長（第4回まで）	朝倉　佳秀
最高裁判所事務総局民事局第二課長（第5回から）	福田　千恵子
法務省民事局参事官	小林　康彦
独立行政法人国民生活センター相談情報部長	鈴木　基代

◎座長、○座長代理

資料1-4 「消費者の財産被害に係る行政手法研究会」取りまとめ報告書の概要

平成25年6月 消費者庁

<行政による早期対応について>
消費者情報の早期把握 → いったん財産被害が発生 → 事業者稼働が多くない事業者の場合、被害の回復が困難な場合が多い → 行政において、早期に被害拡大防止、また再発防止が極めて重要
・相談員から直接通知を受ける情報検討ネットワークの活用等
<被害発生を防止するための方法>
・事業者の性質を分析して判断
・措置命令の迅速な決定
・説明要求に応じない場合の勧告・命令（安全法第40条等）

	制度の概要	参考となる制度	制度の意義	課題
本研究会で検討された手法・制度 課徴金制度	行政が事業者に対して違反行為抑止のために必要な課徴金の納付を命じる制度	以下の法令の課徴金制度 ・独占禁止法 ・金融商品取引法 ・公認会計士法 ※平成20年景表法改正法案の国会提出、廃案経緯を分析 ※消費者庁への移管後、被害者救済制度の総合的な検討と併せて検討することとされた	・消費者に被害を発生させた事業者から、経済的利得を剥奪 ・事業者のやり得の防止 ・事業者のインセンティブ喪失 ・財産被害の発生・拡大を防止	（不当表示事案） ・他の制度・法律との関係 ・違反不当な行為防止を目的とする他の手法（直罰規定や業務停止命令等の新設）との関連性を考慮して、より有効な手段であるかどうか ・制度の在り方 ・対象事案をどのように取り込むか（要件立て） ・合理的な算定額をどう設定するか（平成20年法案においては、売上高の3%、対象は過去1年以内） ・配分の困難性（被害者、被害額をどう確定するか等） ・民事上の請求権との調整（手続した額を控除するか等） ・現行体制（被害者の多数消費者被害事案への導入の是非） ・課徴金の長期化、調査の負担による処理件数の減少 ・特商法への導入については、相談件数が極めて必要なのか正しい実施体制で一定期間検証する必要

<事業者の財産を保全するための方法>

| 供託命令制度 | 消費者庁が、消費者に発生した被害額を認定し、事業者に対して相当額の供託を命じる制度 | ・現行の供託命令制度
・前利法第24条
・保険業法
・等の保険制度
・最近の海外の導入事例が検討されていない判例 | 消費者及び消費者庁
・事業者における安全をする財産を確保する必要がある
・消費者の民事保全のように負担が大きい | ・監督官庁ではない消費者庁が供託を命じさせることが出きるのか、出せるとしたらその根拠は何か（現行の供託命令制度は監督官庁によるもの）
・実効性の確保
・供託命令をどのように罰則を科すことができるか（罰則等を設けている名他の法令はどうなっているか）
・悪質な事業者に対して実効性の検討が必要
・供託する金額の調査・認定方法 等 |
| 消費者庁による破産手続開始申立 | 消費者庁が破産手続開始を申し立てる制度 | 金融機関等の更生手続に関する例外など | ・事業者の財産開始、徴保を防止
・金融手続きは社会において有意義な手段だが実現には一定のバランスが必要 | ・消費者庁が申立を決める時点で留意点
・破産手続は、他の事業倒産手続対立を利用していないことのバランスをどう考えるか
・調査手段・調査体制の検討が必要
・事業者の財産の状況や債権者間の優先順位等、必ずしも被害数等の結びつかないおそれ 等 |

<消費者の損害を救済するための方法>

| 行政が行使する消費者の被害救済を図るための手法・制度 | 行政が裁判所に対して被害金銭の返還等を命じる制度（消費者安全法による債務の履行命令等） | 「差止請求訴訟に関する特例法に基づく指示」
米国の制度
差止め、資産凍結命令を合わせ申立てにより被害回復、利益の吐き出し | ・結果的に速やかな被害回復（被害回復）と事実上同様な効果を得られる
（二次的には社会において効率的な被害回復の方策が必要） | ・被害救済対象者に公益的観点から申し立てができる代表として（多数消費者被害事案、かつ悪徳事業者）その事案に、実効性の検討
・行政が保護内容の検討について、被害者を特定しないの取扱法のように申し立ての発動を規定し出す
・行政の裁判上において手続等を行うことについて、行政の利点について
・被害回復を図るため必要な機能を設計し立上するか |

消費者庁において、必要な分野について、制度整備を検討 → 検討の結果を踏まえる
・被害発生状況や被害実情を踏まえ、具体的な方法を検討して適切に置く
以下について記載
・消費者被害の防止・救済の目的実現のため
・課題解決により実現可能な手法

優先的な手法・制度設計の検討 → 具体的な手法・制度設計の検討
→ 早期に必要な法整備が着実に進められることを期待

資料1-5　食品表示等問題関係府省庁等会議の設置について

食品表示等問題関係府省庁等会議の設置について

平成25年11月11日
食品表示等問題関係府省庁等申合せ

1. 趣旨
　今般、複数のホテルチェーンにおいて、その提供する料理のメニュー等に関して使用食材の不適切な表示が行われていたことが発覚した。こうした不適切な事案は、百貨店や宅配便など他の業界にも広がりを見せ、消費者の食への信頼を揺るがす大きな問題となっている。
　本問題に対し、関係府省庁等の担当局長等が参集し、情報の共有を図るとともに、政府一丸となった取組について協議するため、内閣府特命担当大臣（消費者及び食品安全）の下に食品表示等問題関係府省庁等会議を設置する。

2. 構成
（1）　食品表示等問題関係府省庁等会議は、消費者庁次長を議長とし、次の関係府省庁等の担当局長等で構成する。

内閣官房、内閣府、公正取引委員会、警察庁、総務省、財務省、厚生労働省、農林水産省、経済産業省、国土交通省

（2）食品表示等問題関係府省庁等会議には、議長が必要と認める者の出席を求めることができる。

3. 議事の公表
　議長は議事要旨を作成し、会議終了後速やかに公表するものとする。

4. その他
　食品表示等問題関係府省庁等会議の庶務は、関係府省庁等の協力を得て、消費者庁において処理する。

資料1-6 「食品表示等の適正化対策」の概要

消費者庁作成

「日本の食」に対する国内外の消費者の信頼を回復

「食品表示等適正化対策」の概要

対策パッケージ

1. 個別事案に対する厳正な措置

◎景品表示法による立入検査、指示、措置命令（行政処分）
・措置命令に従わない場合や虚偽報告・検査拒否等は、刑事罰（法人は3億円以下の罰金）
・不正競争防止法（虚偽の表示）に違反した者は、刑事罰（法人は3億円以下の罰金）

2. 関係業界における表示適正化とルール遵守の徹底

◎食品表示等のルールの明確化と遵守の徹底―消費者庁と関連省庁が連携した指導―
・関係業界に対する指導（表示の状況把握と適正化に向けたガイドラインの作成とその周知・遵守の要請、必要な指導）
・消費者庁及び国民生活センター等の表示に関する相談体制の強化

3. 景品表示法の改正等 ―緊急に対応すべき事項は次期通常国会に法案を提出―

(1) 事業者の表示管理体制の強化

◎景品表示法に関するコンプライアンス強化のため、事業者の表示管理体制を明確化

(2) 行政の監視指導体制の強化

①消費者庁を中心とする国における体制強化
・消費者庁・消費生活センターでの監視指導体制の強化（「食品表示モニター（仮称）」の導入）
・消費者庁を中心に関係省庁が連携し、国の表示指導を強化するための体制を確立
②都道府県知事の措置命令の権限強化（措置命令の導入）
・都道府県知事に措置命令（行政処分）を行えるようにし、地域の監視指導体制を強化

(3) 違反事業に対する課徴金の新たな措置の検討

◎景品表示法の不当表示事案に対する課徴金の新たな措置について、総合的な観点から検討を行う（消費者委員会（消費者庁からの諮問））。

基本課題

- 事業者のコンプライアンス意識の確立と景品表示法の周知徹底等
- 行政・国・地方の体制の強化等
- 消費者意識の向上等

問題の所在

【事業者のコンプライアンス意識の欠如】
・事業者による表示の重要性の意識、コンプライアンス（法令・社会規範の遵守）意識が欠如
・事業者内部の表示に関する管理責任体制の内容が不明確である。

【景品表示法の運用・内容の不徹底】
・過去に同様の不正事案が発生しているにもかかわらず、景品表示法の運用・内容が十分に周知徹底されていない。
・景品表示法の禁止対象に関する具体的なルールが不明確。

【行政の監視指導体制の問題】
・多数の事業者を対象とした監視指導体制を消費者庁のみで行うには体制面で限界があり、悪質な事案に対する措置が不十分ではないか。

⇒ ○国内外の消費者の「日本の食」に対する信頼を失墜させるおそれ

資料 1-7 食品表示等の適正化について

食品表示等の適正化について
－「日本の食」への国内外の消費者の信頼回復に向けて－

平成25年12月9日
食品表示等問題関係府省庁等会議

Ⅰ．基本認識

〇ホテルや百貨店、レストラン等で表面化した一連の食品表示等の不正事案は、国内外の消費者の「日本の食」に対する信頼を失墜させるおそれがある。こうした状況が続けば、国内の個人消費、ひいては日本経済に悪影響が生じかねないばかりか、国外の「日本の食」に対する信頼が揺らぎかねない。

〇政府は、こうした事態を重く受け止め、必要な対策を速やかに講じ、「日本の食」に対する国内外の消費者の信頼回復に全力を尽くす考えである。

Ⅱ．問題の所在

〇今回の不正表示事案が生じた主な原因・背景としては、以下の点が挙げられる。

①事業者のコンプライアンス意識の欠如

・事業者が食品等の表示の重要性について基本認識に欠け、コンプライアンス意識が欠如していると言わざるを得ない。具体的な不正事案においては、メニューの作成担当部署と料理担当部署の間で意思疎通が欠けているなど、事業者内部の表示に関する管理責任体制が不明確なケースも多く見られる。

②景品表示法の趣旨・内容の不徹底

・過去に同様の不正事案が発生しているにもかかわらず、景品表示法の趣旨・内容が事業者や関係業界に十分に周知されておらず、遵守が徹底されていない。景品表示法においては「優良誤認表示」が禁止対象となっているが、その具体的なルールが明確でない面がある。

③行政の監視指導体制の問題
・景品表示法は消費者庁が中心となって法執行を行っているが、多数の事業者を対象とした監視指導を行うには体制面で限界がある。現在、都道府県は調査・指示のみが認められているが、地方公共団体から、措置命令権限（現在は消費者庁のみ）の付与について要請がある。

Ⅲ．適正化対策の概要
〇以上のような状況を踏まえ、政府としては、①事業者のコンプライアンスの確立と景品表示法の周知・遵守徹底、②国・地方における行政の監視指導体制の強化を図る観点から、緊急に実施すべき対策を迅速に実施していく。

1．個別事案に対する厳正な措置
・個別の不当表示事案については、景品表示法に基づく立入検査、指示、措置命令などの措置を厳正かつ迅速に講じる。

2．関係業界における表示適正化とルール遵守の徹底
(1)関係業界に対する指導
・消費者庁は関係府省庁等と連携して、引き続き、関係業界に対し、表示の状況の把握と適正化に向けた取組を要請するとともに、必要な指導を行う。
　※既に関係業界に対して表示適正化の要請を行っており、これを踏まえ関係業界から報告が行われている。
(2)景品表示法のガイドラインの作成とその周知・遵守の徹底
・消費者庁は、景品表示法が禁止する「優良誤認」に関する分かりやすいガイドラインを年内に作成し、その周知・遵守の徹底を図る。

(3)表示に関する相談体制の強化
　　・消費者庁及び消費生活センター等において、表示に関する相談体制の強化を図る。

3. 景品表示法の改正等
　〇食品表示等の適正化に向けて、景品表示法の改正を含めた抜本的な対策について早急に検討を進め、緊急に対応すべき事項については次期通常国会に所要の法案を提出する方向で検討する。
　(1)事業者の表示管理体制の強化
　　・食品表示等に関するコンプライアンス強化のため、事業者における表示に関する管理体制を明確にする。
　(2)行政の監視指導体制の強化
　　①消費者庁を中心とする国における体制強化
　　　1)消費者庁、消費生活センターの監視指導体制の強化、「食品表示モニター(仮称)」の導入を行う。
　　　2)消費者庁を中心として関係省庁が連携し、表示に関する監視指導を強化するための体制の確立を図る。
　　②都道府県知事の権限強化(措置命令の導入)
　　　・都道府県知事に対して、景品表示法に基づく措置命令権限を付与する。
　(3)違反事案に対する課徴金等の新たな措置の検討
　　・景品表示法の不当表示事案に対する課徴金等の新たな措置について検討を行う。

資料1-8　諮問書

（写）

消制度第２０１号
平成２５年１２月９日

消費者委員会
　　委員長　河上　正二　殿

内閣総理大臣　安倍　晋三　（印）

諮　　問　　書

消費者庁及び消費者委員会設置法（平成２１年法律第４８号）第６条第２項第２号（同項第１号ハ）の規定に基づき、下記の事項について、貴委員会の意見を求めます。

記

不当景品類及び不当表示防止法（昭和３７年法律第１３４号）上の不当表示規制の実効性を確保するための課徴金制度の導入等の違反行為に対する措置の在り方について

資料1-9　消費者委員会専門調査会　委員等名簿

委　員　等　名　簿

本答申の審議に参加した委員等は、次のとおりである。

○消費者委員会委員委員名簿

（委　員　長）　河　上　正　二　　東京大学大学院法学政治学研究科教授
（委員長代理）　石戸谷　　　豊　　弁護士
　　　　　　　　阿久澤　良　造　　日本獣医生命科学大学応用生命科学部長
　　　　　　　　岩　田　喜美枝　　公益財団法人21世紀職業財団会長
　　　　　　　　齋　藤　憲　道　　同志社大学法学部・法学研究科教授
　　　　　　　　高　橋　伸　子　　生活経済ジャーナリスト
　　　　　　　　夏　目　智　子　　全国地域婦人団体連絡協議会事務局長
　　　　　　　　橋　本　智　子　　一般社団法人北海道消費者協会会長
　　　　　　　　山　本　隆　司　　東京大学大学院法学政治学研究科教授
　　　　　　　　唯　根　妙　子　　公益社団法人日本消費生活アドバイザー・
　　　　　　　　　　　　　　　　　コンサルタント協会理事

○消費者委員会
　景品表示法における不当表示に係る課徴金制度等に関する専門調査会委員委員等名簿

（座　　　長）　小早川　光　郎　　成蹊大学法科大学院教授
（座長代理）　　白　石　忠　志　　東京大学大学院法学政治学研究科教授
　　　　　　　　鹿　野　菜穂子　　慶應義塾大学大学院法務研究科教授
　　　　　　　　川　出　敏　裕　　東京大学大学院法学政治学研究科教授
　　　　　　　　長　田　三　紀　　全国地域婦人団体連絡協議会事務局次長
　　　　　　　　増　田　悦　子　　公益社団法人全国消費生活相談員協会専務理事
　　　　　　　　宮　城　　　朗　　弁護士

○オブザーバー　丹　野　美絵子　　国民生活センター理事

資料1-10　消費者委員会の答申（概要）

不当景品類及び不当表示防止法上の不当表示規制の実効性を確保するための課徴金制度の導入等の違反行為に対する措置の在り方について（答申）【概要】

平成26年6月　消費者委員会

論点等	答申
①制度導入の必要性	○違反行為者に経済的不利益を賦課し、違反行為に対する<u>インセンティブを削ぐ課徴金制度を導入する必要性は高い</u>
②制度の趣旨・目的	○消費者の利益擁護のため、<u>不当表示を事前に抑止すること</u>にある
③対象事案 (1)対象行為	○<u>優良誤認表示・有利誤認表示</u>は、<u>対象とすべき</u> ○<u>指定告示に係る表示</u>は、現状において<u>対象とする必要はない</u> ○<u>不実証広告規制に係る表示</u>は、合理的根拠資料の提出がなければ<u>課徴金を賦課すること</u>とした上で、被処分者がその後の訴訟において合理的根拠資料を提出して<u>不当表示でないことを立証すること</u>により、賦課処分について争うことができるとする手続規定を設けるべき
③対象事案 (2)主観的要素	○不当表示がなされた場合には、<u>原則として課徴金を賦課すること</u>とし、違反行為者から、<u>不当表示を意図的に行ったものでなく、かつ、一定の注意義務を尽くしたことについて合理的な反証がなされた場合</u>を、例外的に対象外とする
③対象事案 (3)規模基準	○<u>一定の裾切りは必要である</u>
③対象事案 (4)除斥期間	○一定の<u>合理的期間を設けるべき</u>
④賦課金額の算定 (1)基本的な考え方	○事業者の得た不当な利得相当額を基準とし、一定の算定式により<u>一律に算定すべき</u>
④賦課金額の算定 (2)加算措置、減算・減免措置	○<u>加算措置については、今後の制度設計において、その必要性を検証しつつ、検討が行われるべき</u> ○<u>減算・減免措置についても、検討する価値を有する</u>
④賦課金額の算定 (3)対象期間	○一定の<u>合理的期間に限定すべき</u>
⑤裁量性の採否	○<u>裁量を認めるような制度設計とすべきではない</u>
⑥課徴金の賦課手続	○<u>措置命令に係る手続と同様の手続保障を検討すべき</u> ○<u>徴収手続については、既存の課徴金制度に倣って定められるべき</u>
⑦被害回復の在り方	○消費者の被害回復を促進する仕組みを導入すべき ○違反行為者がとった消費者への返金等の<u>自主的対応を勘案して、課徴金額から一定額を控除する制度を採用すべき</u> ○「<u>自主的対応</u>」は、対象商品・役務の購入等をした消費者への<u>返金を原則とすべき</u> ○返金を補完するものとして寄附の仕組みを認めるべきであるが、<u>寄附先や寄附金の使途については、控除制度が被害回復促進のための仕組みであること等を踏まえ、限定的に定められるべき</u>

資料1-11 消費者委員会の答申

不当景品類及び不当表示防止法上の不当表示規制の
実効性を確保するための課徴金制度の導入等の
違反行為に対する措置の在り方について
（答申）

平成26年6月10日

消 費 者 委 員 会

目　　次

　　　　　　　　　　　　　　　　　　　　　　　　　　　　　　　頁

1. はじめに …………………………………………………………… 1

2. 景品表示法に課徴金制度を導入することの必要性 ………………… 2
　(1) 不当表示による消費者被害の実態 ……………………………… 2
　(2) 不当表示による消費者被害における被害回復の困難性 ………… 2
　(3) 課徴金制度導入の必要性 ………………………………………… 2

3. 課徴金制度を導入する場合における制度の趣旨・目的 …………… 3

4. 課徴金の賦課要件 …………………………………………………… 4
　(1) 対象事案 …………………………………………………………… 4
　　① 対象行為 ………………………………………………………… 4
　　② 主観的要素 ……………………………………………………… 5
　　③ 規模基準 ………………………………………………………… 7
　　④ 除斥期間 ………………………………………………………… 7
　(2) 課徴金額の算定 …………………………………………………… 7
　　① 基本的な考え方 ………………………………………………… 7
　　② 加算・減算・減免措置 ………………………………………… 8
　　③ 対象期間 ………………………………………………………… 8
　(3) 裁量性の採否 ……………………………………………………… 8

5. 課徴金の賦課手続 …………………………………………………… 9

6. 被害回復の在り方 …………………………………………………… 9
　(1) 被害回復の仕組み及びその手法 ………………………………… 9
　(2) 自主的対応による控除制度について …………………………… 10
　　① 消費者への返金 ………………………………………………… 10
　　② 寄附 ……………………………………………………………… 10

資料1～3
委員等名簿・審議経過

1. はじめに

　平成 25 年秋、ホテルや百貨店、レストラン等における食品表示等の不正事案が次々と表面化した。これらの事案の発覚を受けて、政府は「食品表示等問題関係府省庁等会議」を設置し、同年 12 月9日、同会議において、これらの不正事案は国内外の消費者の「日本の食」に対する信頼を失墜させるおそれがあるとして、消費者の信頼回復のための「食品表示等適正化対策」が決定された。この適正化対策の一つとして、不当景品類及び不当表示防止法(昭和 37 年法律第 134 号、以下「景品表示法」といい、以下で摘示する条項は全て同法の条項である。)における「違反事案に対する課徴金等の新たな措置の検討」が示され、同日、消費者委員会は、内閣総理大臣から「景品表示法上の不当表示規制の実効性を確保するための課徴金制度の導入等の違反行為に対する措置の在り方について」の諮問を受けた。

　消費者委員会では、それらを受けて、同年 12 月 17 日に公表した「『食品表示等適正化対策』に対する意見」の中で、「景品表示法の不当表示事案に対する課徴金等の新たな措置についての検討については、・・・(中略)・・・専門調査会を設置し、消費者庁からの協力を得つつ、検討を行うこととする。」とし、同日、「景品表示法における不当表示に係る課徴金制度等に関する専門調査会」を設置した。

　本専門調査会は、平成 26 年2月6日に第1回専門調査会を開催し、第2回以降は本会議と合同開催する形で、6月 10 日までに 12 回、計 13 回開催し、調査審議を行った。2～3月に行われた計6回の会議では、平成 20 年に国会に提出され、その後廃案となった景品表示法の改正法案に係る経緯、消費者庁における「消費者の財産被害に係る行政手法研究会」(平成 23 年 10 月～平成 25 年6月)での検討の成果やその後の検討状況等について説明を受けるとともに、課徴金制度を導入することの必要性や導入するとした場合の趣旨・目的、要件、手続等について調査審議を行った。また、各論点に関する本格的な検討に入る前の段階で、事業者からのヒアリングを2回実施し、併せて、既存の課徴金制度[1]の運用状況等についてのヒアリングも実施した。その上で、平成 26 年4月1日、各論点の検討状況について一旦整理し、これを中間整理として公表した。また、中間整理後には、「被害回復の在り方」について調査審議するとともに、中間整理において引き続き検討を要するとしていた論点について議論を重ねつつ、事業者からのヒアリングを再度、2回にわたって実施した。

　こうした調査審議を踏まえ、今般、景品表示法上の課徴金制度の導入等の違反行為に対する措置の在り方について、以下のとおり取りまとめを行う。

　今後、政府において、以下に示す考え方を踏まえ、消費者法としての景品表示法への課徴金制度導入に向けた具体的な制度設計が行われることを期待する。

---

[1] 「私的独占の禁止及び公正取引の確保に関する法律」(昭和 22 年法律第 54 号)、「金融商品取引法」(昭和 23 年法律第 25 号)、「公認会計士法」(昭和 23 年法律第 103 号)

2. 景品表示法に課徴金制度を導入することの必要性

(1) 不当表示による消費者被害の実態

不当な表示・広告による消費者被害については、全国の消費生活センター等に寄せられる消費生活相談の件数だけでも年間約5万件に上っており(国民生活センター「消費生活年報 2010」「消費生活年報 2013」によれば、相談内容を「表示・広告」とする消費生活相談は、2004年度以降毎年4万件を超えており、2012年度は49,492件とされている[2]。)、消費生活相談全体に対する比率は年々高まっている(資料1)。

(2) 不当表示による消費者被害における被害回復の困難性

不当表示による消費者被害事案は、表示と被害発生の因果関係の立証が困難であることや、そもそも何をもって損害と考えるべきかが必ずしも明らかでないことから、個々の消費者が被った損害額の算定が困難であったり、算定できたとしてもその金額が僅少であったりして、その特性上、民事訴訟になじまない場合も多い。これは、消費者裁判手続特例法[3]によってもなお同様であり、いったん被害が生じてしまうと、消費者がその被害を事後的に回復することの困難なケースが多く、不当表示による消費者被害に対しては、これを事前に抑止することの必要性が高い。

(3) 課徴金制度導入の必要性

このような被害の実態及び特性に対し、これに対処する現行景品表示法上の措置命令は、将来に向けて違反行為者の不当表示を中止させ、被害の拡大と再発を防止するものであって、事前抑止のインセンティブとして十分とはいえない。

すなわち、消費者による被害回復が困難であることは、不当表示によって得られた売上による不当な利得が不当表示を行った事業者の手元に残ることを意味する。これに対し、現行の措置命令は、違反行為者の不当な利得を剥奪するものではなく、経済的な観点からは違反行為の抑止機能を実効的に果たしているとはいえない。違反行為者に対して経済的不利益を賦課する課徴金制度の導入により、不当表示で顧客を獲得した事業者から不当な利得を剥奪することは、その抑止力により消費者被害発生の未然防止に有効であるばかりでなく、法令を遵守している事業者との公平が図られ

---

[2] これに加え、表示・広告は消費者が商品・サービスを選択する際の端緒になるものであり、実際の消費生活相談においては、不当な表示・広告による誤認を端緒とする場合であっても、その後の販売方法や契約・解約の問題点が主訴とされ、相談内容分類上は「表示・広告」に計上されないことも少なくないという実態も指摘された。とりわけ、近年利用者が増加しているインターネット通販を含む通信販売取引のように、消費者が広告表示のみによって商品・サービスに関する判断を行って取引に入る取引形態においては、表示・広告が消費者の選択に与える影響は極めて大きい。こうした状況を踏まえれば、全国の消費生活センター等に寄せられる消費生活相談の中で不当表示事案に分類されていない潜在的件数は数多くあるものと考えられるとの指摘があった。

[3] 「消費者の財産的被害の集団的な回復のための民事の裁判手続の特例に関する法律」(平成25年法律第96号)

ることにより健全な消費市場の構築にも効果を有すると考えられる。
　したがって、不当表示を事前に抑止するための方策として、現行の措置命令に加え、違反行為者に経済的不利益を賦課し、違反行為に対するインセンティブを削ぐ課徴金制度を導入する必要性は高い。

3. 課徴金制度を導入する場合における制度の趣旨・目的

　課徴金制度の目的は、消費者の利益擁護のため、不当表示を事前に抑止することにある。
　不当表示を対象とする課徴金制度については、平成20年に、景品表示法への課徴金制度の導入を含む「私的独占の禁止及び公正取引の確保に関する法律及び不当景品類及び不当表示防止法の一部を改正する法律案」(資料2。以下「平成20年改正法案」という。)が閣議決定され、国会提出されたが、この法案はその後廃案となった。景品表示法が消費者庁に移管されたことに伴い、公正な競争の確保を目的とする競争法体系から一般消費者による自主的かつ合理的な選択の確保を目的とする消費者法体系へと変わったことから、同法への課徴金制度導入については、消費者庁の発足後、被害者救済制度の総合的な検討を実施する際にあわせて違反行為の抑止力強化策を検討することが適切であるとされた。
　現行の景品表示法は、消費者による自主的かつ合理的な選択の確保を目的としており、同法に導入すべき課徴金制度の目的も、消費者の自主的かつ合理的な選択の確保のために、それを阻害するおそれのある不当表示を実効的に抑止することにあると考えるべきである。

　このように、課徴金制度は消費者の被害回復を直接の「目的」とするものではない。しかし、消費者法としての景品表示法の目的に鑑み、また、不当表示事案における被害回復が困難であることから課徴金制度の導入による抑止の必要性が高いと判断したこと、剥奪すべき違反行為者の不当な利得は被害者の出捐に由来するものであること等も踏まえ、この制度を消費者の被害回復にも資するものとすることは重要である。このため、要件・手続等の検討に際しては、被害回復の観点にも留意した。

4. 課徴金の賦課要件

(1) 対象事案

① 対象行為[4]

ア 優良誤認表示(第4条第1項第1号)・有利誤認表示(同項第2号)

「著しく優良」と誤認させる表示及び「著しく有利」と誤認させる表示については、景品表示法による不当表示規制の中心となるものであり、また、過去の措置命令事案の大半を占めるものであって(資料3)、抑止の必要性も大きいことから、課徴金賦課の対象とすべきである。

イ 指定告示に係る表示(第4条第1項第3号)

指定告示に係る表示は、消費者に「誤認されるおそれがある表示」について内閣総理大臣が指定するものであり、予防的観点から政策的に措置命令の対象とされたものと考えられるところ、過去の措置命令事案における案件数は比較的少ないこと(資料3)もあり、現状においてこれを対象とする必要はない。

ウ 不実証広告規制に係る表示(第4条第2項)

不実証広告規制[5]に係る表示については、課徴金を賦課できるものとする必要性は高い。合理的な根拠資料を有しないまま優良誤認表示に該当する蓋然性の高い表示をもって顧客を誘引し取引を行う事業者の行為はそれ自体悪質であり、事業者が得た不当な利得を課徴金によって剥奪することが強く要請される一方、特に効果・性能に関する表示については、機動的かつ実効的な法執行を確保する観点から、行政側に過度の立証負担を課するのは適当でないからである。

もっとも、措置命令は緊急の必要に応じて現在の危険状態を除去することを目的とし、また事後的に合理的根拠資料を備えることにより表示の再掲が許されるという意味で暫定的な処分であるのに対し、課徴金は、過去の行為に対して経済的不利益を課すもので、暫定的意味合いを有しないという点において異なるものである。

---

[4] なお、不当表示の主体が複数であると認められる場合には、複数の者が課徴金賦課の対象となると考えるべきである。現行の不当表示規制の対象は、不当な表示についてその内容の決定に関与した事業者に限られるが、単独であるか複数であるかは問わないものとされている。課徴金を賦課する場合においても、表示主体が単独であるか複数であるかによって不当表示抑止の必要性が異なることはない。また、表示主体が複数であれば、表示行為による不当な利得はそれぞれについて別個に存在することから、複数の主体に課徴金を課しても二重取りとなるものではないからである。

[5] 効果・性能に関する表示について、消費者被害拡大防止の観点から、迅速に措置命令を発令することができるようにするため、事業者から一定の期間内に表示の裏付けとなる合理的な根拠を示す資料の提出のない場合に、当該表示を優良誤認表示とみなして、措置命令の対象とするもの。

したがって、課徴金賦課処分において不実証広告規制の手法を取り入れるに当たっては、この違いを踏まえ、措置命令に関する第4条第2項とは別に、効果・性能に関する表示について事業者から一定の期間内に合理的根拠資料の提出がなければ課徴金を賦課することとした上で、被処分者の正当な利益を保護する観点から、被処分者がその後の訴訟において合理的な根拠資料を提出して不当表示でないことを立証することにより、賦課処分について争うことができるものとする手続規定を設けるべきである[6]。

実際上、これまでになされた不実証広告規制に係る措置命令の事案に照らしても、違反行為者が取消訴訟において合理的根拠資料を補完しうる事例が多いとは考えにくく、このような規定の仕方によっても、課徴金制度の執行力は十分に確保されるものと考えられる。

なお、違反行為者が事後的に合理的根拠資料を補完して賦課処分を争う途を認めるとしても、合理的根拠は本来、表示の当初から持っていてしかるべきものであり[7]、賦課処分に際し、違反行為者に対してその補完のため特段の時間的猶予を付与する必要はない。

エ その他

課徴金賦課の対象行為に該当するか否かについては、必要に応じ、要件該当性についての判断基準の明確化を図るなどの取組を実施することにより、事業者に無用の萎縮効果を与えないように配慮すべきである[8]。

② 主観的要素

ア 主観的要素の要否

不当表示による消費者被害は、違反行為者の故意・過失の有無を問わず生じ得るものであり、不適切な表示は故意・過失を問わず改められるべきものである。しかし、事業者が十分な注意を尽くしたにもかかわらず客観的には不当表示であ

---

[6] 仮に、現行の第4条第2項と同様の効果を有する規定を課徴金の場合にも設けるとすると、課徴金納付命令後に違反行為者において合理的な根拠資料を用意できたとしても、訴訟において当該資料をもって処分の取消しを主張することができないことになる。これに関しては、端的に、表示の裏付けとなる合理的根拠資料を有しないで行う表示を不当表示とすることにより課徴金賦課の対象とすることも考えられるが、その場合は、新たな不当表示類型を追加することになり、景品表示法における課徴金の性質やその賦課手続などについて、直ちに考え方を整理することが困難であると考えられる。

[7] 裁判例においても、「事業者は、当該表示の裏付けとなる合理的な根拠を示す資料をあらかじめ有した上で表示を行うべきであり、かかる資料を有しないまま表示をして販売を行ってはならない」とされている(東京高判平成22年11月26日)。

[8] この点については、事業者からのヒアリングにおいても明確性確保の必要性を強調する意見が多く、行政によるガイドラインの策定・周知や、事業者向けの相談窓口の設置を求める意見が示された。

ったというような場合には、課徴金の賦課による事前の抑止力は働かず、制度目的の達成にはつながらない。

他方で、優良誤認表示（第4条第1項第1号）・有利誤認表示（同項第2号）に該当することの認定には既に「著しく」優良又は有利であるとの要件によって顕著さが前提とされている以上、その事案の多くは故意による事案又は社会通念上尽くすべき注意を著しく欠く事案と考えられる。また、客観的な違反行為があることに加えて主観的要素をも要件として加重するとした場合には、その認定等のために執行の負担が生じることも考慮する必要がある。

したがって、課徴金を賦課する要件としての主観的要素の要否については、不当表示の抑止という制度目的に照らして違反行為者に課徴金を賦課すべきと考えられる程度の主観的要素が必要であるとの基本的認識に立ちつつ、不当表示がなされた場合においては原則として課徴金を賦課することとし、違反行為者から、不当表示を意図的に行ったものではなく、かつ、一定の注意義務を尽くしたことについて合理的な反証がなされた場合を、例外的に対象外とすれば足りる。

イ 注意義務の内容

事業者が尽くすべき注意義務の内容は、事業者の規模や業態によって異なると考えられる。また、不当表示の態様は事案によって様々であり、表示に当たって尽くすべき注意義務も千差万別であって、事業者がどの程度の調査をすれば注意義務を尽くしたことになるかについて画一的な基準を設けることは困難である。

したがって、課徴金賦課の対象外とされるために事業者が尽くすべき注意義務の内容は、個々の事案における事情（不当表示の態様等が消費者に与える影響の大小や、事業者の調査確認義務の負担の大小等）を踏まえつつ、当該事業者が表示を行うに当たって求められる注意義務（他の者からの情報を信じたことに合理性が認められるような一定の対応等）を尽くしているかを、それぞれ考えていくべきである[9]。

---

[9] この点、平成 20 年改正法案（資料2）は故意・重過失を要件としており（「ただし、当該事業者が当該行為をした日から当該行為がなくなる日までの全期間において当該行為に係る表示が次の各号のいずれかに該当することを知らず、かつ、知らないことにつき相当の注意を著しく怠った者でないと認められるとき」）、事業者からのヒアリングにおいても、課徴金制度の対象は悪質性の高い事案に限定すべきとして、平成 20 年改正法案の要件を踏襲すべきとの意見が示された。
しかし、軽過失か重過失かの認定は民事裁判実務においても困難である場合が多く、認定主体が行政機関であって、かつ迅速性が要求される賦課手続において重過失を要件とすれば、課徴金を賦課することが困難になる。また、例えば、仕入れ先からの情報の誤りを把握できなかったような場合に問題となるのは重過失ではなく過失の存否であり、仕入れ先に対し社会通念に照らして必要とされる確認を行ったにもかかわらず誤解させられたのであれば軽過失もないと考えられ、重過失による線引きには実質的な意味はないと考えられる。

③ 規模基準

　課徴金の賦課金額が一定額を下回る場合に、いわゆる「裾切り」によりこれを対象外とすべきか否かについては、不当表示の事前抑止による消費者の利益擁護という制度目的からすれば、本来、不当表示によって消費者被害を生じさせた場合には、その被害規模の大小を問わず課徴金賦課の対象とすることも考えられる。また、不当表示は小規模事業者によってなされることも多く、かかる事案を捕捉するため、規模基準を設けることなく、広く課徴金を賦課すべきとも考えられる。

　しかし、対象とする事案が広がる一方で、これに対する執行が十分になされないこととなれば、不当表示の抑止効果を確保できない結果となる。

　したがって、課徴金制度を実効あらしめるためにも、執行の負担を考慮し、一定の裾切りは必要である。

　裾切りの基準額については、課徴金制度の抑止効果の担保という観点から、過去の措置命令事案も精査した上で、違反行為が消費者に与える影響と課徴金の賦課処分が与える事業者への影響[10]等を勘案して適切な要件設定を検討する必要がある。

④ 除斥期間

　違反行為から相当期間が経過した場合に、課徴金を賦課することができる期間を制限すべきか否かについては、賦課金額の算定等に必要な資料等の散逸による執行の負担や事業者側の負担を考慮する必要があることから、既存の課徴金制度における除斥期間を参考として、一定の合理的期間を設けるべきである。

(2) 課徴金額の算定

① 基本的な考え方

　課徴金による違反行為の抑止効果を担保するために必要な賦課金額については、故意による違反行為に対しては違反行為者が得た不当な利得以上の金額とすべきとも考えられるが、違反行為が故意によるものかそうでないかの立証が困難であることに鑑みれば、違反行為者の主観を問わず、事業者の得た不当な利得相当額を基準とすべきである。

　また、ここでいう「不当な利得相当額」は、事案ごとに個別の方法により算定するのではなく、一定の算定式により一律に算定すべきである。不当表示の態様は事案によって様々であり、違反行為者が得る不当な利得は当該事案の取引対象や利益

---

[10] 課徴金額の算定方法について、後述のとおり、平成20年改正法案では対象商品・役務の売上額を基準としており（資料2）、これに倣えば、裾切りは、企業規模ではなく、対象商品・役務の売上規模によってなされることになる。

率等によって異なることに加え、個々の事案において厳密に「不当な利得」を算定することは著しく困難であるところ、個々の事案に応じて賦課金額を算定することとすれば、執行のために必要な調査に時間がかかり迅速な処分ができなくなるおそれがあるからである。

　その算定方法については、平成20年改正法案において、事業者単位の営業利益率を参考に算定率を定め、これを違反行為の対象となった商品・役務の売上額に乗じることとされていたところ（資料2）、さらに過去の措置命令事案も精査した上で、不当表示の事前抑止のための必要・十分なインセンティブを与えるべく違反行為者の手元に不当な利得が残らないよう、適切に定めるべきである。

② 加算・減算・減免措置

　①に基づいて算定された金額に対する加算措置は、違反行為の抑止効果を高めるものとして、積極的な検討に値する。加算措置の内容としては、反復違反者に対する加算等が考えられるが、これについては、今後の制度設計において、過去の措置命令事案において反復違反者はさほど多くみられないこと等を踏まえてその必要性を検証しつつ、検討が行われるべきである[11]。

　また、減算・減免措置についても、違反行為者に対して自主申告を促すことにより、不当表示を早期に発見して被害拡大を防止し、さらには事業者における自主的なコンプライアンス体制の構築を促進し、これを通じて違反行為の事前抑止効果を高めるための措置として、検討する価値を有する[12]。

③ 対象期間

　賦課金額算定の対象期間については、賦課金額の算定に係る執行の負担等に鑑み、一定の合理的期間に限定すべきである。

　その期間は、過去の措置命令事案も精査した上で、違反行為の抑止という制度目的を達成するために合理的と考えられる期間を適切に定めるべきである[13]。

(3) 裁量性の採否

　法の適用等について行政に裁量を認める制度とするか、非裁量的・画一的な制度とするかについては、経済的な不利益を賦課するという課徴金賦課処分の特性及び公平性・透明性を確保すべきという行政処分の一般原則を踏まえて検討すべ

---

[11] 加算措置の内容としては、違反行為の隠蔽（公益通報のもみ消し等）に対する加算等も考えられるが、これについては、不当表示行為自体ではなく、その経緯や行為後の事情等によって課徴金額を加算することになる上に、その状況が個別の事案ごとに多様であることから、これを加算事由とする制度設計が可能かという観点からの検討も必要となる。
[12] もっとも、減算・減免措置については、違反行為者の不当利得を剥奪することによって違反行為の抑止を図るという課徴金制度の目的との関係を考慮する必要がある。
[13] 平成20年改正法案においては、対象期間は3年とされている（資料2）。

きである。
　課徴金制度の導入により法執行の負担が増大し、かえって現行の措置命令の執行に差し支えるような事態は避けなければならない。例えば軽微な事案など、具体的事案によっては課徴金を課すことが妥当でないものがあり、裁量性を採用すれば、そうした事案を課徴金の対象から除外することができるが、そうした事案については、裾切り等他の要件設定により対象事案に一定の絞りをかけること等によっても対応することができる。
　したがって、現時点において、景品表示法に課徴金制度を導入するに当たり、裁量を認めるような制度設計とはすべきではない。

5. 課徴金の賦課手続

　違反行為に対する課徴金の賦課手続については、事業者のヒアリングにおいて、事前の弁明の機会の付与等の手続保障を求める意見が示された。平成20年改正法案においても、事前手続は措置命令と同一とされ、事前の弁明の機会が付与されているところであり、これに従って、措置命令に係る手続と同様の手続保障を検討すべきである。
　また、徴収手続については、経済的不利益を賦課する処分の執行に必要・適切な手続とするため、既存の課徴金制度に倣って定められるべきである。
　なお、執行に関しては、第186回国会に提出され、平成26年6月6日に成立した「不当景品類及び不当表示防止法等の一部を改正する等の法律」における行政の監視指導体制強化策を踏まえて、国と都道府県との役割分担・連携[14]についても更に検討する必要があることの指摘がなされた。

6. 被害回復の在り方

(1) 被害回復の仕組み及びその手法

　不当表示事案における被害回復が困難であること、また、景品表示法への課徴金制度導入について、被害者救済制度の総合的な検討を実施する際にあわせて検討することが適切であるとされ、平成20年改正法案が廃案となった経緯等に鑑みれば、課徴金制度の制度設計において、消費者の被害回復を促進する仕組みを導入すべきである。
　その手法としては、課徴金納付命令に際し、違反行為者がとった消費者への返金等の自主的対応を勘案して、課徴金額から一定額を控除する制度を採用すべきである。本来、課徴金により剥奪すべき違反行為者の不当な利得は被害者に還元される

---

[14] 例えば、都道府県が措置命令を行った事案について国が課徴金納付命令を行うことが想定される場合には、その手続等について検討することが考えられる。

べきものであるところ、違反行為者が得た不当利得を自ら消費者に還元した場合に、これを課徴金の賦課に当たって考慮することとすれば、課徴金制度の抑止効果を維持しつつ、被害回復を促進できると考えられるからである。

(2) 自主的対応による控除制度について

① 消費者への返金

　控除を認めるべき「自主的対応」は、違反行為者の手元に残る不当な利得の出捐者である対象商品・役務の購入等をした消費者への返金を原則とすべきである。消費者への自主的返金は、被害回復の本来的な在り方であるとともに、違反行為者にとってもブランドや信用の回復につながる行為であり、これを促進することは、消費者と事業者の双方の利益に資すると考えられる。

　控除の対象とすべき返金の範囲は、実際上、事業者による消費者への返金は対象商品の型番や販売期間等を課徴金の対象とされた表示行為の範囲に限定しないで行われる場合が多いことに鑑み、課徴金の対象とされた表示行為に係るものに限定せず、それと社会通念上一体と考えられる返金もその対象とすべきである。

　また、控除額については、事業者による自主的な返金対応を促進する観点から、代金に課徴金算定率を乗じた額に限定するのではなく、返金額全額を控除対象とすべきである(ただし、代金額を上限とする)。

　なお、控除制度は違反行為者に対して被害回復を促すための仕組みであることから、控除の対象とすべき返金は、自主的になされたものである必要がある。したがって、違反行為者が民事訴訟の判決等に基づいて受動的に損害賠償を行った場合は、原則として控除の対象外とすべきである[15]。

　また、適正かつ平等に行われた返金を控除の対象とするべきである。適正かつ平等に行われていない返金が控除対象となることのないよう、制度設計がなされるべきである。例えば、特定の消費者に対してのみ行われた返金に基づき控除がなされることは不適切であることから、事業者が返金の実施についての消費者への周知を適切に実施することを適正かつ平等に行われた返金と認められる条件の1つとすべきである。

② 寄附

　控除を認めるべき「自主的対応」として、消費者への返金に加えて、寄附の仕組みを設けるか否かについては、実際上、不当表示の有無以外の要素(対象商品・

---

[15] ただし、自主的返金を行う違反行為者が、一部の被害者から提起された訴訟において判決等に基づく支払を行ったような場合については、例外的に、控除が認められるべきである。

役務の特性、販売形態、被害金額等)により消費者への返金が困難である場合も少なくないと考えられ、事業者間の公平の観点からも、違反行為者の得た不当利得の消費者に対する還元の一形態として、これを認めるべきである。

　もっとも、寄附は、あくまでも消費者への返金を補完するものと位置付けるべきである。違反行為者が消費者への返金のコストを避けて安易に寄附を選択することを防止するためにも、返金が可能な事案においては控除の対象とされる寄附の実施可能期間を返金を行い得る期間のうち終盤に限定するといった方策を検討し、また適切に行われた寄附であるかどうかを行政が個別具体的に判断する仕組みとすべきである。
　また、寄附先や寄附金の使途については、課徴金は違反行為をしたが故に賦課されるものであり、違反行為者に対して課徴金の納付を回避する選択肢を広く認めるためのものではないこと、控除制度は消費者の被害回復を促進するための仕組みであることを踏まえ、限定的に定められるべきである。寄附を控除対象とするに当たっては、寄附先を自身が寄附金を使った活動(寄附金の管理・運用を除く)を行わない中立的な機関又は団体に限定し、また、寄せられた寄附金の使途や管理方法について、消費者の被害回復に資する活動等のために適正に活用されるような制度設計が検討されるべきである。

　　　　　　　　　　　　　　　　　　　　　　　　　　　　(以上)

資料1

第1回県民表示法に対する不当表示に係る課徴金制度等に関する専門調査会 配布資料より抜粋

○年度別にみた消費生活相談の相談内容分類の件数

内容＼年度	2000	2001	2002	2003	2004	2005	2006	2007	2008	2009	2010	2011	2012
契約・解約	375,716	461,341	640,834	1,244,569	1,646,361	1,086,432	918,997	855,872	761,630	705,962	675,299	616,790	601,443
販売方法	217,680	270,273	361,562	650,923	872,671	583,342	480,369	426,138	369,053	344,088	369,986	401,553	403,279
価格・料金	80,763	100,561	130,810	159,208	131,508	144,760	155,049	163,332	151,326	150,259	173,799	162,707	146,440
品質・機能・役務品質	88,788	87,217	95,029	83,617	79,261	89,128	90,531	104,472	102,765	111,313	116,839	124,610	118,882
接客対応	54,296	56,404	66,557	65,152	64,176	81,804	86,876	101,125	99,876	115,088	121,222	126,507	128,246
表示・広告	15,948	21,356	28,689	32,006	47,090	45,229	41,492	45,360	41,820	41,503	46,083	50,916	49,492
消費生活相談全体に対する比率（％）	2.9	3.3	3.3	2.1	2.5	3.5	3.7	4.3	4.4	4.6	5.2	5.9	5.9
法規・基準	17,324	20,789	30,074	37,019	37,520	43,430	41,312	39,823	36,120	32,378	37,625	34,732	32,373
安全・衛生	18,029	16,709	20,318	16,958	16,641	24,701	24,571	31,259	30,237	33,214	30,203	33,998	29,139

（出典）国民生活センター「消費生活年報2010」、「消費生活年報2013」

※相談内容別分類は複数回答項目。

資料2
第1回景品表示法における不当表示に
係る課徴金制度等に関する専門調査会
参考資料6より抜粋

独占禁止法及び景品表示法の一部を改正する法律案
（第169回国会　閣法第73号）（抄）

（課徴金納付命令）
第六条の二　事業者が、第四条第一項の規定に違反する行為（同項第一号又は第二号に該当するものに限る。）をしたときは、公正取引委員会は、当該事業者に対し、当該行為をした日から当該行為に係る表示が不当に顧客を誘引し、公正な競争を阻害するおそれがあると認められなくなる日までの期間（当該期間が三年を超えるときは、当該行為に係る表示が不当に顧客を誘引し、公正な競争を阻害するおそれがあると認められなくなる日からさかのぼつて三年間とする。）における当該商品又は役務の政令で定める方法により算定した売上額に百分の三を乗じて得た額に相当する額の課徴金を国庫に納付することを命じなければならない。ただし、当該事業者が当該行為をした日から当該行為がなくなる日までの全期間において当該行為に係る表示が次の各号のいずれかに該当することを知らず、かつ、知らないことにつき相当の注意を著しく怠つた者でないと認められるとき、又はその額が三百万円未満であるときは、その納付を命ずることができない。
一　商品又は役務の品質、規格その他の内容について、実際のものよりも著しく優良であること又は事実に相違して当該事業者と競争関係にある他の事業者に係るものよりも著しく優良であることを示す表示
二　商品又は役務の価格その他の取引条件について、実際のものよりも取引の相手方に著しく有利であること又は事実と相違して当該事業者と競争関係にある他の事業者に係るものよりも取引の相手方に著しく有利であることを示す表示
2～3　（略）

（参考）不当景品類及び不当表示防止法（昭和37年5月15日法律第134号）（抄）
（不当な表示の禁止）
第四条　事業者は、自己の供給する商品又は役務の取引について、次の各号のいずれかに該当する表示をしてはならない。
一　商品又は役務の品質、規格その他の内容について、一般消費者に対し、実際のものよりも著しく優良であると示し、又は事実に相違して当該事業者と同種若しくは類似の商品若しくは役務を供給している他の事業者に係るものよりも著しく優良であると示す表示であつて、不当に顧客を誘引し、一般消費者による自主的かつ合理的な選択を阻害するおそれがあると認められるもの
二　商品又は役務の価格その他の取引条件について、実際のもの又は当該事業者と同種若しくは類似の商品若しくは役務を供給している他の事業者に係るものよりも取引の相手方に著しく有利であると一般消費者に誤認される表示であつて、不当に顧客を誘引し、一般消費者による自主的かつ合理的な選択を阻害するおそれがあると認められるもの

資料3
第156回本会議 第10回景品表示法における不当表示に係る課徴金制度等に関する専門調査会 合同会議 配布資料4より抜粋

○ 不当表示に対する措置命令事件における景品表示法第4条各号の適用状況

	平成21年度(平成21年9月〜)	平成22年度	平成23年度	平成24年度	平成25年度	合計
第1号(優良誤認)	5	16	19	29	41	110
第4条第2項適用(不実証広告)	0	0	3	5	22	30
第2号(有利誤認)	0	6	11	9	4	30
第3号(指定告示規制)	1	2	0	2	3	8
合計	6	24	30	40	48	148

(注) 関係法条が2以上にわたる事件があるため、本表の合計は措置命令件数(136件)の合計と一致しない。

委員等名簿

本答申の審議に参加した委員等は、次のとおりである。

○消費者委員会委員

（委員長）	河上　正二	東京大学大学院法学政治学研究科教授
（委員長代理）	石戸谷　豊	弁護士
	阿久澤　良造	日本獣医生命科学大学応用生命科学部長
	岩田　喜美枝	公益財団法人21世紀職業財団会長
	齋藤　憲道	同志社大学法学部・法学研究科教授
	高橋　伸子	生活経済ジャーナリスト
	夏目　智子	全国地域婦人団体連絡協議会事務局長
	橋本　智子	一般社団法人北海道消費者協会会長
	山本　隆司	東京大学大学院法学政治学研究科教授
	唯根　妙子	公益社団法人日本消費生活アドバイザー・コンサルタント協会理事

○消費者委員会
　景品表示法における不当表示に係る課徴金制度等に関する専門調査会委員

（座　長）	小早川　光郎	成蹊大学法科大学院教授
（座長代理）	白石　忠志	東京大学大学院法学政治学研究科教授
	鹿野　菜穂子	慶應義塾大学大学院法務研究科教授
	川出　敏裕	東京大学大学院法学政治学研究科教授
	長田　三紀	全国地域婦人団体連絡協議会事務局次長
	増田　悦子	公益社団法人全国消費生活相談員協会専務理事
	宮城　朗	弁護士

○オブザーバー　丹野　美絵子　　国民生活センター理事

審 議 経 過

	会議名	
	開催日	議題
①	第1回景品表示法における不当表示に係る課徴金制度等に関する専門調査会	
	平成26年2月6日（木）	●消費者庁でのこれまでの検討状況について ●今後の調査審議の進め方について
②	第142回本会議・第2回景品表示法における不当表示に係る課徴金制度等に関する専門調査会　合同会議	
	平成26年2月13日（木）	●制度導入の必要性 ●導入すべき制度の趣旨・目的（被害回復の視点等）について ●検討すべき論点の整理
③	第144回本会議・第3回景品表示法における不当表示に係る課徴金制度等に関する専門調査会　合同会議	
	平成26年2月25日（火）	●経済団体からのヒアリング ・一般社団法人日本経済団体連合会 ・全国商工会連合会 ・公益社団法人経済同友会
④	第146回本会議・第4回景品表示法における不当表示に係る課徴金制度等に関する専門調査会　合同会議	
	平成26年3月11日（火）	●既存の課徴金制度についてのヒアリング ・独占禁止法（公正取引委員会） ・金融商品取引法、公認会計士法（金融庁） ●事業者団体からのヒアリング ・一般社団法人日本フードサービス協会 ・一般社団法人日本旅館協会 ●景品表示法の改正案について
⑤	第148回本会議・第5回景品表示法における不当表示に係る課徴金制度等に関する専門調査会　合同会議	
	平成26年3月18日（火）	●要件・手続等に関する検討① ・対象事案（対象行為、主観的要素、規模基準、除斥期間）
⑥	第149回本会議・第6回景品表示法における不当表示に係る課徴金制度等に関する専門調査会　合同会議	
	平成26年3月20日（木）	●要件・手続等に関する検討② ・対象事案（除斥期間） ・賦課金額の算定（基本的な考え方、加算・減算・減免措置、対象期間） ・裁量性 ・調査権限・手続保障・徴収手続
⑦	第151回本会議・第7回景品表示法における不当表示に係る課徴金制度等に関する専門調査会　合同会議	
	平成26年4月1日（火）	●中間整理について

	会議名	
	開催日	議　題
⑧	第153回本会議・第8回景品表示法における不当表示に係る課徴金制度等に関する専門調査会　合同会議	
	平成26年4月16日（水）	●今後の調査審議のスケジュールについて ●被害回復の在り方について
⑨	第154回本会議・第9回景品表示法における不当表示に係る課徴金制度等に関する専門調査会　合同会議	
	平成26年4月22日（火）	●要件・手続等に関する検討③
⑩	第156回本会議・第10回景品表示法における不当表示に係る課徴金制度等に関する専門調査会　合同会議	
	平成26年5月1日（木）	●経済団体からのヒアリング 　・一般社団法人日本経済団体連合会 　・全国商工会連合会 　・日本商工会議所 ●要件・手続等に関する検討④
⑪	第157回本会議・第11回景品表示法における不当表示に係る課徴金制度等に関する専門調査会　合同会議	
	平成26年5月7日（水）	●事業者団体からのヒアリング 　・日本チェーンストア協会 　・公益社団法人日本通信販売協会 ●フリーディスカッション（取りまとめの検討に向けた意見交換）
⑫	第161回本会議・第12回景品表示法における不当表示に係る課徴金制度等に関する専門調査会　合同会議	
	平成26年5月28日（水）	●被害回復の在り方について② ●取りまとめに向けた検討
⑬	第162回本会議・第13回景品表示法における不当表示に係る課徴金制度等に関する専門調査会　合同会議	
	平成26年6月10日（火）	●答申案の検討

資料1-12　本改正法案に関する衆参附帯決議

不当景品類及び不当表示防止法の一部を改正する法律案に対する附帯決議

平成 26 年 11 月 10 日
衆議院消費者問題に関する特別委員会

　政府は、本法の施行に当たり、次の事項について適切な措置を講ずるべきである。

一　不当表示の抑止に係る実効性の観点から、本法の施行状況について不断の評価を行い、課徴金額の算定率や規模基準の設定等について、必要な見直しを行うこと。
二　自主申告による課徴金額の減額措置については、悪質な事業者に利用されることのないよう、申告が適正なものであるか否かについて厳正な判断を行うこと。
三　返金措置による課徴金額の減額措置については、返金の合計額が課徴金額を上回る等の場合には課徴金の納付を命じないこととなることに鑑み、その運用を公平公正なものとすること。
四　課徴金制度の運用に必要となる人員の適正な配置を行い、十分な予算を確保するとともに、都道府県とも密接な連携をとりながら進めていくこと。
五　広告・表示の適正化に向けた事業者団体や消費者団体等による自主的な取組を促進するため、情報の提供をはじめ、財政的支援その他の必要な支援を行うこと。
六　不当表示等の解釈については、事業活動を過度に萎縮させることがないよう、国際的な動向を踏まえ、その基準の明確化と周知徹底を図るとともに、問合せ窓口の設置などの相談体制を充実させること。

不当景品類及び不当表示防止法の一部を改正する法律案に対する附帯決議

平成 26 年 11 月 18 日
参議院消費者問題に関する特別委員会

政府は、本法の施行に当たり、次の諸点について適切な措置を講ずべきである。

一、不当表示の抑止に係る実効性の観点から、本法の施行状況について不断の評価を行い、課徴金額の算定率や規模基準の設定等について、必要な見直しを行うこと。
二、自主申告による課徴金額の減額措置については、悪質な事業者に利用されることのないよう、申告が適正なものであるか否かについて厳正な判断を行うこと。
三、返金措置による課徴金額の減額を行う制度は、その運用を公平公正なものとし、消費者の被害回復をできる限り促進する観点から、既に実施されている自主的な返金措置の実態を踏まえ、事業者にとって活用しやすいものとなるよう努めること。
四、課徴金制度の導入に当たっては、違反事例集や運用方針を作成するなどにより、法の趣旨、違反行為の構成要件の考え方、事業者が表示に際して払うべき注意事項、課徴金算定方法等を事業者に対して丁寧に説明すること。また、不当表示等の解釈については、国際的な動向を踏まえ、その基準の明確化と周知徹底を図るとともに、問合せ窓口の設置などの相談体制を充実させること。
五、課徴金制度の導入に伴う事務量の増大が、措置命令等の執行に影響を及ぼすことがないよう、十分な予算を確保し、人員の適正な配置を行い、法の執行体制の強化や都道府県及び関係機関との連携の強化に努めること。
六、事業者団体や消費者団体等による広告・表示の適正化に向けた自主的な取組を促進するため、情報の提供をはじめ、財政的支援その他の必要な支援を行うこと。また、消費者被害の防止や回復のために行う普及啓発活動等の支援の在り方を引き続き検討すること。
七、全ての不当表示を行政機関のみで監視することは困難であることに鑑み、不当表示の未然防止を図るための手段として、事業者自らが表示の自主ルールの設定を可能とする公正競争規約制度のより一層の普及を促進すること。

　右決議する。

資料 1-13　平成20年法案，消費者委員会の答申，パブリックコメント実施時の骨子案と本改正法の概要比較

項目	平成20年法案	消費者委員会の答申	パブリックコメント実施時（平成26年8月時点）の骨子案	本改正法
対象行為	優良誤認表示行為・有利誤認表示行為（指定告示に係る表示を行うことは対象外）	優良誤認表示行為・有利誤認表示行為（指定告示に係る表示を行うことは、現状において対象とする必要はない）	優良誤認表示行為・有利誤認表示行為（指定告示に係る表示を行うことは対象外）	優良誤認表示行為・有利誤認表示行為（指定告示に係る表示を行うことは対象外）（新法8条1項本文）
不実証広告規制	導入せず	導入すべき（「被処分者がその後の訴訟において合理的な根拠資料を提出して不当表示でないことを立証することにより、賦課処分について争うことができるとする手続規定を設けるべし」）	導入する（不実証広告規制に係る表示行為について、課徴金賦課処分との関係においても、一定の期間内に当該表示の裏付けとなる合理的な根拠を示す資料の提出がない場合には、当該表示を不当表示と推定する規定を設ける）	導入する（新法8条3項）
算定率	一律（3％）	一律に算定すべき	一律（3％）	一律（3％）（新法8条1項本文）
対象期間	上限3年	一定の合理的期間に限定すべき	上限3年	上限3年（新法8条2項）
主観的要素	事業者が、当該課徴金対象行為に係る表示が不当表示であることを知らず、かつ、「知らないことにつき相当の注意を著しく怠った者でないと認められるとき」は納付を命じることができない。	「原則として課徴金を賦課することとし、違反行為者から、不当表示を意図的に行ったものではなく、かつ、通常の注意義務を尽くしたことについて合理的な反証がなされた場合を、例外的に対象外とする」	原則として課徴金を賦課することとし、違反行為を行った事業者自らが注意義務を尽くしていたことの立証があったときは、例外的に課徴金賦課の対象から除外するものとする。（立証責任は事業者が負う）	事業者が、当該課徴金対象行為に係る表示が不当表示であることを知らず、かつ、「知らないことにつき相当の注意を怠った者でないと認められるとき」は納付を命じることができない。（新法8条1項ただし書。）（立証責任は消費者庁が負う）
規模基準	課徴金額300万円	「一定の区切りは必要」	（減額前）課徴金額150万円	（減額後）課徴金額150万円（新法8条1項ただし書）
除斥期間	5年	「一定の合理的期間を設けるべき」	5年	5年（新法12条7項）
自主申告による課徴金額の減額	なし	「検討する価値を有する」	違反行為について自主申告した事業者に対し、課徴金額の2分の1を減ずる。	事業者が、課徴金対象行為に該当する事実を報告したときは、課徴金額から2分の1を減額する。ただし、当該報告が、当該課徴金対象行為についての調査があったことにより当該課徴金対象行為について課徴金納付命令があるべきことを予知してされたときは、減額しない（新法9条）。
被害回復による課徴金の減免	なし	・「消費者の被害回復を促進する仕組みを導入すべき」・「違反行為者がとった消費者への返金等の自主的対応を勘案して、課徴金額から一定額を控除する制度を採用すべき」・「控除を認めるべき「自主的対応」は、被害を受けた消費者への返金を原則とすべき」・返金を補完するものとして寄附を認めるべきであるが、寄附先や寄附金の使途については、控除制度が被害回復促進のための仕組みであることを踏まえ、限定的に定められるべき	事業者次の（Ⅰ）～（Ⅲ）を満たす場合は、課徴金の納付を命じない。（Ⅰ）課徴金算定の基礎となる「売上額」の算定期間における商品または役務の取引の相手方であって、返金手続開始時点に事業者が当該相手方および取引金額を特定できる者を対象として、所定の要件を満たす適正な返金申出者に対し、合計で、課徴金額以上の返金を行ったとき、または、②返金合計額が課徴金額未満であるときには、補完的に、独立行政法人国民生活センターに対し、所定の要件を満たす寄附を行ったこと（(a)最長過に消費者被害の防止や回復のための活動への助成に充てることを条件とした寄附であること、および、(b)寄附金額が、課徴金額から返金合計額を控除した残額相当額以上であること）（Ⅲ）内閣総理大臣が指定する日までに前記各要件を満たす旨を報告したこと	事業者が、（Ⅰ）命令で定める事項を個別に特定できる返金対象者に対する返金措置の実施に係る計画を作成して認定を受け、（Ⅱ）同計画に沿って返金を実施し、（Ⅲ）返金措置の実施期間経過後1週間以内に、返金相当額（（Ⅰ）の計画認定前の返金相当額を含む。）を、計算した課徴金額から減額する。当該減額の結果、課徴金額が1万円未満となる場合は課徴金の納付は命じない（新法10条および11条）。
加算	なし	「今後の制度設計において、過去の措置命令事案において反復違反者はさほど多くみられないこと等を踏まえてその必要性を検証しつつ、検討が行われるべき」	なし	なし（※）
事前手続	弁明の機会の付与（措置命令に係る手続と同じ）	「措置命令に係る手続と同様の手続保障を検討すべき」	弁明の機会の付与（措置命令に係る手続と同じ）	弁明の機会の付与（新法13条〜16条）
徴収手続	国税滞納処分の例による	「既存の課徴金制度に倣って定められるべき」	民事執行法その他強制執行の手続に関する法律による（金融庁・公認会計士法における課徴金制度と同様）	民事執行法その他強制執行の手続に関する法律による（新法19条2項）

※課徴金額の加算については、消費者委員会の答申や、平成26年6月改正法に関する法律案に対する第186回衆議院消費者問題に関する特別委員会における附帯決議（平成26年5月8日）において検討することが求められていたため、消費者庁における法制化作業時に検討を進めたが、消費者庁による過去の措置命令事案（平成21年9月から平成26年10月まで）において、同じ事業者が同じ不当表示を繰り返した例は見られず、また、同じ事業者が異なる不当表示を行った例も1件しか見られなかったため、設けないこととした。

資料1-14 課徴金制度における被害回復の制度設計（イメージ）

課徴金制度における被害回復の制度設計（イメージ）

　事業者が所定の手続に沿って自主返金を行った場合（返金措置を実施した場合）は、課徴金を命じない又は減額する。

自主返金

　自主返金により課徴金の減額を受けようとする事業者は、自主返金の実施に関する実施予定返金措置計画を作成し、内閣総理大臣の認定を受け、同計画に沿って、適正な返金手続を適切に履行する。

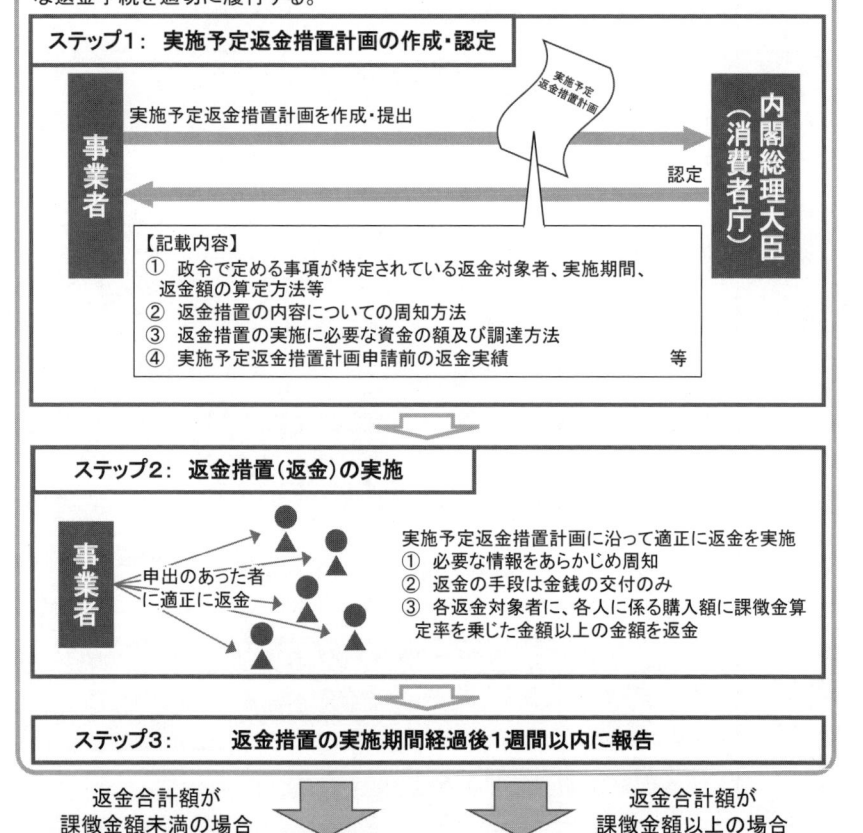

ステップ1：実施予定返金措置計画の作成・認定

事業者 →（実施予定返金措置計画を作成・提出）→ 内閣総理大臣（消費者庁）
事業者 ←（認定）← 内閣総理大臣（消費者庁）

【記載内容】
① 政令で定める事項が特定されている返金対象者、実施期間、返金額の算定方法等
② 返金措置の内容についての周知方法
③ 返金措置の実施に必要な資金の額及び調達方法
④ 実施予定返金措置計画申請前の返金実績　　　　等

ステップ2：返金措置（返金）の実施

事業者 → 申出のあった者に適正に返金

実施予定返金措置計画に沿って適正に返金を実施
① 必要な情報をあらかじめ周知
② 返金の手段は金銭の交付のみ
③ 各返金対象者に、各人に係る購入額に課徴金算定率を乗じた金額以上の金額を返金

ステップ3：返金措置の実施期間経過後1週間以内に報告

返金合計額が課徴金額未満の場合	返金合計額が課徴金額以上の場合
返金合計額を課徴金額から減額	課徴金の納付を命じない

資料 1-15　課徴金納付命令までの基本的な手続の流れ（イメージ）

課徴金納付命令までの基本的な手続の流れ（イメージ）

事業者
不当表示

↓

- 事業者
  - 不当表示を発見し、一般消費者に対する返金手続を検討又は開始。

調査

（注）措置命令についても弁明の機会を付与するが、本図においては記載を省略。

↓

措置命令

↓

弁明の機会付与
（課徴金納付命令案）

- （任意）返金措置（自主返金）

- 認定要件
  ① 当該実施予定返金措置計画に係る返金措置が円滑かつ確実に実施されると見込まれること。
  ② 返金措置の対象となる者のうち特定の者について不当に差別的でないこと。
  ③ 当該実施予定返金措置計画に記載されている実施期間が、不当表示による一般消費者の被害の回復を促進するため相当と認められる期間として内閣府令で定める期間内に終了すること。

事業者
実施予定返金措置計画提出 ／ 弁明
提出期限＝弁明期限

要件充足 → **認定**
要件不充足 → **課徴金納付命令**

報告期限までの間、課徴金の納付を命ずることができない。
※報告期限：実施期間の経過後1週間以内

事業者　報告

事業者は、実施予定返金措置計画に記載した実施期間の経過後1週間以内に、返金措置の実施の結果を報告しなければならない。

↓

命じない旨の通知

事業者
（事業者が争う場合）
処分取消訴訟等

（注）措置命令及び課徴金納付命令に関する要件を満たすと認められる事案であることが前提。

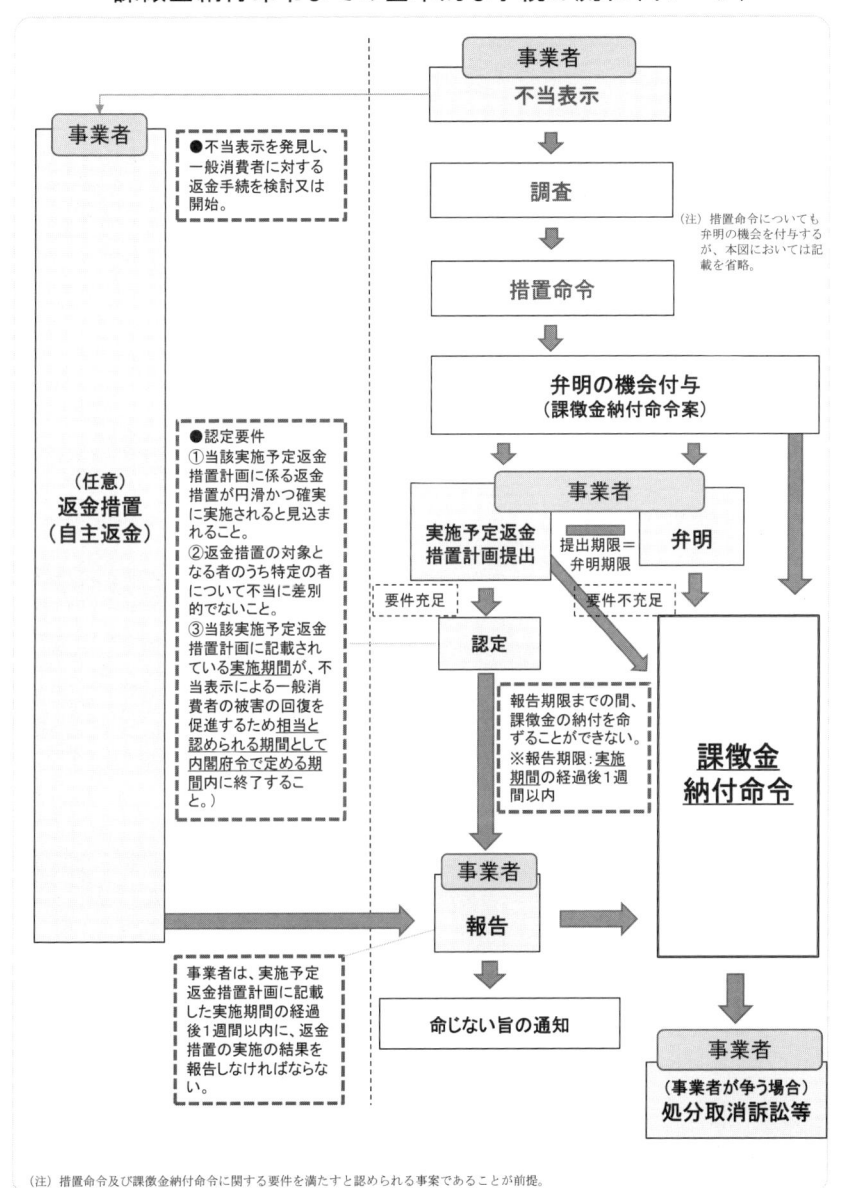

資料 2-1 景品表示法における不当表示規制の対象及び不当表示に対する措置命令事件の状況（平成 26 年 10 月時点）

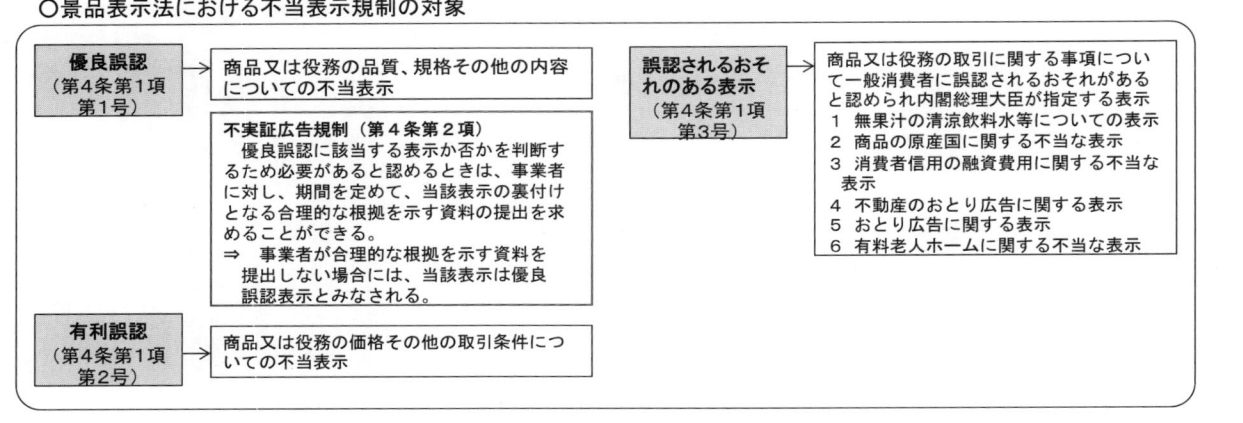

○ 景品表示法における不当表示規制の対象

優良誤認（第4条第1項第1号）→ 商品又は役務の品質、規格その他の内容についての不当表示

不実証広告規制（第4条第2項）
優良誤認に該当する表示か否かを判断するため必要があると認めるときは、事業者に対し、期間を定めて、当該表示の裏付けとなる合理的な根拠を示す資料の提出を求めることができる。
⇒ 事業者が合理的な根拠を示す資料を提出しない場合には、当該表示は優良誤認表示とみなされる。

有利誤認（第4条第1項第2号）→ 商品又は役務の価格その他の取引条件についての不当表示

誤認されるおそれのある表示（第4条第1項第3号）→ 商品又は役務の取引に関する事項について一般消費者に誤認されるおそれがあると認められ内閣総理大臣が指定する表示
1 無果汁の清涼飲料水等についての表示
2 商品の原産国に関する不当な表示
3 消費者信用の融資費用に関する不当な表示
4 不動産のおとり広告に関する表示
5 おとり広告に関する表示
6 有料老人ホームに関する不当な表示

○ 不当表示に対する措置命令事件における景品表示法第4条各号の適用状況

	平成21年度（平成21年9月〜）	平成22年度	平成23年度	平成24年度	平成25年度	平成26年度（10月23日時点）	合計
第1号（優良誤認）	5	16	19	29	41	9	119
第4条第2項適用（不実証広告）	0	0	3	5	22	5	35
第2号（有利誤認）	0	6	11	9	4	1	31
第3号（指定告示規制）	1	2	0	2	3	0	8
合計	6	24	30	40	48	10	158

（注）関係法条が2以上にわたる事件があるため、本表の合計は措置命令件数（146件）の合計と一致しない。

資料2-2 課徴金納付命令との関係における不実証広告規制に関する手続

手続保障と合理的な根拠を示す資料の提出について（イメージ）

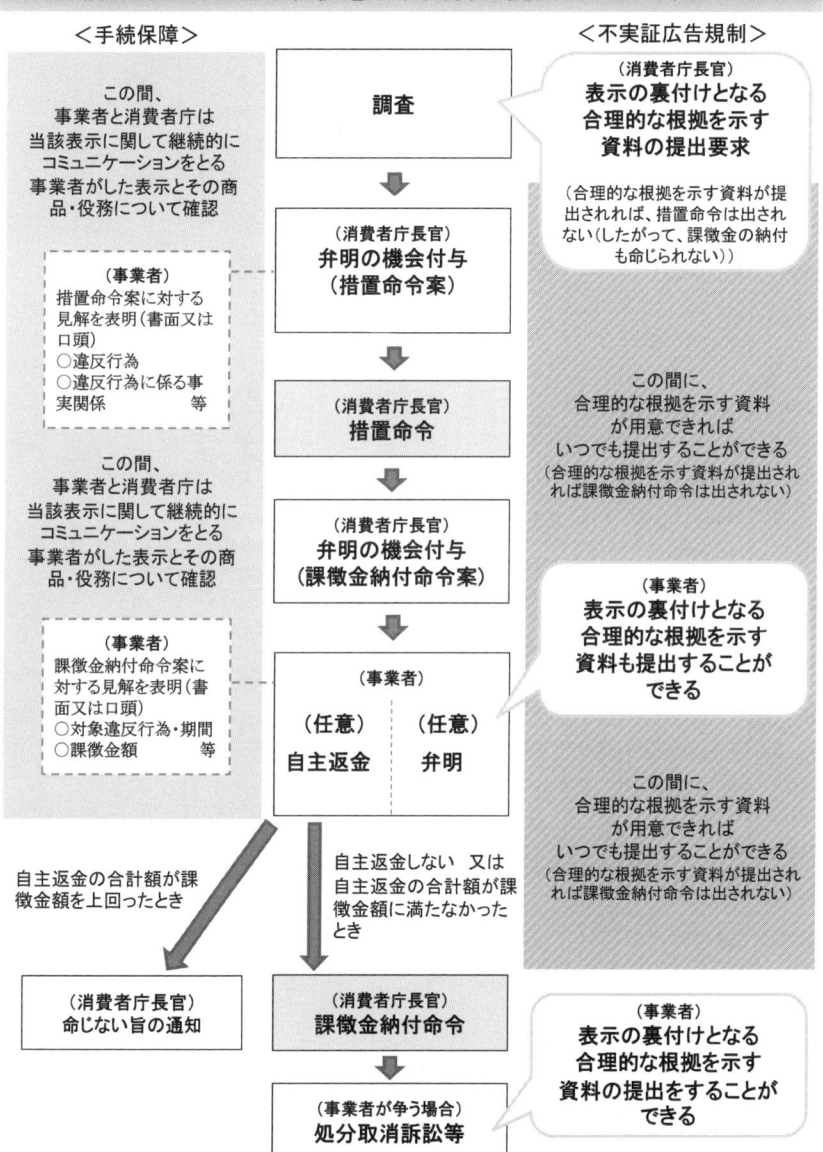

＜手続保障＞　　　　　　　　　　　　　　　＜不実証広告規制＞

調査

この間、事業者と消費者庁は当該表示に関して継続的にコミュニケーションをとる　事業者がした表示とその商品・役務について確認

（消費者庁長官）
表示の裏付けとなる合理的な根拠を示す資料の提出要求
（合理的な根拠を示す資料が提出されれば、措置命令は出されない（したがって、課徴金の納付も命じられない））

↓

（消費者庁長官）
弁明の機会付与（措置命令案）

（事業者）
措置命令案に対する見解を表明（書面又は口頭）
○違反行為
○違反行為に係る事実関係　等

↓

（消費者庁長官）
措置命令

この間に、合理的な根拠を示す資料が用意できればいつでも提出することができる
（合理的な根拠を示す資料が提出されれば課徴金納付命令は出されない）

↓

（消費者庁長官）
弁明の機会付与（課徴金納付命令案）

この間、事業者と消費者庁は当該表示に関して継続的にコミュニケーションをとる　事業者がした表示とその商品・役務について確認

（事業者）
課徴金納付命令案に対する見解を表明（書面又は口頭）
○対象違反行為・期間
○課徴金額　等

↓

（事業者）
（任意）**自主返金** ｜ （任意）**弁明**

（事業者）
表示の裏付けとなる合理的な根拠を示す資料も提出することができる

自主返金の合計額が課徴金額を上回ったとき →　（消費者庁長官）**命じない旨の通知**

自主返金しない又は自主返金の合計額が課徴金額に満たなかったとき

この間に、合理的な根拠を示す資料が用意できればいつでも提出することができる
（合理的な根拠を示す資料が提出されれば課徴金納付命令は出されない）

↓

（消費者庁長官）
課徴金納付命令

（事業者）
表示の裏付けとなる合理的な根拠を示す資料の提出をすることができる

↓

（事業者が争う場合）
処分取消訴訟等

（注）消費者庁が措置命令及び課徴金納付命令の要件を満たすとして手続を進める事案の流れをイメージしたもの

資料2-3 課徴金制度における被害回復の制度設計についてのパブリックコメント実施時の骨子案及び新法の概要比較（イメージ）

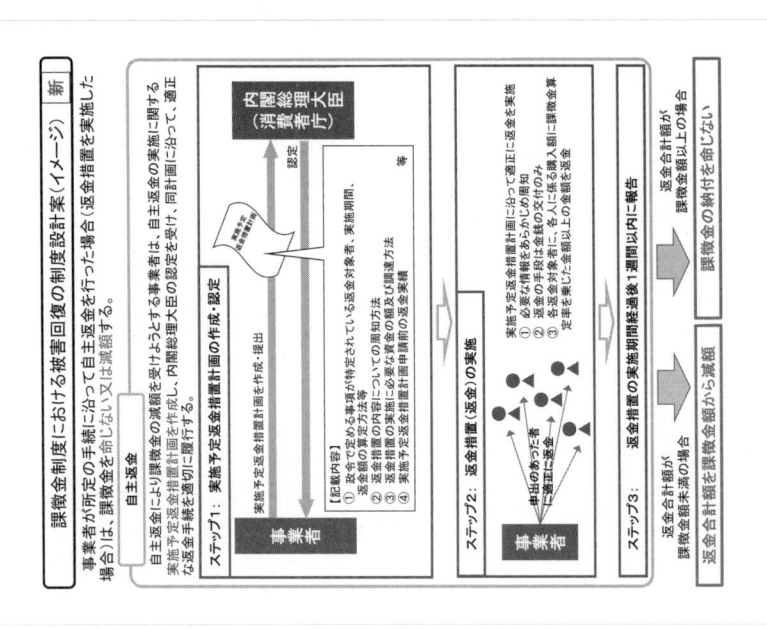

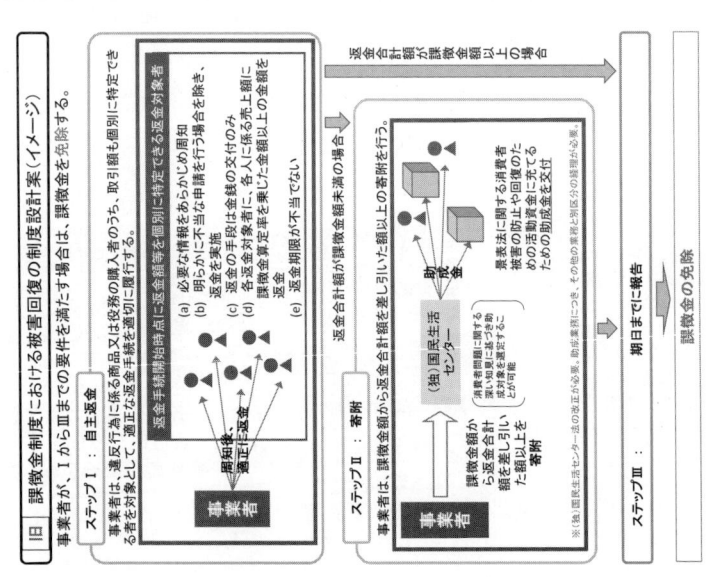

資料 2-4 経過措置に関する基本的な考え方　169

資料 2-4　経過措置に関する基本的な考え方

図 ＜経過措置に関する基本的な考え方＞

例えば、①・②の場合について、以下の2つのケースに分けて記載。
i　課徴金対象行為を2年間行っていたケース
ii　課徴金対象行為を3年超行っていたケース

施行日

① 事業者が、施行日以後に課徴金対象行為を始めた場合
- i　課徴金対象期間 2年間
- ii　課徴金対象期間 3年間

② 事業者が、優良誤認表示行為又は有利誤認表示行為を施行日前後にまたがって継続的に行った場合
- i　優良誤認表示行為又は有利誤認表示行為をした期間＝課徴金対象期間 2年間
- ii　課徴金対象期間 3年間／優良誤認表示行為又は有利誤認表示行為

③ 事業者が、優良誤認表示行為又は有利誤認表示行為を施行日前に終了していた場合
- 優良誤認表示行為又は有利誤認表示行為
- (a) 当該不当表示行為をやめた日から6月経過日、または
- (b) 一般消費者による自主的かつ合理的な選択を阻害するおそれを解消するための措置をとった日のいずれか早い日までの間に、当該不当表示に係る商品又は役務の取引をした期間

資料3-1　本改正法

不当景品類及び不当表示防止法の一部を改正する法律

不当景品類及び不当表示防止法（昭和三十七年法律第百三十四号）の一部を次のように改正する。

題名の次に次の目次及び章名を付する。

目次

　第一章　総則（第一条―第三条）

　第二章　景品類及び表示に関する規制

　　第一節　景品類の制限及び禁止並びに不当な表示の禁止（第四条―第六条）

　　第二節　措置命令（第七条）

　　第三節　課徴金（第八条―第二十五条）

　　第四節　景品類の提供及び表示の管理上の措置（第二十六条―第二十八条）

　　第五節　報告の徴収及び立入検査等（第二十九条）

　第三章　適格消費者団体の差止請求権等（第三十条）

　第四章　協定又は規約（第三十一条・第三十二条）

　第五章　雑則（第三十三条―第三十五条）

　第六章　罰則（第三十六条―第四十一条）

　附則

　　第一章　総則

第二条第一項中「第十一条」を「第三十一条」に改め、同条第二項ただし書中「第二十条」を「第四十条」に改める。

第二十一条中「第十条第三項」を「第三十条第三項」に改め、同条を第四十一条とする。

第二十条第一項中「第十六条第一項」を「第三十六条第一項」に改め、同条を第四十条とする。

第十九条中「第十六条第一項」を「第三十六条第一項」に改め、同条を第三十九条とする。

第十八条第一項第一号及び第二項第一号中「第十六条第一項」を「第三十六条第一項」に改め、同条を第三十八条とする。

第十七条中「第九条第一項」を「第二十九条第一項」に改め、同条を第三十七条とする。

第十六条の前の見出しを削り、同条第一項中「第六条」を「第七条第一項」に改め、同条を第三十六条とする。

第十五条を第三十五条とし、同条の次に次の章名を付する。

　　第六章　罰則

第十四条を削る。

第十三条の見出し中「委任」を「委任等」に改め，同条に次の一項を加える。

2　第三十二条の規定は，内閣総理大臣が前項に規定する内閣府令（第三十一条第一項の協定又は規約について定めるものに限る。）を定めようとする場合について準用する。

第十三条を第三十四条とする。

第十二条第三項中「第六条」を「第七条第一項」に改め，「命令」の下に「，課徴金納付命令」を加え，「第八条の二第一項」を「第二十八条第一項」に，「第九条第一項」を「第二十九条第一項」に改め，同条を第三十三条とする。

第十一条を第三十一条とし，同条の次に次の一条及び章名を加える。

（協議）

第三十二条　内閣総理大臣は，前条第一項及び第四項に規定する内閣府令を定めようとするときは，あらかじめ，公正取引委員会に協議しなければならない。

　　　第五章　雑則

第十条の見出しを削り，同条第一項中「第二十一条」を「第四十一条」に改め，同条を第三十条とし，同条の次に次の章名を付する。

　　　第四章　協定又は規約

第九条の見出しを削り，同条第一項中「第六条」を「第七条第一項」に改め，「命令」の下に「，課徴金納付命令」を加え，同条を第二十九条とし，同条の次に次の章名を付する。

　　　第三章　適格消費者団体の差止請求権等

第八条の二第一項中「第七条第一項」を「第二十六条第一項」に改め，同条を第二十八条とし，同条の次に次の節名を付する。

　　　　第五節　報告の徴収及び立入検査等

第八条を第二十七条とし，第七条を第二十六条とする。

第六条の見出しを削り，同条中「第三条」を「第四条」に，「第四条第一項」を「第五条」に改め，同条に次の一項を加える。

2　内閣総理大臣は，前項の規定による命令に関し，事業者がした表示が第五条第一号に該当するか否かを判断するため必要があると認めるときは，当該表示をした事業者に対し，期間を定めて，当該表示の裏付けとなる合理的な根拠を示す資料の提出を求めることができる。この場合において，当該事業者が当該資料を提出しないときは，同項の規定の適用については，当該表示は同号に該当する表示とみなす。

第六条を第七条とし，同条の次に次の一節及び節名を加える。

　　　　第三節　課徴金

（課徴金納付命令）
第八条　事業者が，第五条の規定に違反する行為（同条第三号に該当する表示に係るものを除く。以下「課徴金対象行為」という。）をしたときは，内閣総理大臣は，当該事業者に対し，当該課徴金対象行為に係る課徴金対象期間に取引をした当該課徴金対象行為に係る商品又は役務の政令で定める方法により算定した売上額に百分の三を乗じて得た額に相当する額の課徴金を国庫に納付することを命じなければならない。ただし，当該事業者が当該課徴金対象行為をした期間を通じて当該課徴金対象行為に係る表示が次の各号のいずれかに該当することを知らず，かつ，知らないことにつき相当の注意を怠つた者でないと認められるとき，又はその額が百五十万円未満であるときは，その納付を命ずることができない。
　一　商品又は役務の品質，規格その他の内容について，実際のものよりも著しく優良であること又は事実に相違して当該事業者と同種若しくは類似の商品若しくは役務を供給している他の事業者に係るものよりも著しく優良であることを示す表示
　二　商品又は役務の価格その他の取引条件について，実際のものよりも取引の相手方に著しく有利であること又は事実に相違して当該事業者と同種若しくは類似の商品若しくは役務を供給している他の事業者に係るものよりも取引の相手方に著しく有利であることを示す表示
2　前項に規定する「課徴金対象期間」とは，課徴金対象行為をした期間（課徴金対象行為をやめた後そのやめた日から六月を経過する日（同日前に，当該事業者が当該課徴金対象行為に係る表示が不当に顧客を誘引し，一般消費者による自主的かつ合理的な選択を阻害するおそれを解消するための措置として内閣府令で定める措置をとつたときは，その日）までの間に当該事業者が当該課徴金対象行為に係る商品又は役務の取引をしたときは，当該課徴金対象行為をやめてから最後に当該取引をした日までの期間を加えた期間とし，当該期間が三年を超えるときは，当該期間の末日から遡つて三年間とする。）をいう。
3　内閣総理大臣は，第一項の規定による命令（以下「課徴金納付命令」という。）に関し，事業者がした表示が第五条第一号に該当するか否かを判断するため必要があると認めるときは，当該表示をした事業者に対し，期間を定めて，当該表示の裏付けとなる合理的な根拠を示す資料の提出を求めることができる。この場合において，当該事業者が当該資料を提出しないときは，同項の規定の適用については，当該表示は同号に該当する表示と推定する。
（課徴金対象行為に該当する事実の報告による課徴金の額の減額）
第九条　前条第一項の場合において，内閣総理大臣は，当該事業者が課徴金対象行為に該当する事実を内閣府令で定めるところにより内閣総理大臣に報告したとき

は，同項の規定により計算した課徴金の額に百分の五十を乗じて得た額を当該課徴金の額から減額するものとする。ただし，その報告が，当該課徴金対象行為についての調査があつたことにより当該課徴金対象行為について課徴金納付命令があるべきことを予知してされたものであるときは，この限りでない。

（返金措置の実施による課徴金の額の減額等）

第十条　第十五条第一項の規定による通知を受けた者は，第八条第二項に規定する課徴金対象期間において当該商品又は役務の取引を行つた一般消費者であつて政令で定めるところにより特定されているものからの申出があつた場合に，当該申出をした一般消費者の取引に係る商品又は役務の政令で定める方法により算定した購入額に百分の三を乗じて得た額以上の金銭を交付する措置（以下この条及び次条において「返金措置」という。）を実施しようとするときは，内閣府令で定めるところにより，その実施しようとする返金措置（以下この条において「実施予定返金措置」という。）に関する計画（以下この条において「実施予定返金措置計画」という。）を作成し，これを第十五条第一項に規定する弁明書の提出期限までに内閣総理大臣に提出して，その認定を受けることができる。

2　実施予定返金措置計画には，次に掲げる事項を記載しなければならない。
　一　実施予定返金措置の内容及び実施期間
　二　実施予定返金措置の対象となる者が当該実施予定返金措置の内容を把握するための周知の方法に関する事項
　三　実施予定返金措置の実施に必要な資金の額及びその調達方法

3　実施予定返金措置計画には，第一項の認定の申請前に既に実施した返金措置の対象となつた者の氏名又は名称，その者に対して交付した金銭の額及びその計算方法その他の当該申請前に実施した返金措置に関する事項として内閣府令で定めるものを記載することができる。

4　第一項の認定の申請をした者は，当該申請後これに対する処分を受けるまでの間に返金措置を実施したときは，遅滞なく，内閣府令で定めるところにより，当該返金措置の対象となつた者の氏名又は名称，その者に対して交付した金銭の額及びその計算方法その他の当該返金措置に関する事項として内閣府令で定めるものについて，内閣総理大臣に報告しなければならない。

5　内閣総理大臣は，第一項の認定の申請があつた場合において，その実施予定返金措置計画が次の各号のいずれにも適合すると認める場合でなければ，その認定をしてはならない。
　一　当該実施予定返金措置計画に係る実施予定返金措置が円滑かつ確実に実施されると見込まれるものであること。
　二　当該実施予定返金措置計画に係る実施予定返金措置の対象となる者（当該実

施予定返金措置計画に第三項に規定する事項が記載されている場合又は前項の規定による報告がされている場合にあつては，当該記載又は報告に係る返金措置が実施された者を含む。）のうち特定の者について不当に差別的でないものであること。

　三　当該実施予定返金措置計画に記載されている第二項第一号に規定する実施期間が，当該課徴金対象行為による一般消費者の被害の回復を促進するため相当と認められる期間として内閣府令で定める期間内に終了するものであること。

6　第一項の認定を受けた者（以下この条及び次条において「認定事業者」という。）は，当該認定に係る実施予定返金措置計画を変更しようとするときは，内閣府令で定めるところにより，内閣総理大臣の認定を受けなければならない。

7　第五項の規定は，前項の認定について準用する。

8　内閣総理大臣は，認定事業者による返金措置が第一項の認定を受けた実施予定返金措置計画（第六項の規定による変更の認定があつたときは，その変更後のもの。次条第一項及び第二項において「認定実施予定返金措置計画」という。）に適合して実施されていないと認めるときは，第一項の認定（第六項の規定による変更の認定を含む。次項及び第十項ただし書において単に「認定」という。）を取り消さなければならない。

9　内閣総理大臣は，認定をしたとき又は前項の規定により認定を取り消したときは，速やかに，これらの処分の対象者に対し，文書をもつてその旨を通知するものとする。

10　内閣総理大臣は，第一項の認定をしたときは，第八条第一項の規定にかかわらず，次条第一項に規定する報告の期限までの間は，認定事業者に対し，課徴金の納付を命ずることができない。ただし，第八項の規定により認定を取り消した場合には，この限りでない。

第十一条　認定事業者（前条第八項の規定により同条第一項の認定（同条第六項の規定による変更の認定を含む。）を取り消されたものを除く。第三項において同じ。）は，同条第一項の認定後に実施された認定実施予定返金措置計画に係る返金措置の結果について，当該認定実施予定返金措置計画に記載されている同条第二項第一号に規定する実施期間の経過後一週間以内に，内閣府令で定めるところにより，内閣総理大臣に報告しなければならない。

2　内閣総理大臣は，第八条第一項の場合において，前項の規定による報告に基づき，前条第一項の認定後に実施された返金措置が認定実施予定返金措置計画に適合して実施されたと認めるときは，当該返金措置（当該認定実施予定返金措置計画に同条第三項に規定する事項が記載されている場合又は同条第四項の規定による報告がされている場合にあつては，当該記載又は報告に係る返金措置を含む。）

において交付された金銭の額として内閣府令で定めるところにより計算した額を第八条第一項又は第九条の規定により計算した課徴金の額から減額するものとする。この場合において，当該内閣府令で定めるところにより計算した額を当該課徴金の額から減額した額が零を下回るときは，当該額は，零とする。

3　内閣総理大臣は，前項の規定により計算した課徴金の額が一万円未満となつたときは，第八条第一項の規定にかかわらず，認定事業者に対し，課徴金の納付を命じないものとする。この場合において，内閣総理大臣は，速やかに，当該認定事業者に対し，文書をもつてその旨を通知するものとする。

（課徴金の納付義務等）

第十二条　課徴金納付命令を受けた者は，第八条第一項，第九条又は前条第二項の規定により計算した課徴金を納付しなければならない。

2　第八条第一項，第九条又は前条第二項の規定により計算した課徴金の額に一万円未満の端数があるときは，その端数は，切り捨てる。

3　課徴金対象行為をした事業者が法人である場合において，当該法人が合併により消滅したときは，当該法人がした課徴金対象行為は，合併後存続し，又は合併により設立された法人がした課徴金対象行為とみなして，第八条から前条まで並びに前二項及び次項の規定を適用する。

4　課徴金対象行為をした事業者が法人である場合において，当該法人が当該課徴金対象行為に係る事案について報告徴収等（第二十九条第一項の規定による報告の徴収，帳簿書類その他の物件の提出の命令，立入検査又は質問をいう。以下この項において同じ。）が最初に行われた日（当該報告徴収等が行われなかつたときは，当該法人が当該課徴金対象行為について第十五条第一項の規定による通知を受けた日。以下この項において「調査開始日」という。）以後においてその一若しくは二以上の子会社等（事業者の子会社若しくは親会社（会社を子会社とする他の会社をいう。以下この項において同じ。）又は当該事業者と親会社が同一である他の会社をいう。以下この項において同じ。）に対して当該課徴金対象行為に係る事業の全部を譲渡し，又は当該法人（会社に限る。）が当該課徴金対象行為に係る事案についての調査開始日以後においてその一若しくは二以上の子会社等に対して分割により当該課徴金対象行為に係る事業の全部を承継させ，かつ，合併以外の事由により消滅したときは，当該法人がした課徴金対象行為は，当該事業の全部若しくは一部を譲り受け，又は分割により当該事業の全部若しくは一部を承継した子会社等（以下この項において「特定事業承継子会社等」という。）がした課徴金対象行為とみなして，第八条から前条まで及び前三項の規定を適用する。この場合において，当該特定事業承継子会社等が二以上あるときは，第八条第一項中「当該事業者に対し」とあるのは「特定事業承継子会社等（第十二条

第四項に規定する特定事業承継子会社等をいう。以下この項において同じ。）に対し，この項の規定による命令を受けた他の特定事業承継子会社等と連帯して」と，第一項中「受けた者は，第八条第一項」とあるのは「受けた特定事業承継子会社等（第四項に規定する特定事業承継子会社等をいう。以下この項において同じ。）は，第八条第一項の規定による命令を受けた他の特定事業承継子会社等と連帯して，同項」とする。

5　前項に規定する「子会社」とは，会社がその総株主（総社員を含む。以下この項において同じ。）の議決権（株主総会において決議をすることができる事項の全部につき議決権を行使することができない株式についての議決権を除き，会社法（平成十七年法律第八十六号）第八百七十九条第三項の規定により議決権を有するものとみなされる株式についての議決権を含む。以下この項において同じ。）の過半数を有する他の会社をいう。この場合において，会社及びその一若しくは二以上の子会社又は会社の一若しくは二以上の子会社がその総株主の議決権の過半数を有する他の会社は，当該会社の子会社とみなす。

6　第三項及び第四項の場合において，第八条第二項及び第三項並びに第九条から前条までの規定の適用に関し必要な事項は，政令で定める。

7　課徴金対象行為をやめた日から五年を経過したときは，内閣総理大臣は，当該課徴金対象行為に係る課徴金の納付を命ずることができない。

（課徴金納付命令に対する弁明の機会の付与）

第十三条　内閣総理大臣は，課徴金納付命令をしようとするときは，当該課徴金納付命令の名宛人となるべき者に対し，弁明の機会を与えなければならない。

（弁明の機会の付与の方式）

第十四条　弁明は，内閣総理大臣が口頭ですることを認めたときを除き，弁明を記載した書面（次条第一項において「弁明書」という。）を提出してするものとする。

2　弁明をするときは，証拠書類又は証拠物を提出することができる。

（弁明の機会の付与の通知の方式）

第十五条　内閣総理大臣は，弁明書の提出期限（口頭による弁明の機会の付与を行う場合には，その日時）までに相当な期間をおいて，課徴金納付命令の名宛人となるべき者に対し，次に掲げる事項を書面により通知しなければならない。

　一　納付を命じようとする課徴金の額
　二　課徴金の計算の基礎及び当該課徴金に係る課徴金対象行為
　三　弁明書の提出先及び提出期限（口頭による弁明の機会の付与を行う場合には，その旨並びに出頭すべき日時及び場所）

2　内閣総理大臣は，課徴金納付命令の名宛人となるべき者の所在が判明しない場合においては，前項の規定による通知を，その者の氏名（法人にあつては，その

名称及び代表者の氏名），同項第三号に掲げる事項及び内閣総理大臣が同項各号に掲げる事項を記載した書面をいつでもその者に交付する旨を消費者庁の事務所の掲示場に掲示することによつて行うことができる。この場合においては，掲示を始めた日から二週間を経過したときに，当該通知がその者に到達したものとみなす。
（代理人）
第十六条　前条第一項の規定による通知を受けた者（同条第二項後段の規定により当該通知が到達したものとみなされる者を含む。次項及び第四項において「当事者」という。）は，代理人を選任することができる。
2　代理人は，各自，当事者のために，弁明に関する一切の行為をすることができる。
3　代理人の資格は，書面で証明しなければならない。
4　代理人がその資格を失つたときは，当該代理人を選任した当事者は，書面でその旨を内閣総理大臣に届け出なければならない。
（課徴金納付命令の方式等）
第十七条　課徴金納付命令は，文書によつて行い，課徴金納付命令書には，納付すべき課徴金の額，課徴金の計算の基礎及び当該課徴金に係る課徴金対象行為並びに納期限を記載しなければならない。
2　課徴金納付命令は，その名宛人に課徴金納付命令書の謄本を送達することによつて，その効力を生ずる。
3　第一項の課徴金の納期限は，課徴金納付命令書の謄本を発する日から七月を経過した日とする。
（納付の督促）
第十八条　内閣総理大臣は，課徴金をその納期限までに納付しない者があるときは，督促状により期限を指定してその納付を督促しなければならない。
2　内閣総理大臣は，前項の規定による督促をしたときは，その督促に係る課徴金の額につき年十四・五パーセントの割合で，納期限の翌日からその納付の日までの日数により計算した延滞金を徴収することができる。ただし，延滞金の額が千円未満であるときは，この限りでない。
3　前項の規定により計算した延滞金の額に百円未満の端数があるときは，その端数は，切り捨てる。
（課徴金納付命令の執行）
第十九条　前条第一項の規定により督促を受けた者がその指定する期限までにその納付すべき金額を納付しないときは，内閣総理大臣の命令で，課徴金納付命令を執行する。この命令は，執行力のある債務名義と同一の効力を有する。

2 課徴金納付命令の執行は，民事執行法（昭和五十四年法律第四号）その他強制執行の手続に関する法令の規定に従つてする。
3 内閣総理大臣は，課徴金納付命令の執行に関して必要があると認めるときは，公務所又は公私の団体に照会して必要な事項の報告を求めることができる。
（課徴金等の請求権）
第二十条 破産法（平成十六年法律第七十五号），民事再生法（平成十一年法律第二百二十五号），会社更生法（平成十四年法律第百五十四号）及び金融機関等の更生手続の特例等に関する法律（平成八年法律第九十五号）の規定の適用については，課徴金納付命令に係る課徴金の請求権及び第十八条第二項の規定による延滞金の請求権は，過料の請求権とみなす。
（送達書類）
第二十一条 送達すべき書類は，この節に規定するもののほか，内閣府令で定める。
（送達に関する民事訴訟法の準用）
第二十二条 書類の送達については，民事訴訟法（平成八年法律第百九号）第九十九条，第百一条，第百三条，第百五条，第百六条，第百八条及び第百九条の規定を準用する。この場合において，同法第九十九条第一項中「執行官」とあるのは「消費者庁の職員」と，同法第百八条中「裁判長」とあり，及び同法第百九条中「裁判所」とあるのは「内閣総理大臣」と読み替えるものとする。
（公示送達）
第二十三条 内閣総理大臣は，次に掲げる場合には，公示送達をすることができる。
一 送達を受けるべき者の住所，居所その他送達をすべき場所が知れない場合
二 外国においてすべき送達について，前条において準用する民事訴訟法第百八条の規定によることができず，又はこれによつても送達をすることができないと認めるべき場合
三 前条において準用する民事訴訟法第百八条の規定により外国の管轄官庁に嘱託を発した後六月を経過してもその送達を証する書面の送付がない場合
2 公示送達は，送達すべき書類を送達を受けるべき者にいつでも交付すべき旨を消費者庁の事務所の掲示場に掲示することにより行う。
3 公示送達は，前項の規定による掲示を始めた日から二週間を経過することによつて，その効力を生ずる。
4 外国においてすべき送達についてした公示送達にあつては，前項の期間は，六週間とする。
（電子情報処理組織の使用）
第二十四条 行政手続等における情報通信の技術の利用に関する法律（平成十四年法律第百五十一号）第二条第七号に規定する処分通知等であつて，この節又は内

閣府令の規定により書類の送達により行うこととしているものについては，同法第四条第一項の規定にかかわらず，当該処分通知等の相手方が送達を受ける旨の内閣府令で定める方式による表示をしないときは，電子情報処理組織（同項に規定する電子情報処理組織をいう。次項において同じ。）を使用して行うことができない。

2 消費者庁の職員が前項に規定する処分通知等に関する事務を電子情報処理組織を使用して行つたときは，第二十二条において準用する民事訴訟法第百九条の規定による送達に関する事項を記載した書面の作成及び提出に代えて，当該事項を電子情報処理組織を使用して消費者庁の使用に係る電子計算機（入出力装置を含む。）に備えられたファイルに記録しなければならない。

（行政手続法の適用除外）

第二十五条 内閣総理大臣がする課徴金納付命令その他のこの節の規定による処分については，行政手続法（平成五年法律第八十八号）第三章の規定は，適用しない。ただし，第十条第八項の規定に係る同法第十二条及び第十四条の規定の適用については，この限りでない。

　　　　第四節 景品類の提供及び表示の管理上の措置

第五条の見出しを「（景品類の制限及び禁止並びに不当な表示の禁止に係る指定に関する公聴会等及び告示）」に改め，同条第一項中「第二条第三項若しくは第四項若しくは前条第一項第三号の規定による指定若しくは第三条の規定による制限若しくは禁止」を「第四条の規定による制限若しくは禁止若しくは前条第三号の規定による指定」に改め，同条第二項中「指定並びに制限及び禁止」を「制限及び禁止並びに指定」に改め，同条を第六条とし，同条の次に次の節名を付する。

　　　　第二節 措置命令

第四条第二項を削り，同条を第五条とし，第三条を第四条とする。
第二条の次に次の一条，章名及び節名を加える。
（景品類及び表示の指定に関する公聴会等及び告示）

第三条 内閣総理大臣は，前条第三項若しくは第四項の規定による指定をし，又はその変更若しくは廃止をしようとするときは，内閣府令で定めるところにより，公聴会を開き，関係事業者及び一般の意見を求めるとともに，消費者委員会の意見を聴かなければならない。

2 前項に規定する指定並びにその変更及び廃止は，告示によつて行うものとする。

　　　第二章 景品類及び表示に関する規制
　　　　第一節 景品類の制限及び禁止並びに不当な表示の禁止
　　　附　則

（施行期日）
第一条　この法律は，公布の日から起算して一年六月を超えない範囲内において政令で定める日から施行する。ただし，附則第三条の規定は，公布の日から施行する。
（経過措置）
第二条　この法律による改正後の不当景品類及び不当表示防止法（以下「新法」という。）第二章第三節の規定は，この法律の施行の日（附則第七条において「施行日」という。）以後に行われた新法第八条第一項に規定する課徴金対象行為について適用する。
（政令への委任）
第三条　前条に定めるもののほか，この法律の施行に関し必要な経過措置は，政令で定める。
（検討）
第四条　政府は，この法律の施行後五年を経過した場合において，新法の施行の状況について検討を加え，必要があると認めるときは，その結果に基づいて所要の措置を講ずるものとする。
（消費者契約法の一部改正）
第五条　消費者契約法（平成十二年法律第六十一号）の一部を次のように改正する。
第十二条の二第一項及び第四十三条第二項第二号中「第十条第一項」を「第三十条第一項」に改める。
（消費税の円滑かつ適正な転嫁の確保のための消費税の転嫁を阻害する行為の是正等に関する特別措置法の一部改正）
第六条　消費税の円滑かつ適正な転嫁の確保のための消費税の転嫁を阻害する行為の是正等に関する特別措置法（平成二十五年法律第四十一号）の一部を次のように改正する。
第九条中「）第六条」を「）第七条第一項及び第八条第一項」に改める。
第十一条中「第四条第一項」を「第五条」に改める。
（調整規定）
第七条　施行日が行政不服審査法の施行に伴う関係法律の整備等に関する法律（平成二十六年法律第六十九号）の施行の日前である場合には，同法第二十八条のうち不当景品類及び不当表示防止法第十二条第十項の改正規定中「第十二条第十項」とあるのは，「第三十三条第十項」とする。

資料3-2 新旧対照表

○不当景品類及び不当表示防止法（昭和三十七年法律第百三十四号）

（下線部分は改正部分）

改　正　後	改　正　前
目次 　第一章　総則（第一条―第三条） 　第二章　景品類及び表示に関する規制 　　第一節　景品類の制限及び禁止並びに不当な表示の禁止（第四条―第六条） 　　第二節　措置命令（第七条） 　　第三節　課徴金（第八条―第二十五条） 　　第四節　景品類の提供及び表示の管理上の措置（第二十六条―第二十八条） 　　第五節　報告の徴収及び立入検査等（第二十九条） 　第三章　適格消費者団体の差止請求権等（第三十条） 　第四章　協定又は規約（第三十一条・第三十二条） 　第五章　雑則（第三十三条―第三十五条） 　第六章　罰則（第三十六条―第四十一条） 　附則	（新設）
第一章　総則 （定義） 第二条　この法律で「事業者」とは，商業，工業，金融業その他の事業を行う者をいい，当該事業を行う者の利益のためにする行為を行う役員，従業員，代理人その他の者は，次項及び第三十一条の規定の適用については，これを当該事業者とみなす。 2　この法律で「事業者団体」とは，事業者としての共通の利益を増進することを主たる目的とする二以上の事業者の結合体又はその連合体をいい，次に	（新設） （定義） 第二条　この法律で「事業者」とは，商業，工業，金融業その他の事業を行う者をいい，当該事業を行う者の利益のためにする行為を行う役員，従業員，代理人その他の者は，次項及び第十一条の規定の適用については，これを当該事業者とみなす。 2　この法律で「事業者団体」とは，事業者としての共通の利益を増進することを主たる目的とする二以上の事業者の結合体又はその連合体をいい，次に

新	旧
掲げる形態のものを含む。ただし，二以上の事業者の結合体又はその連合体であつて，資本又は構成事業者（事業者団体の構成員である事業者をいう。第四十条において同じ。）の出資を有し，営利を目的として商業，工業，金融業その他の事業を営むことを主たる目的とし，かつ，現にその事業を営んでいるものを含まないものとする。 一～三　（略） 3・4　（略） （景品類及び表示の指定に関する公聴会等及び告示） 第三条　内閣総理大臣は，前条第三項若しくは第四項の規定による指定をし，又はその変更若しくは廃止をしようとするときは，内閣府令で定めるところにより，公聴会を開き，関係事業者及び一般の意見を求めるとともに，消費者委員会の意見を聴かなければならない。 2　前項に規定する指定並びにその変更及び廃止は，告示によつて行うものとする。 　　第二章　景品類及び表示に関する規制 　　　第一節　景品類の制限及び禁止並びに不当な表示の禁止 （景品類の制限及び禁止） 第四条　（略） （不当な表示の禁止） 第五条　（略） （削除）	掲げる形態のものを含む。ただし，二以上の事業者の結合体又はその連合体であつて，資本又は構成事業者（事業者団体の構成員である事業者をいう。第二十条において同じ。）の出資を有し，営利を目的として商業，工業，金融業その他の事業を営むことを主たる目的とし，かつ，現にその事業を営んでいるものを含まないものとする。 一～三　（略） 3・4　（略） （新設） （新設） （新設） （景品類の制限及び禁止） 第三条　（略） （不当な表示の禁止） 第四条　（略） 2　内閣総理大臣は，事業者がした表示が前項第一号に該当するか否かを判断するため必要があると認めるときは，当該表示をした事業者に対し，期間を定めて，当該表示の裏付けとなる合理的な根拠を示す資料の提出を求めることができる。この場合において，当該事業者が当該資料を提出しないとき

(景品類の制限及び禁止並びに不当な表示の禁止に係る指定に関する公聴会等及び告示) 第六条　内閣総理大臣は、第四条の規定による制限若しくは禁止若しくは前条第三号の規定による指定をし、又はこれらの変更若しくは廃止をしようとするときは、内閣府令で定めるところにより、公聴会を開き、関係事業者及び一般の意見を求めるとともに、消費者委員会の意見を聴かなければならない。 2　前項に規定する制限及び禁止並びに指定並びにこれらの変更及び廃止は、告示によつて行うものとする。	は、第六条の規定の適用については、当該表示は同号に該当する表示とみなす。 (公聴会等及び告示) 第五条　内閣総理大臣は、第二条第三項若しくは第四項若しくは前条第一項第三号の規定による指定若しくは第三条の規定による制限若しくは禁止をし、又はこれらの変更若しくは廃止をしようとするときは、内閣府令で定めるところにより、公聴会を開き、関係事業者及び一般の意見を求めるとともに、消費者委員会の意見を聴かなければならない。 2　前項に規定する指定並びに制限及び禁止並びにこれらの変更及び廃止は、告示によつて行うものとする。
第二節　措置命令 第七条　内閣総理大臣は、第四条の規定による制限若しくは禁止又は第五条の規定に違反する行為があるときは、当該事業者に対し、その行為の差止め若しくはその行為が再び行われることを防止するために必要な事項又はこれらの実施に関連する公示その他必要な事項を命ずることができる。その命令は、当該違反行為が既になくなつている場合においても、次に掲げる者に対し、することができる。 一～四　(略) 2　内閣総理大臣は、前項の規定による命令に関し、事業者がした表示が第五条第一号に該当するか否かを判断するため必要があると認めるときは、当該表示をした事業者に対し、期間を定めて、当該表示の裏付けとなる合理的な根拠を示す資料の提出を求めることができる。この場合において、当該事業	(新設) (措置命令) 第六条　内閣総理大臣は、第三条の規定による制限若しくは禁止又は第四条第一項の規定に違反する行為があるときは、当該事業者に対し、その行為の差止め若しくはその行為が再び行われることを防止するために必要な事項又はこれらの実施に関連する公示その他必要な事項を命ずることができる。その命令は、当該違反行為が既になくなつている場合においても、次に掲げる者に対し、することができる。 一～四　(略) (新設)

者が当該資料を提出しないときは，同項の規定の適用については，当該表示は同号に該当する表示とみなす。

　　　第三節　課徴金　　　　　　　　　　　（新設）
（課徴金納付命令）
第八条　事業者が，第五条の規定に違反　　（新設）
する行為（同条第三号に該当する表示に係るものを除く。以下「課徴金対象行為」という。）をしたときは，内閣総理大臣は，当該事業者に対し，当該課徴金対象行為に係る課徴金対象期間に取引をした当該課徴金対象行為に係る商品又は役務の政令で定める方法により算定した売上額に百分の三を乗じて得た額に相当する額の課徴金を国庫に納付することを命じなければならない。ただし，当該事業者が当該課徴金対象行為をした期間を通じて当該課徴金対象行為に係る表示が次の各号のいずれかに該当することを知らず，かつ，知らないことにつき相当の注意を怠った者でないと認められるとき，又はその額が百五十万円未満であるときは，その納付を命ずることができない。
　一　商品又は役務の品質，規格その他の内容について，実際のものよりも著しく優良であること又は事実に相違して当該事業者と同種若しくは類似の商品若しくは役務を供給している他の事業者に係るものよりも著しく優良であることを示す表示
　二　商品又は役務の価格その他の取引条件について，実際のものよりも取引の相手方に著しく有利であること又は事実に相違して当該事業者と同種若しくは類似の商品若しくは役務を供給している他の事業者に係るものよりも取引の相手方に著しく有利であることを示す表示
　2　前項に規定する「課徴金対象期間」とは，課徴金対象行為をした期間（課徴金対象行為をやめた後そのやめた日

から六月を経過する日（同日前に，当該事業者が当該課徴金対象行為に係る表示が不当に顧客を誘引し，一般消費者による自主的かつ合理的な選択を阻害するおそれを解消するための措置として内閣府令で定める措置をとつたときは，その日）までの間に当該事業者が当該課徴金対象行為に係る商品又は役務の取引をしたときは，当該課徴金対象行為をやめてから最後に当該取引をした日までの期間を加えた期間とし，当該期間が三年を超えるときは，当該期間の末日から遡つて三年間とする。）をいう。

<u>3</u>　内閣総理大臣は，第一項の規定による命令（以下「課徴金納付命令」という。）に関し，事業者がした表示が第五条第一号に該当するか否かを判断するため必要があると認めるときは，当該表示をした事業者に対し，期間を定めて，当該表示の裏付けとなる合理的な根拠を示す資料の提出を求めることができる。この場合において，当該事業者が当該資料を提出しないときは，同項の規定の適用については，当該表示は同号に該当する表示と推定する。

（課徴金対象行為に該当する事実の報告による課徴金の額の減額）

第九条　前条第一項の場合において，内閣総理大臣は，当該事業者が課徴金対象行為に該当する事実を内閣府令で定めるところにより内閣総理大臣に報告したときは，同項の規定により計算した課徴金の額に百分の五十を乗じて得た額を当該課徴金の額から減額するものとする。ただし，その報告が，当該課徴金対象行為についての調査があつたことにより当該課徴金対象行為について課徴金納付命令があるべきことを予知してされたものであるときは，この限りでない。

（新設）

（返金措置の実施による課徴金の額の減額等）

第十条　第十五条第一項の規定による通知を受けた者は，第八条第二項に規定する課徴金対象期間において当該商品又は役務の取引を行つた一般消費者であつて政令で定めるところにより特定されているものからの申出があつた場合に，当該申出をした一般消費者の取引に係る商品又は役務の政令で定める方法により算定した購入額に百分の三を乗じて得た額以上の金銭を交付する措置（以下この条及び次条において「返金措置」という。）を実施しようとするときは，内閣府令で定めるところにより，その実施しようとする返金措置（以下この条において「実施予定返金措置」という。）に関する計画（以下この条において「実施予定返金措置計画」という。）を作成し，これを第十五条第一項に規定する弁明書の提出期限までに内閣総理大臣に提出して，その認定を受けることができる。

2　実施予定返金措置計画には，次に掲げる事項を記載しなければならない。
　一　実施予定返金措置の内容及び実施期間
　二　実施予定返金措置の対象となる者が当該実施予定返金措置の内容を把握するための周知の方法に関する事項
　三　実施予定返金措置の実施に必要な資金の額及びその調達方法

3　実施予定返金措置計画には，第一項の認定の申請前に既に実施した返金措置の対象となつた者の氏名又は名称，その者に対して交付した金銭の額及びその計算方法その他の当該申請前に実施した返金措置に関する事項として内閣府令で定めるものを記載することができる。

4　第一項の認定の申請をした者は，当該申請後これに対する処分を受けるま

(新設)

での間に返金措置を実施したときは，遅滞なく，内閣府令で定めるところにより，当該返金措置の対象となつた者の氏名又は名称，その者に対して交付した金銭の額及びその計算方法その他の当該返金措置に関する事項として内閣府令で定めるものについて，内閣総理大臣に報告しなければならない。
5　内閣総理大臣は，第一項の認定の申請があつた場合において，その実施予定返金措置計画が次の各号のいずれにも適合すると認める場合でなければ，その認定をしてはならない。
　一　当該実施予定返金措置計画に係る実施予定返金措置が円滑かつ確実に実施されると見込まれるものであること。
　二　当該実施予定返金措置計画に係る実施予定返金措置の対象となる者（当該実施予定返金措置計画に第三項に規定する事項が記載されている場合又は前項の規定による報告がされている場合にあつては，当該記載又は報告に係る返金措置が実施された者を含む。）のうち特定の者について不当に差別的でないものであること。
　三　当該実施予定返金措置計画に記載されている第二項第一号に規定する実施期間が，当該課徴金対象行為による一般消費者の被害の回復を促進するため相当と認められる期間として内閣府令で定める期間内に終了するものであること。
6　第一項の認定を受けた者（以下この条及び次条において「認定事業者」という。）は，当該認定に係る実施予定返金措置計画を変更しようとするときは，内閣府令で定めるところにより，内閣総理大臣の認定を受けなければならない。
7　第五項の規定は，前項の認定について準用する。

8　内閣総理大臣は，認定事業者による返金措置が第一項の認定を受けた実施予定返金措置計画（第六項の規定による変更の認定があつたときは，その変更後のもの。次条第一項及び第二項において「認定実施予定返金措置計画」という。）に適合して実施されていないと認めるときは，第一項の認定（第六項の規定による変更の認定を含む。次項及び第十項ただし書において単に「認定」という。）を取り消さなければならない。 9　内閣総理大臣は，認定をしたとき又は前項の規定により認定を取り消したときは，速やかに，これらの処分の対象者に対し，文書をもつてその旨を通知するものとする。 10　内閣総理大臣は，第一項の認定をしたときは，第八条第一項の規定にかかわらず，次条第一項に規定する報告の期限までの間は，認定事業者に対し，課徴金の納付を命ずることができない。ただし，第八項の規定により認定を取り消した場合には，この限りでない。 第十一条　認定事業者（前条第八項の規定により同条第一項の認定（同条第六項の規定による変更の認定を含む。）を取り消されたものを除く。第三項において同じ。）は，同条第一項の認定後に実施された認定実施予定返金措置計画に係る返金措置の結果について，当該認定実施予定返金措置計画に記載されている同条第二項第一号に規定する実施期間の経過後一週間以内に，内閣府令で定めるところにより，内閣総理大臣に報告しなければならない。 2　内閣総理大臣は，第八条第一項の場合において，前項の規定による報告に基づき，前条第一項の認定後に実施された返金措置が認定実施予定返金措置計画に適合して実施されたと認めると	（新設）

きは，当該返金措置（当該認定実施予定返金措置計画に同条第三項に規定する事項が記載されている場合又は同条第四項の規定による報告がされている場合にあつては，当該記載又は報告に係る返金措置を含む。）において交付された金銭の額として内閣府令で定めるところにより計算した額を第八条第一項又は第九条の規定により計算した課徴金の額から減額するものとする。この場合において，当該内閣府令で定めるところにより計算した額を当該課徴金の額から減額した額が零を下回るときは，当該額は，零とする。

3　内閣総理大臣は，前項の規定により計算した課徴金の額が一万円未満となつたときは，第八条第一項の規定にかかわらず，認定事業者に対し，課徴金の納付を命じないものとする。この場合において，内閣総理大臣は，速やかに，当該認定事業者に対し，文書をもつてその旨を通知するものとする。

（課徴金の納付義務等）
第十二条　課徴金納付命令を受けた者は，第八条第一項，第九条又は前条第二項の規定により計算した課徴金を納付しなければならない。
2　第八条第一項，第九条又は前条第二項の規定により計算した課徴金の額に一万円未満の端数があるときは，その端数は，切り捨てる。
3　課徴金対象行為をした事業者が法人である場合において，当該法人が合併により消滅したときは，当該法人がした課徴金対象行為は，合併後存続し，又は合併により設立された法人がした課徴金対象行為とみなして，第八条から前条まで並びに前二項及び次項の規定を適用する。
4　課徴金対象行為をした事業者が法人である場合において，当該法人が当該課徴金対象行為に係る事案について報

（新設）

告徴収等（第二十九条第一項の規定による報告の徴収，帳簿書類その他の物件の提出の命令，立入検査又は質問をいう。以下この項において同じ。）が最初に行われた日（当該報告徴収等が行われなかつたときは，当該法人が当該課徴金対象行為について第十五条第一項の規定による通知を受けた日。以下この項において「調査開始日」という。）以後においてその一若しくは二以上の子会社等（事業者の子会社若しくは親会社（会社を子会社とする他の会社をいう。以下この項において同じ。）又は当該事業者と親会社が同一である他の会社をいう。以下この項において同じ。）に対して当該課徴金対象行為に係る事業の全部を譲渡し，又は当該法人（会社に限る。）が当該課徴金対象行為に係る事案についての調査開始日以後においてその一若しくは二以上の子会社等に対して分割により当該課徴金対象行為に係る事業の全部を承継させ，かつ，合併以外の事由により消滅したときは，当該法人がした課徴金対象行為は，当該事業の全部若しくは一部を譲り受け，又は分割により当該事業の全部若しくは一部を承継した子会社等（以下この項において「特定事業承継子会社等」という。）がした課徴金対象行為とみなして，第八条から前条まで及び前三項の規定を適用する。この場合において，当該特定事業承継子会社等が二以上あるときは，第八条第一項中「当該事業者に対し」とあるのは「特定事業承継子会社等（第十二条第四項に規定する特定事業承継子会社等をいう。以下この項において同じ。）に対し，この項の規定による命令を受けた他の特定事業承継子会社等と連帯して」と，第一項中「受けた者は，第八条第一項」とあるのは「受けた特定事業承継子会社等（第四項に規定する特定事業承継子会

社等をいう。以下この項において同じ。）は，第八条第一項の規定による命令を受けた他の特定事業承継子会社等と連帯して，同項」とする。	
5　前項に規定する「子会社」とは，会社がその総株主（総社員を含む。以下この項において同じ。）の議決権（株主総会において決議をすることができる事項の全部につき議決権を行使することができない株式についての議決権を除き，会社法（平成十七年法律第八十六号）第八百七十九条第三項の規定により議決権を有するものとみなされる株式についての議決権を含む。以下この項において同じ。）の過半数を有する他の会社をいう。この場合において，会社及びその一若しくは二以上の子会社又は会社の一若しくは二以上の子会社がその総株主の議決権の過半数を有する他の会社は，当該会社の子会社とみなす。	
6　第三項及び第四項の場合において，第八条第二項及び第三項並びに第九条から前条までの規定の適用に関し必要な事項は，政令で定める。	
7　課徴金対象行為をやめた日から五年を経過したときは，内閣総理大臣は，当該課徴金対象行為に係る課徴金の納付を命ずることができない。	
（課徴金納付命令に対する弁明の機会の付与）	
第十三条　内閣総理大臣は，課徴金納付命令をしようとするときは，当該課徴金納付命令の名宛人となるべき者に対し，弁明の機会を与えなければならない。	（新設）
（弁明の機会の付与の方式）	
第十四条　弁明は，内閣総理大臣が口頭ですることを認めたときを除き，弁明を記載した書面（次条第一項において「弁明書」という。）を提出してするも	（新設）

のとする。
2 弁明をするときは，証拠書類又は証拠物を提出することができる。

（弁明の機会の付与の通知の方式）
第十五条　内閣総理大臣は，弁明書の提出期限（口頭による弁明の機会の付与を行う場合には，その日時）までに相当な期間をおいて，課徴金納付命令の名宛人となるべき者に対し，次に掲げる事項を書面により通知しなければならない。
一　納付を命じようとする課徴金の額
二　課徴金の計算の基礎及び当該課徴金に係る課徴金対象行為
三　弁明書の提出先及び提出期限（口頭による弁明の機会の付与を行う場合には，その旨並びに出頭すべき日時及び場所）
2　内閣総理大臣は，課徴金納付命令の名宛人となるべき者の所在が判明しない場合においては，前項の規定による通知を，その者の氏名（法人にあつては，その名称及び代表者の氏名），同項第三号に掲げる事項及び内閣総理大臣が同項各号に掲げる事項を記載した書面をいつでもその者に交付する旨を消費者庁の事務所の掲示場に掲示することによつて行うことができる。この場合においては，掲示を始めた日から二週間を経過したときに，当該通知がその者に到達したものとみなす。

（代理人）
第十六条　前条第一項の規定による通知を受けた者（同条第二項後段の規定により当該通知が到達したものとみなされる者を含む。次項及び第四項において「当事者」という。）は，代理人を選任することができる。
2　代理人は，各自，当事者のために，弁明に関する一切の行為をすることができる。

（新設）

（新設）

3　代理人の資格は，書面で証明しなければならない。
4　代理人がその資格を失つたときは，当該代理人を選任した当事者は，書面でその旨を内閣総理大臣に届け出なければならない。

（課徴金納付命令の方式等）
第十七条　課徴金納付命令は，文書によつて行い，課徴金納付命令書には，納付すべき課徴金の額，課徴金の計算の基礎及び当該課徴金に係る課徴金対象行為並びに納期限を記載しなければならない。
2　課徴金納付命令は，その名宛人に課徴金納付命令書の謄本を送達することによつて，その効力を生ずる。
3　第一項の課徴金の納期限は，課徴金納付命令書の謄本を発する日から七月を経過した日とする。

（新設）

（納付の督促）
第十八条　内閣総理大臣は，課徴金をその納期限までに納付しない者があるときは，督促状により期限を指定してその納付を督促しなければならない。
2　内閣総理大臣は，前項の規定による督促をしたときは，その督促に係る課徴金の額につき年十四・五パーセントの割合で，納期限の翌日からその納付の日までの日数により計算した延滞金を徴収することができる。ただし，延滞金の額が千円未満であるときは，この限りでない。
3　前項の規定により計算した延滞金の額に百円未満の端数があるときは，その端数は，切り捨てる。

（新設）

（課徴金納付命令の執行）
第十九条　前条第一項の規定により督促を受けた者がその指定する期限までにその納付すべき金額を納付しないときは，内閣総理大臣の命令で，課徴金納

（新設）

付命令を執行する。この命令は，執行力のある債務名義と同一の効力を有する。
2　課徴金納付命令の執行は，民事執行法（昭和五十四年法律第四号）その他強制執行の手続に関する法令の規定に従つてする。
3　内閣総理大臣は，課徴金納付命令の執行に関して必要があると認めるときは，公務所又は公私の団体に照会して必要な事項の報告を求めることができる。

（課徴金等の請求権）
第二十条　破産法（平成十六年法律第七十五号），民事再生法（平成十一年法律第二百二十五号），会社更生法（平成十四年法律第百五十四号）及び金融機関等の更生手続の特例等に関する法律（平成八年法律第九十五号）の規定の適用については，課徴金納付命令に係る課徴金の請求権及び第十八条第二項の規定による延滞金の請求権は，過料の請求権とみなす。

　　　　　　　　　　　　　　　　　（新設）

（送達書類）
第二十一条　送達すべき書類は，この節に規定するもののほか，内閣府令で定める。

　　　　　　　　　　　　　　　　　（新設）

（送達に関する民事訴訟法の準用）
第二十二条　書類の送達については，民事訴訟法（平成八年法律第百九号）第九十九条，第百一条，第百三条，第百五条，第百六条，第百八条及び第百九条の規定を準用する。この場合において，同法第九十九条第一項中「執行官」とあるのは「消費者庁の職員」と，同法第百八条中「裁判長」とあり，及び同法第百九条中「裁判所」とあるのは「内閣総理大臣」と読み替えるものとする。

　　　　　　　　　　　　　　　　　（新設）

（公示送達）
第二十三条　内閣総理大臣は，次に掲げる場合には，公示送達をすることができる。
　一　送達を受けるべき者の住所，居所その他送達をすべき場所が知れない場合
　二　外国においてすべき送達について，前条において準用する民事訴訟法第百八条の規定によることができず，又はこれによつても送達をすることができないと認めるべき場合
　三　前条において準用する民事訴訟法第百八条の規定により外国の管轄官庁に嘱託を発した後六月を経過してもその送達を証する書面の送付がない場合
2　公示送達は，送達すべき書類を送達を受けるべき者にいつでも交付すべき旨を消費者庁の事務所の掲示場に掲示することにより行う。
3　公示送達は，前項の規定による掲示を始めた日から二週間を経過することによつて，その効力を生ずる。
4　外国においてすべき送達についてした公示送達にあつては，前項の期間は，六週間とする。

　（電子情報処理組織の使用）
第二十四条　行政手続等における情報通信の技術の利用に関する法律（平成十四年法律第百五十一号）第二条第七号に規定する処分通知等であつて，この節又は内閣府令の規定により書類の送達により行うこととしているものについては，同法第四条第一項の規定にかかわらず，当該処分通知等の相手方が送達を受ける旨の内閣府令で定める方式による表示をしないときは，電子情報処理組織（同項に規定する電子情報処理組織をいう。次項において同じ。）を使用して行うことができない。
2　消費者庁の職員が前項に規定する処

（新設）

（新設）

分通知等に関する事務を電子情報処理組織を使用して行つたときは、第二十二条において準用する民事訴訟法第百九条の規定による送達に関する事項を記載した書面の作成及び提出に代えて、当該事項を電子情報処理組織を使用して消費者庁の使用に係る電子計算機（入出力装置を含む。）に備えられたファイルに記録しなければならない。 （行政手続法の適用除外） 第二十五条　内閣総理大臣がする課徴金納付命令その他のこの節の規定による処分については、行政手続法（平成五年法律第八十八号）第三章の規定は、適用しない。ただし、第十条第八項の規定に係る同法第十二条及び第十四条の規定の適用については、この限りでない。	（新設）
第四節　景品類の提供及び表示の管理上の措置 （事業者が講ずべき景品類の提供及び表示の管理上の措置） 第二十六条　（略）	（新設） （事業者が講ずべき景品類の提供及び表示の管理上の措置） 第七条　（略）
（指導及び助言） 第二十七条　（略）	（指導及び助言） 第八条　（略）
（勧告及び公表） 第二十八条　内閣総理大臣は、事業者が正当な理由がなくて第二十六条第一項の規定に基づき事業者が講ずべき措置を講じていないと認めるときは、当該事業者に対し、景品類の提供又は表示の管理上必要な措置を講ずべき旨の勧告をすることができる。 ２　（略）	（勧告及び公表） 第八条の二　内閣総理大臣は、事業者が正当な理由がなくて第七条第一項の規定に基づき事業者が講ずべき措置を講じていないと認めるときは、当該事業者に対し、景品類の提供又は表示の管理上必要な措置を講ずべき旨の勧告をすることができる。 ２　（略）
第五節　報告の徴収及び立入検査等 第二十九条　内閣総理大臣は、第七条第	（新設） （報告の徴収及び立入検査等） 第九条　内閣総理大臣は、第六条の規定

一項の規定による命令，課徴金納付命令又は前条第一項の規定による勧告を行うため必要があると認めるときは，当該事業者若しくはその者とその事業に関して関係のある事業者に対し，その業務若しくは財産に関して報告をさせ，若しくは帳簿書類その他の物件の提出を命じ，又はその職員に，当該事業者若しくはその者とその事業に関して関係のある事業者の事務所，事業所その他その事業を行う場所に立ち入り，帳簿書類その他の物件を検査させ，若しくは関係者に質問させることができる。 2・3　（略）	による命令又は前条第一項の規定による勧告を行うため必要があると認めるときは，当該事業者若しくはその者とその事業に関して関係のある事業者に対し，その業務若しくは財産に関して報告をさせ，若しくは帳簿書類その他の物件の提出を命じ，又はその職員に，当該事業者若しくはその者とその事業に関して関係のある事業者の事務所，事業所その他その事業を行う場所に立ち入り，帳簿書類その他の物件を検査させ，若しくは関係者に質問させることができる。 2・3　（略）
<u>第三章　適格消費者団体の差止請求権等</u>	（新設）
	<u>（適格消費者団体の差止請求権等）</u>
<u>第三十条</u>　消費者契約法（平成十二年法律第六十一号）第二条第四項に規定する適格消費者団体（以下この条及び<u>第四十一条</u>において単に「適格消費者団体」という。）は，事業者が，不特定かつ多数の一般消費者に対して次の各号に掲げる行為を現に行い又は行うおそれがあるときは，当該事業者に対し，当該行為の停止若しくは予防又は当該行為が当該各号に規定する表示をしたものである旨の周知その他の当該行為の停止若しくは予防に必要な措置をとることを請求することができる。 　一・二　（略） 2・3　（略）	<u>第十条</u>　消費者契約法（平成十二年法律第六十一号）第二条第四項に規定する適格消費者団体（以下この条及び<u>第二十一条</u>において単に「適格消費者団体」という。）は，事業者が，不特定かつ多数の一般消費者に対して次の各号に掲げる行為を現に行い又は行うおそれがあるときは，当該事業者に対し，当該行為の停止若しくは予防又は当該行為が当該各号に規定する表示をしたものである旨の周知その他の当該行為の停止若しくは予防に必要な措置をとることを請求することができる。 　一・二　（略） 2・3　（略）
<u>第四章　協定又は規約</u> （協定又は規約） 第三十一条　（略）	（新設） （協定又は規約） 第十一条　（略）
<u>（協議）</u> <u>第三十二条</u>　内閣総理大臣は，前条第一項及び第四項に規定する内閣府令を定めようとするときは，あらかじめ，公	（新設）

正取引委員会に協議しなければならない。	(新設)
第五章　雑則 （権限の委任等） 第三十三条　（略） 2　（略） 3　消費者庁長官は，緊急かつ重点的に不当な景品類及び表示に対処する必要があることその他の政令で定める事情があるため，事業者に対し，第七条第一項の規定による命令，課徴金納付命令又は第二十八条第一項の規定による勧告を効果的に行う上で必要があると認めるときは，政令で定めるところにより，第一項の規定により委任された権限（第二十九条第一項の規定による権限に限る。）を当該事業者の事業を所管する大臣又は金融庁長官に委任することができる。 4～11　（略）	（権限の委任等） 第十二条　（略） 2　（略） 3　消費者庁長官は，緊急かつ重点的に不当な景品類及び表示に対処する必要があることその他の政令で定める事情があるため，事業者に対し，第六条の規定による命令又は第八条の二第一項の規定による勧告を効果的に行う上で必要があると認めるときは，政令で定めるところにより，第一項の規定により委任された権限（第九条第一項の規定による権限に限る。）を当該事業者の事業を所管する大臣又は金融庁長官に委任することができる。 4～11　（略）
（内閣府令への委任等） 第三十四条　（略） 2　第三十二条の規定は，内閣総理大臣が前項に規定する内閣府令（第三十一条第一項の協定又は規約について定めるものに限る。）を定めようとする場合について準用する。 （削除）	（内閣府令への委任） 第十三条　（略） (新設) （協議） 第十四条　内閣総理大臣は，第十一条第一項及び第四項並びに前条に規定する内閣府令（同条に規定する内閣府令にあつては，第十一条第一項の協定又は規約について定めるものに限る。）を定めようとするときは，あらかじめ，公正取引委員会に協議しなければならない。
（関係者相互の連携） 第三十五条　（略） 第六章　罰則	（関係者相互の連携） 第十五条　（略） (新設)

	（罰則）
第三十六条　第七条第一項の規定による命令に違反した者は，二年以下の懲役又は三百万円以下の罰金に処する。 2　（略）	第十六条　第六条の規定による命令に違反した者は，二年以下の懲役又は三百万円以下の罰金に処する。 2　（略）
第三十七条　第二十九条第一項の規定による報告若しくは物件の提出をせず，若しくは虚偽の報告若しくは虚偽の物件の提出をし，又は同項の規定による検査を拒み，妨げ，若しくは忌避し，若しくは同項の規定による質問に対して答弁をせず，若しくは虚偽の答弁をした者は，一年以下の懲役又は三百万円以下の罰金に処する。	第十七条　第九条第一項の規定による報告若しくは物件の提出をせず，若しくは虚偽の報告若しくは虚偽の物件の提出をし，又は同項の規定による検査を拒み，妨げ，若しくは忌避し，若しくは同項の規定による質問に対して答弁をせず，若しくは虚偽の答弁をした者は，一年以下の懲役又は三百万円以下の罰金に処する。
第三十八条　法人の代表者又は法人若しくは人の代理人，使用人その他の従業者が，その法人又は人の業務又は財産に関して，次の各号に掲げる規定の違反行為をしたときは，行為者を罰するほか，その法人又は人に対しても，当該各号に定める罰金刑を科する。 　一　第三十六条第一項　三億円以下の罰金刑 　二　前条　同条の罰金刑 2　法人でない団体の代表者，管理人，代理人，使用人その他の従業者がその団体の業務又は財産に関して，次の各号に掲げる規定の違反行為をしたときは，行為者を罰するほか，その団体に対しても，当該各号に定める罰金刑を科する。 　一　第三十六条第一項　三億円以下の罰金刑 　二　前条　同条の罰金刑 3　（略）	第十八条　法人の代表者又は法人若しくは人の代理人，使用人その他の従業者が，その法人又は人の業務又は財産に関して，次の各号に掲げる規定の違反行為をしたときは，行為者を罰するほか，その法人又は人に対しても，当該各号に定める罰金刑を科する。 　一　第十六条第一項　三億円以下の罰金刑 　二　前条　同条の罰金刑 2　法人でない団体の代表者，管理人，代理人，使用人その他の従業者がその団体の業務又は財産に関して，次の各号に掲げる規定の違反行為をしたときは，行為者を罰するほか，その団体に対しても，当該各号に定める罰金刑を科する。 　一　第十六条第一項　三億円以下の罰金刑 　二　前条　同条の罰金刑 3　（略）
第三十九条　第三十六条第一項の違反があつた場合においては，その違反の計画を知り，その防止に必要な措置を講ぜず，又はその違反行為を知り，その是正に必要な措置を講じなかつた当該	第十九条　第十六条第一項の違反があつた場合においては，その違反の計画を知り，その防止に必要な措置を講ぜず，又はその違反行為を知り，その是正に必要な措置を講じなかつた当該法人

法人(当該法人で事業者団体に該当するものを除く。)の代表者に対しても，同項の罰金刑を科する。	(当該法人で事業者団体に該当するものを除く。)の代表者に対しても，同項の罰金刑を科する。
<u>第四十条</u>　<u>第三十六条</u>第一項の違反があつた場合においては，その違反の計画を知り，その防止に必要な措置を講ぜず，又はその違反行為を知り，その是正に必要な措置を講じなかつた当該事業者団体の理事その他の役員若しくは管理人又はその構成事業者(事業者の利益のためにする行為を行う役員，従業員，代理人その他の者が構成事業者である場合には，当該事業者を含む。)に対しても，それぞれ同項の罰金刑を科する。 2　(略)	<u>第二十条</u>　<u>第十六条</u>第一項の違反があつた場合においては，その違反の計画を知り，その防止に必要な措置を講ぜず，又はその違反行為を知り，その是正に必要な措置を講じなかつた当該事業者団体の理事その他の役員若しくは管理人又はその構成事業者(事業者の利益のためにする行為を行う役員，従業員，代理人その他の者が構成事業者である場合には，当該事業者を含む。)に対しても，それぞれ同項の罰金刑を科する。 2　(略)
<u>第四十一条</u>　<u>第三十条</u>第三項の規定に違反して，情報を同項に定める目的以外の目的のために利用し，又は提供した適格消費者団体は，三十万円以下の過料に処する。	<u>第二十一条</u>　<u>第十条</u>第三項の規定に違反して，情報を同項に定める目的以外の目的のために利用し，又は提供した適格消費者団体は，三十万円以下の過料に処する。

○消費者契約法（平成十二年法律第六十一号）（附則第五条関係）

（下線部分は改正部分）

改　正　後	改　正　前
（差止請求の制限） 第十二条の二　前条，不当景品類及び不当表示防止法（昭和三十七年法律第百三十四号）第三十条第一項又は特定商取引に関する法律（昭和五十一年法律第五十七号）第五十八条の十八から第五十八条の二十四までの規定による請求（以下「差止請求」という。）は，次に掲げる場合には，することができない。 一・二　（略） 2　（略） （管轄） 第四十三条　（略） 2　次の各号に掲げる規定による差止請求に係る訴えは，当該各号に定める行為があった地を管轄する裁判所にも提起することができる。 　一　第十二条　同条に規定する事業者等の行為 　二　不当景品類及び不当表示防止法第三十条第一項　同条に規定する事業者の行為 　三　特定商取引に関する法律第五十八条の十八から第五十八条の二十四まで　これらの規定に規定する当該差止請求に係る相手方である販売業者，役務提供事業者，統括者，勧誘者，一般連鎖販売業者，関連商品の販売を行う者，業務提供誘引販売業を行う者又は購入業者（同法第五十八条の二十一第二項の規定による差止請求に係る訴えにあっては，勧誘者）の行為	（差止請求の制限） 第十二条の二　前条，不当景品類及び不当表示防止法（昭和三十七年法律第百三十四号）第十条第一項又は特定商取引に関する法律（昭和五十一年法律第五十七号）第五十八条の十八から第五十八条の二十四までの規定による請求（以下「差止請求」という。）は，次に掲げる場合には，することができない。 一・二　（略） 2　（略） （管轄） 第四十三条　（略） 2　次の各号に掲げる規定による差止請求に係る訴えは，当該各号に定める行為があった地を管轄する裁判所にも提起することができる。 　一　第十二条　同条に規定する事業者等の行為 　二　不当景品類及び不当表示防止法第十条第一項　同条に規定する事業者の行為 　三　特定商取引に関する法律第五十八条の十八から第五十八条の二十四まで　これらの規定に規定する当該差止請求に係る相手方である販売業者，役務提供事業者，統括者，勧誘者，一般連鎖販売業者，関連商品の販売を行う者，業務提供誘引販売業を行う者又は購入業者（同法第五十八条の二十一第二項の規定による差止請求に係る訴えにあっては，勧誘者）の行為

○消費税の円滑かつ適正な転嫁の確保のための消費税の転嫁を阻害する行為の是正等に関する特別措置法（平成二十五年法律第四十一号）（附則第六条関係）

（下線部分は改正部分）

改　正　後	改　正　前
（準用） 第九条　第四条から第七条までの規定は、前条の規定に違反する行為について準用する。この場合において、第四条中「公正取引委員会」とあるのは「内閣総理大臣、公正取引委員会」と、「特定事業者」とあるのは「事業者」と、第五条（見出しを含む。）中「主務大臣」とあるのは「公正取引委員会、主務大臣」と、同条中「公正取引委員会」とあるのは「内閣総理大臣」と、同条ただし書中「次に」とあるのは「第三号及び第四号に」と、同条ただし書第四号中「前三号」とあるのは「前号」と、第六条第一項中「公正取引委員会」とあるのは「内閣総理大臣」と、「特定事業者」とあるのは「事業者」と、「消費税の適正な転嫁に応じる」とあるのは「その行為を取りやめる」と、同条第二項中「公正取引委員会」とあるのは「内閣総理大臣」と、第七条の見出し中「私的独占禁止法」とあるのは「不当景品類及び不当表示防止法」と、同条中「私的独占の禁止及び公正取引の確保に関する法律（昭和二十二年法律第五十四号。以下「私的独占禁止法」という。）第二十条及び第二十条の六」とあるのは「不当景品類及び不当表示防止法（昭和三十七年法律第百三十四号）第七条第一項及び第八条第一項」と、「公正取引委員会」とあるのは「内閣総理大臣」と、「特定事業者」とあるのは「事業者」と読み替えるものとする。 （不当景品類及び不当表示防止法の適用除外）	（準用） 第九条　第四条から第七条までの規定は、前条の規定に違反する行為について準用する。この場合において、第四条中「公正取引委員会」とあるのは「内閣総理大臣、公正取引委員会」と、「特定事業者」とあるのは「事業者」と、第五条（見出しを含む。）中「主務大臣」とあるのは「公正取引委員会、主務大臣」と、同条中「公正取引委員会」とあるのは「内閣総理大臣」と、同条ただし書中「次に」とあるのは「第三号及び第四号に」と、同条ただし書第四号中「前三号」とあるのは「前号」と、第六条第一項中「公正取引委員会」とあるのは「内閣総理大臣」と、「特定事業者」とあるのは「事業者」と、「消費税の適正な転嫁に応じる」とあるのは「その行為を取りやめる」と、同条第二項中「公正取引委員会」とあるのは「内閣総理大臣」と、第七条の見出し中「私的独占禁止法」とあるのは「不当景品類及び不当表示防止法」と、同条中「私的独占の禁止及び公正取引の確保に関する法律（昭和二十二年法律第五十四号。以下「私的独占禁止法」という。）第二十条及び第二十条の六」とあるのは「不当景品類及び不当表示防止法（昭和三十七年法律第百三十四号）第六条」と、「公正取引委員会」とあるのは「内閣総理大臣」と、「特定事業者」とあるのは「事業者」と読み替えるものとする。 （不当景品類及び不当表示防止法の適用除外）

第十一条　前条第三項の場合において，税込価格が明瞭に表示されているときは，当該消費税を含まない価格の表示については，不当景品類及び不当表示防止法（昭和三十七年法律第百三十四号）第五条の規定は，適用しない。	第十一条　前条第三項の場合において，税込価格が明瞭に表示されているときは，当該消費税を含まない価格の表示については，不当景品類及び不当表示防止法（昭和三十七年法律第百三十四号）第四条第一項の規定は，適用しない。

資料3-3　新法

〇本改正法施行後の不当景品類及び不当表示防止法（昭和37年法律第134号）
目次
　第一章　総則（第一条―第三条）
　第二章　景品類及び表示に関する規制
　　第一節　景品類の制限及び禁止並びに不当な表示の禁止（第四条―第六条）
　　第二節　措置命令（第七条）
　　第三節　課徴金（第八条―第二十五条）
　　第四節　景品類の提供及び表示の管理上の措置（第二十六条―第二十八条）
　　第五節　報告の徴収及び立入検査等（第二十九条）
　第三章　適格消費者団体の差止請求権等（第三十条）
　第四章　協定又は規約（第三十一条・第三十二条）
　第五章　雑則（第三十三条―第三十五条）
　第六章　罰則（第三十六条―第四十一条）
　附則

　第一章　総則

（目的）
第一条　この法律は，商品及び役務の取引に関連する不当な景品類及び表示による顧客の誘引を防止するため，一般消費者による自主的かつ合理的な選択を阻害するおそれのある行為の制限及び禁止について定めることにより，一般消費者の利益を保護することを目的とする。

（定義）
第二条　この法律で「事業者」とは，商業，工業，金融業その他の事業を行う者をいい，当該事業を行う者の利益のためにする行為を行う役員，従業員，代理人その他の者は，次項及び第三十一条の規定の適用については，これを当該事業者とみなす。
２　この法律で「事業者団体」とは，事業者としての共通の利益を増進することを主たる目的とする二以上の事業者の結合体又はその連合体をいい，次に掲げる形態のものを含む。ただし，二以上の事業者の結合体又はその連合体であつて，資本又は構成事業者（事業者団体の構成員である事業者をいう。第四十条において同じ。）の出資を有し，営利を目的として商業，工業，金融業その他の事業を営むことを主たる目的とし，かつ，現にその事業を営んでいるものを含まないもの

とする。
　一　二以上の事業者が社員（社員に準ずるものを含む。）である一般社団法人その他の社団
　二　二以上の事業者が理事又は管理人の任免，業務の執行又はその存立を支配している一般財団法人その他の財団
　三　二以上の事業者を組合員とする組合又は契約による二以上の事業者の結合体
3　この法律で「景品類」とは，顧客を誘引するための手段として，その方法が直接的であるか間接的であるかを問わず，くじの方法によるかどうかを問わず，事業者が自己の供給する商品又は役務の取引（不動産に関する取引を含む。以下同じ。）に付随して相手方に提供する物品，金銭その他の経済上の利益であつて，内閣総理大臣が指定するものをいう。
4　この法律で「表示」とは，顧客を誘引するための手段として，事業者が自己の供給する商品又は役務の内容又は取引条件その他これらの取引に関する事項について行う広告その他の表示であつて，内閣総理大臣が指定するものをいう。

（景品類及び表示の指定に関する公聴会等及び告示）
第三条　内閣総理大臣は，前条第三項若しくは第四項の規定による指定をし，又はその変更若しくは廃止をしようとするときは，内閣府令で定めるところにより，公聴会を開き，関係事業者及び一般の意見を求めるとともに，消費者委員会の意見を聴かなければならない。
2　前項に規定する指定並びにその変更及び廃止は，告示によつて行うものとする。

　第二章　景品類及び表示に関する規制

　　第一節　景品類の制限及び禁止並びに不当な表示の禁止

（景品類の制限及び禁止）
第四条　内閣総理大臣は，不当な顧客の誘引を防止し，一般消費者による自主的かつ合理的な選択を確保するため必要があると認めるときは，景品類の価額の最高額若しくは総額，種類若しくは提供の方法その他景品類の提供に関する事項を制限し，又は景品類の提供を禁止することができる。

（不当な表示の禁止）
第五条　事業者は，自己の供給する商品又は役務の取引について，次の各号のいず

れかに該当する表示をしてはならない。
一　商品又は役務の品質，規格その他の内容について，一般消費者に対し，実際のものよりも著しく優良であると示し，又は事実に相違して当該事業者と同種若しくは類似の商品若しくは役務を供給している他の事業者に係るものよりも著しく優良であると示す表示であつて，不当に顧客を誘引し，一般消費者による自主的かつ合理的な選択を阻害するおそれがあると認められるもの
二　商品又は役務の価格その他の取引条件について，実際のもの又は当該事業者と同種若しくは類似の商品若しくは役務を供給している他の事業者に係るものよりも取引の相手方に著しく有利であると一般消費者に誤認される表示であつて，不当に顧客を誘引し，一般消費者による自主的かつ合理的な選択を阻害するおそれがあると認められるもの
三　前二号に掲げるもののほか，商品又は役務の取引に関する事項について一般消費者に誤認されるおそれがある表示であつて，不当に顧客を誘引し，一般消費者による自主的かつ合理的な選択を阻害するおそれがあると認めて内閣総理大臣が指定するもの

（景品類の制限及び禁止並びに不当な表示の禁止に係る指定に関する公聴会等及び告示）
第六条　内閣総理大臣は，第四条の規定による制限若しくは禁止若しくは前条第三号の規定による指定をし，又はこれらの変更若しくは廃止をしようとするときは，内閣府令で定めるところにより，公聴会を開き，関係事業者及び一般の意見を求めるとともに，消費者委員会の意見を聴かなければならない。
2　前項に規定する制限及び禁止並びに指定並びにこれらの変更及び廃止は，告示によつて行うものとする。

　　第二節　措置命令

第七条　内閣総理大臣は，第四条の規定による制限若しくは禁止又は第五条の規定に違反する行為があるときは，当該事業者に対し，その行為の差止め若しくはその行為が再び行われることを防止するために必要な事項又はこれらの実施に関連する公示その他必要な事項を命ずることができる。その命令は，当該違反行為が既になくなつている場合においても，次に掲げる者に対し，することができる。
一　当該違反行為をした事業者
二　当該違反行為をした事業者が法人である場合において，当該法人が合併により消滅したときにおける合併後存続し，又は合併により設立された法人

三　当該違反行為をした事業者が法人である場合において，当該法人から分割により当該違反行為に係る事業の全部又は一部を承継した法人
　四　当該違反行為をした事業者から当該違反行為に係る事業の全部又は一部を譲り受けた事業者
2　内閣総理大臣は，前項の規定による命令に関し，事業者がした表示が第五条第一号に該当するか否かを判断するため必要があると認めるときは，当該表示をした事業者に対し，期間を定めて，当該表示の裏付けとなる合理的な根拠を示す資料の提出を求めることができる。この場合において，当該事業者が当該資料を提出しないときは，同項の規定の適用については，当該表示は同号に該当する表示とみなす。

　　　第三節　課徴金

（課徴金納付命令）
第八条　事業者が，第五条の規定に違反する行為（同条第三号に該当する表示に係るものを除く。以下「課徴金対象行為」という。）をしたときは，内閣総理大臣は，当該事業者に対し，当該課徴金対象行為に係る課徴金対象期間に取引をした当該課徴金対象行為に係る商品又は役務の政令で定める方法により算定した売上額に百分の三を乗じて得た額に相当する額の課徴金を国庫に納付することを命じなければならない。ただし，当該事業者が当該課徴金対象行為をした期間を通じて当該課徴金対象行為に係る表示が次の各号のいずれかに該当することを知らず，かつ，知らないことにつき相当の注意を怠つた者でないと認められるとき，又はその額が百五十万円未満であるときは，その納付を命ずることができない。
　一　商品又は役務の品質，規格その他の内容について，実際のものよりも著しく優良であること又は事実に相違して当該事業者と同種若しくは類似の商品若しくは役務を供給している他の事業者に係るものよりも著しく優良であることを示す表示
　二　商品又は役務の価格その他の取引条件について，実際のものよりも取引の相手方に著しく有利であること又は事実に相違して当該事業者と同種若しくは類似の商品若しくは役務を供給している他の事業者に係るものよりも取引の相手方に著しく有利であることを示す表示
2　前項に規定する「課徴金対象期間」とは，課徴金対象行為をした期間（課徴金対象行為をやめた後そのやめた日から六月を経過する日（同日前に，当該事業者が当該課徴金対象行為に係る表示が不当に顧客を誘引し，一般消費者による自主的かつ合理的な選択を阻害するおそれを解消するための措置として内閣府令で定

める措置をとつたときは，その日）までの間に当該事業者が当該課徴金対象行為に係る商品又は役務の取引をしたときは，当該課徴金対象行為をやめてから最後に当該取引をした日までの期間を加えた期間とし，当該期間が三年を超えるときは，当該期間の末日から遡つて三年間とする。）をいう。

3　内閣総理大臣は，第一項の規定による命令（以下「課徴金納付命令」という。）に関し，事業者がした表示が第五条第一号に該当するか否かを判断するため必要があると認めるときは，当該表示をした事業者に対し，期間を定めて，当該表示の裏付けとなる合理的な根拠を示す資料の提出を求めることができる。この場合において，当該事業者が当該資料を提出しないときは，同項の規定の適用については，当該表示は同号に該当する表示と推定する。

（課徴金対象行為に該当する事実の報告による課徴金の額の減額）

第九条　前条第一項の場合において，内閣総理大臣は，当該事業者が課徴金対象行為に該当する事実を内閣府令で定めるところにより内閣総理大臣に報告したときは，同項の規定により計算した課徴金の額に百分の五十を乗じて得た額を当該課徴金の額から減額するものとする。ただし，その報告が，当該課徴金対象行為についての調査があつたことにより当該課徴金対象行為について課徴金納付命令があるべきことを予知してされたものであるときは，この限りでない。

（返金措置の実施による課徴金の額の減額等）

第十条　第十五条第一項の規定による通知を受けた者は，第八条第二項に規定する課徴金対象期間において当該商品又は役務の取引を行つた一般消費者であつて政令で定めるところにより特定されているものからの申出があつた場合に，当該申出をした一般消費者の取引に係る商品又は役務の政令で定める方法により算定した購入額に百分の三を乗じて得た額以上の金銭を交付する措置（以下この条及び次条において「返金措置」という。）を実施しようとするときは，内閣府令で定めるところにより，その実施しようとする返金措置（以下この条において「実施予定返金措置」という。）に関する計画（以下この条において「実施予定返金措置計画」という。）を作成し，これを第十五条第一項に規定する弁明書の提出期限までに内閣総理大臣に提出して，その認定を受けることができる。

2　実施予定返金措置計画には，次に掲げる事項を記載しなければならない。

一　実施予定返金措置の内容及び実施期間

二　実施予定返金措置の対象となる者が当該実施予定返金措置の内容を把握するための周知の方法に関する事項

三　実施予定返金措置の実施に必要な資金の額及びその調達方法

3　実施予定返金措置計画には，第一項の認定の申請前に既に実施した返金措置の対象となつた者の氏名又は名称，その者に対して交付した金銭の額及びその計算方法その他の当該申請前に実施した返金措置に関する事項として内閣府令で定めるものを記載することができる。

4　第一項の認定の申請をした者は，当該申請後これに対する処分を受けるまでの間に返金措置を実施したときは，遅滞なく，内閣府令で定めるところにより，当該返金措置の対象となつた者の氏名又は名称，その者に対して交付した金銭の額及びその計算方法その他の当該返金措置に関する事項として内閣府令で定めるものについて，内閣総理大臣に報告しなければならない。

5　内閣総理大臣は，第一項の認定の申請があつた場合において，その実施予定返金措置計画が次の各号のいずれにも適合すると認める場合でなければ，その認定をしてはならない。
　一　当該実施予定返金措置計画に係る実施予定返金措置が円滑かつ確実に実施されると見込まれるものであること。
　二　当該実施予定返金措置計画に係る実施予定返金措置の対象となる者（当該実施予定返金措置計画に第三項に規定する事項が記載されている場合又は前項の規定による報告がされている場合にあつては，当該記載又は報告に係る返金措置が実施された者を含む。）のうち特定の者について不当に差別的でないものであること。
　三　当該実施予定返金措置計画に記載されている第二項第一号に規定する実施期間が，当該課徴金対象行為による一般消費者の被害の回復を促進するため相当と認められる期間として内閣府令で定める期間内に終了するものであること。

6　第一項の認定を受けた者（以下この条及び次条において「認定事業者」という。）は，当該認定に係る実施予定返金措置計画を変更しようとするときは，内閣府令で定めるところにより，内閣総理大臣の認定を受けなければならない。

7　第五項の規定は，前項の認定について準用する。

8　内閣総理大臣は，認定事業者による返金措置が第一項の認定を受けた実施予定返金措置計画（第六項の規定による変更の認定があつたときは，その変更後のもの。次条第一項及び第二項において「認定実施予定返金措置計画」という。）に適合して実施されていないと認めるときは，第一項の認定（第六項の規定による変更の認定を含む。次項及び第十項ただし書において単に「認定」という。）を取り消さなければならない。

9　内閣総理大臣は，認定をしたとき又は前項の規定により認定を取り消したときは，速やかに，これらの処分の対象者に対し，文書をもつてその旨を通知するものとする。

10　内閣総理大臣は，第一項の認定をしたときは，第八条第一項の規定にかかわらず，次条第一項に規定する報告の期限までの間は，認定事業者に対し，課徴金の納付を命ずることができない。ただし，第八項の規定により認定を取り消した場合には，この限りでない。

第十一条　認定事業者（前条第八項の規定により同条第一項の認定（同条第六項の規定による変更の認定を含む。）を取り消されたものを除く。第三項において同じ。）は，同条第一項の認定後に実施された認定実施予定返金措置計画に係る返金措置の結果について，当該認定実施予定返金措置計画に記載されている同条第二項第一号に規定する実施期間の経過後一週間以内に，内閣府令で定めるところにより，内閣総理大臣に報告しなければならない。

2　内閣総理大臣は，第八条第一項の場合において，前項の規定による報告に基づき，前条第一項の認定後に実施された返金措置が認定実施予定返金措置計画に適合して実施されたと認めるときは，当該返金措置（当該認定実施予定返金措置計画に同条第三項に規定する事項が記載されている場合又は同条第四項の規定による報告がされている場合にあつては，当該記載又は報告に係る返金措置を含む。）において交付された金銭の額として内閣府令で定めるところにより計算した額を第八条第一項又は第九条の規定により計算した課徴金の額から減額するものとする。この場合において，当該内閣府令で定めるところにより計算した額を当該課徴金の額から減額した額が零を下回るときは，当該額は，零とする。

3　内閣総理大臣は，前項の規定により計算した課徴金の額が一万円未満となつたときは，第八条第一項の規定にかかわらず，認定事業者に対し，課徴金の納付を命じないものとする。この場合において，内閣総理大臣は，速やかに，当該認定事業者に対し，文書をもつてその旨を通知するものとする。

（課徴金の納付義務等）
第十二条　課徴金納付命令を受けた者は，第八条第一項，第九条又は前条第二項の規定により計算した課徴金を納付しなければならない。

2　第八条第一項，第九条又は前条第二項の規定により計算した課徴金の額に一万円未満の端数があるときは，その端数は，切り捨てる。

3　課徴金対象行為をした事業者が法人である場合において，当該法人が合併により消滅したときは，当該法人がした課徴金対象行為は，合併後存続し，又は合併により設立された法人がした課徴金対象行為とみなして，第八条から前条まで並びに前二項及び次項の規定を適用する。

4　課徴金対象行為をした事業者が法人である場合において，当該法人が当該課徴

金対象行為に係る事案について報告徴収等（第二十九条第一項の規定による報告の徴収，帳簿書類その他の物件の提出の命令，立入検査又は質問をいう。以下この項において同じ。）が最初に行われた日（当該報告徴収等が行われなかつたときは，当該法人が当該課徴金対象行為について第十五条第一項の規定による通知を受けた日。以下この項において「調査開始日」という。）以後においてその一若しくは二以上の子会社等（事業者の子会社若しくは親会社（会社を子会社とする他の会社をいう。以下この項において同じ。）又は当該事業者と親会社が同一である他の会社をいう。以下この項において同じ。）に対して当該課徴金対象行為に係る事業の全部を譲渡し，又は当該法人（会社に限る。）が当該課徴金対象行為に係る事案についての調査開始日以後においてその一若しくは二以上の子会社等に対して分割により当該課徴金対象行為に係る事業の全部を承継させ，かつ，合併以外の事由により消滅したときは，当該法人がした課徴金対象行為は，当該事業の全部若しくは一部を譲り受け，又は分割により当該事業の全部若しくは一部を承継した子会社等（以下この項において「特定事業承継子会社等」という。）がした課徴金対象行為とみなして，第八条から前条まで及び前三項の規定を適用する。この場合において，当該特定事業承継子会社等が二以上あるときは，第八条第一項中「当該事業者に対し」とあるのは「特定事業承継子会社等（第十二条第四項に規定する特定事業承継子会社等をいう。以下この項において同じ。）に対し，この項の規定による命令を受けた他の特定事業承継子会社等と連帯して」と，第一項中「受けた者は，第八条第一項」とあるのは「受けた特定事業承継子会社等（第四項に規定する特定事業承継子会社等をいう。以下この項において同じ。）は，第八条第一項の規定による命令を受けた他の特定事業承継子会社等と連帯して，同項」とする。

5　前項に規定する「子会社」とは，会社がその総株主（総社員を含む。以下この項において同じ。）の議決権（株主総会において決議をすることができる事項の全部につき議決権を行使することができない株式についての議決権を除き，会社法（平成十七年法律第八十六号）第八百七十九条第三項の規定により議決権を有するものとみなされる株式についての議決権を含む。以下この項において同じ。）の過半数を有する他の会社をいう。この場合において，会社及びその一若しくは二以上の子会社又は会社の一若しくは二以上の子会社がその総株主の議決権の過半数を有する他の会社は，当該会社の子会社とみなす。

6　第三項及び第四項の場合において，第八条第二項及び第三項並びに第九条から前条までの規定の適用に関し必要な事項は，政令で定める。

7　課徴金対象行為をやめた日から五年を経過したときは，内閣総理大臣は，当該課徴金対象行為に係る課徴金の納付を命ずることができない。

（課徴金納付命令に対する弁明の機会の付与）
第十三条　内閣総理大臣は，課徴金納付命令をしようとするときは，当該課徴金納付命令の名宛人となるべき者に対し，弁明の機会を与えなければならない。

（弁明の機会の付与の方式）
第十四条　弁明は，内閣総理大臣が口頭ですることを認めたときを除き，弁明を記載した書面（次条第一項において「弁明書」という。）を提出してするものとする。
2　弁明をするときは，証拠書類又は証拠物を提出することができる。

（弁明の機会の付与の通知の方式）
第十五条　内閣総理大臣は，弁明書の提出期限（口頭による弁明の機会の付与を行う場合には，その日時）までに相当な期間をおいて，課徴金納付命令の名宛人となるべき者に対し，次に掲げる事項を書面により通知しなければならない。
　一　納付を命じようとする課徴金の額
　二　課徴金の計算の基礎及び当該課徴金に係る課徴金対象行為
　三　弁明書の提出先及び提出期限（口頭による弁明の機会の付与を行う場合には，その旨並びに出頭すべき日時及び場所）
2　内閣総理大臣は，課徴金納付命令の名宛人となるべき者の所在が判明しない場合においては，前項の規定による通知を，その者の氏名（法人にあつては，その名称及び代表者の氏名），同項第三号に掲げる事項及び内閣総理大臣が同項各号に掲げる事項を記載した書面をいつでもその者に交付する旨を消費者庁の事務所の掲示場に掲示することによつて行うことができる。この場合においては，掲示を始めた日から二週間を経過したときに，当該通知がその者に到達したものとみなす。

（代理人）
第十六条　前条第一項の規定による通知を受けた者（同条第二項後段の規定により当該通知が到達したものとみなされる者を含む。次項及び第四項において「当事者」という。）は，代理人を選任することができる。
2　代理人は，各自，当事者のために，弁明に関する一切の行為をすることができる。
3　代理人の資格は，書面で証明しなければならない。
4　代理人がその資格を失つたときは，当該代理人を選任した当事者は，書面でその旨を内閣総理大臣に届け出なければならない。

（課徴金納付命令の方式等）
第十七条　課徴金納付命令は，文書によつて行い，課徴金納付命令書には，納付すべき課徴金の額，課徴金の計算の基礎及び当該課徴金に係る課徴金対象行為並びに納期限を記載しなければならない。
2　課徴金納付命令は，その名宛人に課徴金納付命令書の謄本を送達することによつて，その効力を生ずる。
3　第一項の課徴金の納期限は，課徴金納付命令書の謄本を発する日から七月を経過した日とする。

（納付の督促）
第十八条　内閣総理大臣は，課徴金をその納期限までに納付しない者があるときは，督促状により期限を指定してその納付を督促しなければならない。
2　内閣総理大臣は，前項の規定による督促をしたときは，その督促に係る課徴金の額につき年十四・五パーセントの割合で，納期限の翌日からその納付の日までの日数により計算した延滞金を徴収することができる。ただし，延滞金の額が千円未満であるときは，この限りでない。
3　前項の規定により計算した延滞金の額に百円未満の端数があるときは，その端数は，切り捨てる。

（課徴金納付命令の執行）
第十九条　前条第一項の規定により督促を受けた者がその指定する期限までにその納付すべき金額を納付しないときは，内閣総理大臣の命令で，課徴金納付命令を執行する。この命令は，執行力のある債務名義と同一の効力を有する。
2　課徴金納付命令の執行は，民事執行法（昭和五十四年法律第四号）その他強制執行の手続に関する法令の規定に従つてする。
3　内閣総理大臣は，課徴金納付命令の執行に関して必要があると認めるときは，公務所又は公私の団体に照会して必要な事項の報告を求めることができる。

（課徴金等の請求権）
第二十条　破産法（平成十六年法律第七十五号），民事再生法（平成十一年法律第二百二十五号），会社更生法（平成十四年法律第百五十四号）及び金融機関等の更生手続の特例等に関する法律（平成八年法律第九十五号）の規定の適用については，課徴金納付命令に係る課徴金の請求権及び第十八条第二項の規定による延滞金の請求権は，過料の請求権とみなす。

（送達書類）
第二十一条　送達すべき書類は，この節に規定するもののほか，内閣府令で定める。

（送達に関する民事訴訟法の準用）
第二十二条　書類の送達については，民事訴訟法（平成八年法律第百九号）第九十九条，第百一条，第百三条，第百五条，第百六条，第百八条及び第百九条の規定を準用する。この場合において，同法第九十九条第一項中「執行官」とあるのは「消費者庁の職員」と，同法第百八条中「裁判長」とあり，及び同法第百九条中「裁判所」とあるのは「内閣総理大臣」と読み替えるものとする。

（公示送達）
第二十三条　内閣総理大臣は，次に掲げる場合には，公示送達をすることができる。
　一　送達を受けるべき者の住所，居所その他送達をすべき場所が知れない場合
　二　外国においてすべき送達について，前条において準用する民事訴訟法第百八条の規定によることができず，又はこれによつても送達をすることができないと認めるべき場合
　三　前条において準用する民事訴訟法第百八条の規定により外国の管轄官庁に嘱託を発した後六月を経過してもその送達を証する書面の送付がない場合
2　公示送達は，送達すべき書類を送達を受けるべき者にいつでも交付すべき旨を消費者庁の事務所の掲示場に掲示することにより行う。
3　公示送達は，前項の規定による掲示を始めた日から二週間を経過することによつて，その効力を生ずる。
4　外国においてすべき送達についてした公示送達にあつては，前項の期間は，六週間とする。

（電子情報処理組織の使用）
第二十四条　行政手続等における情報通信の技術の利用に関する法律（平成十四年法律第百五十一号）第二条第七号に規定する処分通知等であつて，この節又は内閣府令の規定により書類の送達により行うこととしているものについては，同法第四条第一項の規定にかかわらず，当該処分通知等の相手方が送達を受ける旨の内閣府令で定める方式による表示をしないときは，電子情報処理組織（同項に規定する電子情報処理組織をいう。次項において同じ。）を使用して行うことができない。
2　消費者庁の職員が前項に規定する処分通知等に関する事務を電子情報処理組織を使用して行つたときは，第二十二条において準用する民事訴訟法第百九条の規

定による送達に関する事項を記載した書面の作成及び提出に代えて，当該事項を電子情報処理組織を使用して消費者庁の使用に係る電子計算機（入出力装置を含む。）に備えられたファイルに記録しなければならない。

（行政手続法の適用除外）
第二十五条　内閣総理大臣がする課徴金納付命令その他のこの節の規定による処分については，行政手続法（平成五年法律第八十八号）第三章の規定は，適用しない。ただし，第十条第八項の規定に係る同法第十二条及び第十四条の規定の適用については，この限りでない。

　　　第四節　景品類の提供及び表示の管理上の措置

（事業者が講ずべき景品類の提供及び表示の管理上の措置）
第二十六条　事業者は，自己の供給する商品又は役務の取引について，景品類の提供又は表示により不当に顧客を誘引し，一般消費者による自主的かつ合理的な選択を阻害することのないよう，景品類の価額の最高額，総額その他の景品類の提供に関する事項及び商品又は役務の品質，規格その他の内容に係る表示に関する事項を適正に管理するために必要な体制の整備その他の必要な措置を講じなければならない。
2　内閣総理大臣は，前項の規定に基づき事業者が講ずべき措置に関して，その適切かつ有効な実施を図るために必要な指針（以下この条において単に「指針」という。）を定めるものとする。
3　内閣総理大臣は，指針を定めようとするときは，あらかじめ，事業者の事業を所管する大臣及び公正取引委員会に協議するとともに，消費者委員会の意見を聴かなければならない。
4　内閣総理大臣は，指針を定めたときは，遅滞なく，これを公表するものとする。
5　前二項の規定は，指針の変更について準用する。

（指導及び助言）
第二十七条　内閣総理大臣は，前条第一項の規定に基づき事業者が講ずべき措置に関して，その適切かつ有効な実施を図るため必要があると認めるときは，当該事業者に対し，その措置について必要な指導及び助言をすることができる。

（勧告及び公表）
第二十八条　内閣総理大臣は，事業者が正当な理由がなくて第二十六条第一項の規

定に基づき事業者が講ずべき措置を講じていないと認めるときは，当該事業者に対し，景品類の提供又は表示の管理上必要な措置を講ずべき旨の勧告をすることができる。
2　内閣総理大臣は，前項の規定による勧告を行つた場合において当該事業者がその勧告に従わないときは，その旨を公表することができる。

　　第五節　報告の徴収及び立入検査等

第二十九条　内閣総理大臣は，第七条第一項の規定による命令，課徴金納付命令又は前条第一項の規定による勧告を行うため必要があると認めるときは，当該事業者若しくはその者とその事業に関して関係のある事業者に対し，その業務若しくは財産に関して報告をさせ，若しくは帳簿書類その他の物件の提出を命じ，又はその職員に，当該事業者若しくはその者とその事業に関して関係のある事業者の事務所，事業所その他その事業を行う場所に立ち入り，帳簿書類その他の物件を検査させ，若しくは関係者に質問させることができる。
2　前項の規定により立入検査をする職員は，その身分を示す証明書を携帯し，関係者に提示しなければならない。
3　第一項の規定による権限は，犯罪捜査のために認められたものと解釈してはならない。

　　第三章　適格消費者団体の差止請求権等

第三十条　消費者契約法（平成十二年法律第六十一号）第二条第四項に規定する適格消費者団体（以下この条及び第四十一条において単に「適格消費者団体」という。）は，事業者が，不特定かつ多数の一般消費者に対して次の各号に掲げる行為を現に行い又は行うおそれがあるときは，当該事業者に対し，当該行為の停止若しくは予防又は当該行為が当該各号に規定する表示をしたものである旨の周知その他の当該行為の停止若しくは予防に必要な措置をとることを請求することができる。
　一　商品又は役務の品質，規格その他の内容について，実際のもの又は当該事業者と同種若しくは類似の商品若しくは役務を供給している他の事業者に係るものよりも著しく優良であると誤認される表示をすること。
　二　商品又は役務の価格その他の取引条件について，実際のもの又は当該事業者と同種若しくは類似の商品若しくは役務を供給している他の事業者に係るものよりも取引の相手方に著しく有利であると誤認される表示をすること。

2 消費者安全法（平成二十一年法律第五十号）第十一条の七第一項に規定する消費生活協力団体及び消費生活協力員は，事業者が不特定かつ多数の一般消費者に対して前項各号に掲げる行為を現に行い又は行うおそれがある旨の情報を得たときは，適格消費者団体が同項の規定による請求をする権利を適切に行使するために必要な限度において，当該適格消費者団体に対し，当該情報を提供することができる。
3 前項の規定により情報の提供を受けた適格消費者団体は，当該情報を第一項の規定による請求をする権利の適切な行使の用に供する目的以外の目的のために利用し，又は提供してはならない。

第四章　協定又は規約

（協定又は規約）
第三十一条　事業者又は事業者団体は，内閣府令で定めるところにより，景品類又は表示に関する事項について，内閣総理大臣及び公正取引委員会の認定を受けて，不当な顧客の誘引を防止し，一般消費者による自主的かつ合理的な選択及び事業者間の公正な競争を確保するための協定又は規約を締結し，又は設定することができる。これを変更しようとするときも，同様とする。
2 内閣総理大臣及び公正取引委員会は，前項の協定又は規約が次の各号のいずれにも適合すると認める場合でなければ，同項の認定をしてはならない。
　一　不当な顧客の誘引を防止し，一般消費者による自主的かつ合理的な選択及び事業者間の公正な競争を確保するために適切なものであること。
　二　一般消費者及び関連事業者の利益を不当に害するおそれがないこと。
　三　不当に差別的でないこと。
　四　当該協定若しくは規約に参加し，又は当該協定若しくは規約から脱退することを不当に制限しないこと。
3 内閣総理大臣及び公正取引委員会は，第一項の認定を受けた協定又は規約が前項各号のいずれかに適合するものでなくなつたと認めるときは，当該認定を取り消さなければならない。
4 内閣総理大臣及び公正取引委員会は，第一項又は前項の規定による処分をしたときは，内閣府令で定めるところにより，告示しなければならない。
5 私的独占の禁止及び公正取引の確保に関する法律（昭和二十二年法律第五十四号）第七条第一項及び第二項（同法第八条の二第二項及び第二十条第二項において準用する場合を含む。），第八条の二第一項及び第三項，第二十条第一項，第七十条の十三第一項並びに第七十四条の規定は，第一項の認定を受けた協定又は規

約及びこれらに基づいてする事業者又は事業者団体の行為には，適用しない。

（協議）
第三十二条　内閣総理大臣は，前条第一項及び第四項に規定する内閣府令を定めようとするときは，あらかじめ，公正取引委員会に協議しなければならない。

第五章　雑則

（権限の委任等）
第三十三条　内閣総理大臣は，この法律による権限（政令で定めるものを除く。）を消費者庁長官に委任する。
2　消費者庁長官は，政令で定めるところにより，前項の規定により委任された権限の一部を公正取引委員会に委任することができる。
3　消費者庁長官は，緊急かつ重点的に不当な景品類及び表示に対処する必要があることその他の政令で定める事情があるため，事業者に対し，第七条第一項の規定による命令，課徴金納付命令又は第二十八条第一項の規定による勧告を効果的に行う上で必要があると認めるときは，政令で定めるところにより，第一項の規定により委任された権限（第二十九条第一項の規定による権限に限る。）を当該事業者の事業を所管する大臣又は金融庁長官に委任することができる。
4　公正取引委員会，事業者の事業を所管する大臣又は金融庁長官は，前二項の規定により委任された権限を行使したときは，政令で定めるところにより，その結果について消費者庁長官に報告するものとする。
5　事業者の事業を所管する大臣は，政令で定めるところにより，第三項の規定により委任された権限及び前項の規定による権限について，その全部又は一部を地方支分部局の長に委任することができる。
6　金融庁長官は，政令で定めるところにより，第三項の規定により委任された権限及び第四項の規定による権限（次項において「金融庁長官権限」と総称する。）について，その一部を証券取引等監視委員会に委任することができる。
7　金融庁長官は，政令で定めるところにより，金融庁長官権限（前項の規定により証券取引等監視委員会に委任されたものを除く。）の一部を財務局長又は財務支局長に委任することができる。
8　証券取引等監視委員会は，政令で定めるところにより，第六項の規定により委任された権限の一部を財務局長又は財務支局長に委任することができる。
9　前項の規定により財務局長又は財務支局長に委任された権限に係る事務に関しては，証券取引等監視委員会が財務局長又は財務支局長を指揮監督する。

10　第六項の場合において，証券取引等監視委員会が行う報告又は物件の提出の命令（第八項の規定により財務局長又は財務支局長が行う場合を含む。）についての行政不服審査法（昭和三十七年法律第百六十号）による不服申立ては，証券取引等監視委員会に対してのみ行うことができる。
11　第一項の規定により消費者庁長官に委任された権限に属する事務の一部は，政令で定めるところにより，都道府県知事が行うこととすることができる。

　（内閣府令への委任等）
第三十四条　この法律に定めるもののほか，この法律を実施するため必要な事項は，内閣府令で定める。
2　第三十二条の規定は，内閣総理大臣が前項に規定する内閣府令（第三十一条第一項の協定又は規約について定めるものに限る。）を定めようとする場合について準用する。

　（関係者相互の連携）
第三十五条　内閣総理大臣，関係行政機関の長（当該行政機関が合議制の機関である場合にあつては，当該行政機関），関係地方公共団体の長，独立行政法人国民生活センターの長その他の関係者は，不当な景品類及び表示による顧客の誘引を防止して一般消費者の利益を保護するため，必要な情報交換を行うことその他相互の密接な連携の確保に努めるものとする。

　第六章　罰則

第三十六条　第七条第一項の規定による命令に違反した者は，二年以下の懲役又は三百万円以下の罰金に処する。
2　前項の罪を犯した者には，情状により，懲役及び罰金を併科することができる。

第三十七条　第二十九条第一項の規定による報告若しくは物件の提出をせず，若しくは虚偽の報告若しくは虚偽の物件の提出をし，又は同項の規定による検査を拒み，妨げ，若しくは忌避し，若しくは同項の規定による質問に対して答弁をせず，若しくは虚偽の答弁をした者は，一年以下の懲役又は三百万円以下の罰金に処する。

第三十八条　法人の代表者又は法人若しくは人の代理人，使用人その他の従業者が，その法人又は人の業務又は財産に関して，次の各号に掲げる規定の違反行為をし

たときは，行為者を罰するほか，その法人又は人に対しても，当該各号に定める罰金刑を科する。
　一　第三十六条第一項　三億円以下の罰金刑
　二　前条　同条の罰金刑
2　法人でない団体の代表者，管理人，代理人，使用人その他の従業者がその団体の業務又は財産に関して，次の各号に掲げる規定の違反行為をしたときは，行為者を罰するほか，その団体に対しても，当該各号に定める罰金刑を科する。
　一　第三十六条第一項　三億円以下の罰金刑
　二　前条　同条の罰金刑
3　前項の場合においては，代表者又は管理人が，その訴訟行為につきその団体を代表するほか，法人を被告人又は被疑者とする場合の訴訟行為に関する刑事訴訟法（昭和二十三年法律第百三十一号）の規定を準用する。

第三十九条　第三十六条第一項の違反があつた場合においては，その違反の計画を知り，その防止に必要な措置を講ぜず，又はその違反行為を知り，その是正に必要な措置を講じなかつた当該法人（当該法人で事業者団体に該当するものを除く。）の代表者に対しても，同項の罰金刑を科する。

第四十条　第三十六条第一項の違反があつた場合においては，その違反の計画を知り，その防止に必要な措置を講ぜず，又はその違反行為を知り，その是正に必要な措置を講じなかつた当該事業者団体の理事その他の役員若しくは管理人又はその構成事業者（事業者の利益のためにする行為を行う役員，従業員，代理人その他の者が構成事業者である場合には，当該事業者を含む。）に対しても，それぞれ同項の罰金刑を科する。
2　前項の規定は，同項に規定する事業者団体の理事その他の役員若しくは管理人又はその構成事業者が法人その他の団体である場合においては，当該団体の理事その他の役員又は管理人に，これを適用する。

第四十一条　第三十条第三項の規定に違反して，情報を同項に定める目的以外の目的のために利用し，又は提供した適格消費者団体は，三十万円以下の過料に処する。

資料3-4 本改正法概要（図）

平成26年11月
消費者庁

不当景品類及び不当表示防止法の一部を改正する法律 概要 ～不当な表示を防止するために課徴金制度を導入～

不当景品表示規制の抑止力を高める必要

- 「食品表示等について」（平成25年12月9日 食品表示等関係府省庁会議）
  → 同月、内閣総理大臣から内閣府消費者委員会に対し課徴金制度等の在り方について諮問
  → 平成26年6月10日答申
- 新たなメニュー表示等の偽装の発覚

これまでの検討の経緯

- 不当表示に対する課徴金制度の導入を含む景品表示法改正法案提出（平成20年3月）
  → 審議されないまま廃案
- 景品表示法の消費者庁移管
  被害者救済制度の総合的な検討を実施する際の在り方にあわせて検討
- 消費者の財産被害に係る行政手法研究会等において検討

不当景品類及び不当表示防止法等の一部を改正する等の法律（平成26年法律第71号）本則第4条（未来は平成26年7月2日公布）（政府の措置）
第四条　第一条の規定により講じられる措置のほか、政府は、この法律の施行後一年以内に、課徴金に係る制度の整備について検討を加え、必要な措置を講ずるものとする。

景表消費者問題に関する特別委員会附帯決議
「課徴金制度の導入の要件の明確化及び運用に当たっては、透明性・公平性の確保のための主観的要件、資力・減免措置等について検討し、事業者の経済活動を委縮させることがないよう配慮するとともに、消費者の被害回復という観点からも検討し、速やかに法案を提出すること。」

目的
不当な表示による顧客の誘引を防止するため、不当な表示を行った事業者に対する課徴金制度を導入するとともに、被害回復を促進する課徴金による返金の観点から返金による課徴金の減額等の措置を講ずる。

課徴金納付命令（第8条）
- **対象行為**：優良誤認表示、有利誤認表示、不実証広告規制に係る表示を行為とする。不実証広告規制に係る表示については、合理的な根拠となる資料の提出がない場合には、当該表示を不当表示と推定して課徴金を賦課する。
- **対象期間**：3年間を上限とする。
- **賦課金額**：課徴金額は、対象商品・役務の売上額に3％を乗じる。
- **主観的要件**：課徴金の賦課に違反事業者が相当の注意を怠った者でないと認められるときは、課徴金を賦課しない。
- **規模基準**：課徴金額が150万円未満となる場合は、課徴金を賦課しない。

課徴金額の減額
- **減額**：違反行為を自主申告した事業者に対し、課徴金額の2分の1を減額する。
- **除斥期間**：違反行為をやめた日から5年を経過したときは、課徴金を賦課しない。
- **賦課手続**（第13条）：違反事業者に対する手続保障として、弁明の機会を付与する。

被害回復（第10条・第11条）
事業者が所定の手続に沿って自主返金を行った場合（返金措置を実施した場合）、課徴金を命じない又は減額する。
1. **実施予定返金措置計画の作成・認定**：自主返金による課徴金の減額を受けようとする事業者は、実施予定返金措置計画を作成し、内閣総理大臣の認定を受ける。
2. **返金措置（返金）の実施**：事業者は、実施予定返金措置計画に従って適正に返金を実施する。
3. **報告期限までに報告**

- 返金合計額が課徴金額以上の場合（返金措置を実施） → **課徴金の納付を命じない**
- 返金合計額が課徴金額未満の場合 → **課徴金の減額**

施行期日（附則第1条）
- 公布日から1年6月以内に施行

資料3-5　本改正法概要（文）

平成26年11月
消費者庁

不当景品類及び不当表示防止法の一部を改正する法律　概要

> 最近における商品又は役務の取引に関する表示をめぐる状況に鑑み、不当な表示による顧客の誘引を防止するため、不当な表示を行った事業者に対する課徴金制度を導入するとともに、併せて課徴金対象行為による一般消費者の被害の回復を促進する観点から返金措置を実施した事業者に対する課徴金の額の減額等の措置を講ずる。

1　骨子

　商品及び役務の取引に関する不当な表示を防止するための方策として、不当景品類及び不当表示防止法（昭和37年法律第134号。以下「景品表示法」という。）に定められている措置命令に加え、不当表示を行った事業者に経済的不利益を賦課すべく、課徴金制度を導入する。
　(1) 対象行為
　　ア　景品表示法において既に定められている不当表示の類型のうち告示によって指定される不当表示の類型を除き、課徴金を賦課するものとする。
　　イ　不実証広告規制（効果又は性能に関する表示について事業者に一定の期間内に当該表示の裏付けとなる合理的な根拠を示す資料の提出がない場合に、当該表示を不当表示とみなして措置命令の対象とするもの）に係る表示行為について、課徴金賦課処分との関係においても、一定の期間内に当該表示の裏付けとなる合理的な根拠を示す資料の提出がない場合には、当該表示を不当表示と推定する規定を設けるものとする。
　(2) 賦課金額の算定
　　ア　対象商品又は役務の売上額に一定の率を乗じるという算定式により、一律に算定する。当該乗じる率を100分の3とする。
　　イ　課徴金算定の対象期間は、違反行為をやめた日（①違反行為をやめた後そのやめた日から6か月を経過する日、又は、②当該事業者が違反行為により惹起した一般消費者の誤認のおそれを解消するための措置をとった日のいずれか早い日までの間に、当該事業者が当該課徴金対象行為に係る商品又は役務の取引をしたときは、最後に当該取引をした日）から遡って3年間を上限とする。
　(3) 主観的要素
　　違反行為者が、違反行為であることを知らないことにつき相当の注意を怠った者でないと認められるときは、課徴金賦課の対象から除外するものとする。
　(4) 規模基準
　　(2)アで算定した課徴金額が150万円未満の場合には課徴金の納付を命ずることができないものとする。
　(5) 賦課手続
　　違反行為を行った事業者に対する手続保障として弁明の機会を付与するものとする。
　(6) 除斥期間
　　違反行為をやめた日から5年を経過したときには、課徴金の納付を命じることができないものとする。

(7) 自主申告
　　違反行為について自主申告した事業者に対し、課徴金額の2分の1を減額する。
(8) 被害回復
　　商品及び役務の取引に関する不当な表示によって一般消費者の被害の回復を促進するため、違反行為者が、(Ⅰ)返金額等を個別に特定できる返金対象者に対する返金措置の実施に関する計画を作成して認定を受け、(Ⅱ)同計画に沿って返金を実施し、(Ⅲ)報告した場合に、返金相当額((Ⅰ)の計画認定前の返金相当額を含む。)を、(2)ア又は(7)により計算した課徴金額から減額する。
　　(Ⅰ)下記(ⅰ)の記載事項を記載した計画を作成した上で消費者庁に提出し、下記(ⅱ)の認定要件に適合するとして認定を受けること（消費者庁は、当該認定時から計画実施に係る報告期限までの間は、課徴金の納付を命じない。）。
　　　　(ⅰ) 必要的記載事項：①実施期間、返金額の算定方法等、②返金措置の内容についての周知方法、③返金措置の実施に必要な資金の額及びその調達方法等。
　　　　　　（任意的記載事項：(Ⅰ)の計画提出前に実施した返金措置の内容）
　　　　　　（報告義務事項：(Ⅰ)の計画提出後認定を受けるまでの間に実施した返金措置の内容は、別途報告すべきこととする。）
　　　　(ⅱ) 認定要件：①返金措置が円滑かつ確実に実施されることが見込まれること、②返金措置の対象となる者のうち特定の者について不当に差別的でないこと、③実施期間が相当の期間内に終了するものであること。
　　(Ⅱ) 認定を受けた計画に従って、次のとおり適正に返金を実施したこと。
　　　　(a) 返金を受けるのに必要な情報を周知すること。
　　　　(b) 金銭の交付のみを返金の手段とすること。
　　　　(c) 各返金対象者に対し、各人に係る購入額に100分の3を乗じた金額以上の金額を返金すること。
　　(Ⅲ) 返金措置の実施期間経過後1週間以内に、返金措置を実施した旨を報告したこと。
(9) その他
　　公布の日から1年6月以内に施行する。
　　経過措置その他所要の規定の整備を行うものとする。

2　参考
　不当景品類及び不当表示防止法等の一部を改正する等の法律（平成26年法律第71号）（抄）
　　（政府の措置）
　　第四条　第一条の規定により講じられる措置のほか、政府は、この法律の施行後一年以内に、課徴金に係る制度の整備について検討を加え、必要な措置を講ずるものとする。

資料3-6 景品表示法の概要及び運用状況（調査件数等の推移）

景品表示法の概要

景品表示法は、消費者の自主的かつ合理的な商品及び役務の選択を確保するため、一般消費者に認識される表示や過大な景品類の提供を制限及び禁止している（消費者庁移管に伴い、「景争法」から「消費者法」に変更）。

景品表示法第3条（景品類の制限及び禁止）

- 総付景品 ＝ 商品の購入者等にもれなく提供する景品類

取引価額	景品類の最高額
1,000円未満	200円
1,000円以上	取引価額の20％

- 懸賞制限告示（昭和52年告示第3号）

  懸賞 ＝ 商品の購入者等に対し、くじなどの偶然性、特定行為の優劣等によって提供する景品類

  一般懸賞
  　景品類限度額（①、②両方の限度内）
  　① 最高額　　　　　　　② 総額
  　取引価額5,000円未満　取引価額の20倍
  　取引価額5,000円以上　10万円　　　懸賞に係る売上予定総額の2％

  共同懸賞
  　景品最高額　　　　　　② 総額
  　① 最高額
  　取引価額にかかわらず30万円　懸賞に係る売上予定総額の3％

- カードあわせ ⇒ 全面禁止

- 業種別景品告示 ＝ 一定地域の同業者や商店街が共同実施
  　＝ 異なる種類の符票の特定の組合せを提示させる方法を用いた懸賞
  ①新聞業、②雑誌業、③不動産業、④医療用医薬品業・医療機器業及び衛生検査所業

景品表示法第4条（不当な表示の禁止）

→ 優良誤認
（4条1項1号）
商品又は役務の品質、規格その他の内容についての不当表示

不実証広告規制（4条2項）
優良誤認に該当する表示か否かを判断するため必要があると認めるときは、事業者に対し、期間を定めて、当該表示の裏付けとなる合理的な根拠を示す資料の提出を求めることができる。
⇒ 事業者が合理的な根拠を示す資料を提出しない場合には、当該表示は優良誤認表示とみなされる。

→ 有利誤認
（4条1項2号）
商品又は役務の価格その他の取引条件についての不当表示

→ 誤認されるおそれのある表示
（4条1項3号）
商品又は役務の取引に関する事項について一般消費者に誤認されるおそれがあると認められ内閣総理大臣が指定する表示
1 無果汁の清涼飲料水等についての表示
2 商品の原産国に関する不当な表示
3 消費者信用の融資費用に関する不当な表示
4 不動産のおとり広告に関する表示
5 おとり広告に関する表示
6 有料老人ホームに関する不当な表示

資料3-6 景品表示法の概要及び運用状況（調査件数等の推移） 225

景品表示法の運用状況（調査件数等の推移）
（直近4年間、単位：件）

年　度		平成22年度	平成23年度	平成24年度	平成25年度
前年度からの繰越		90	259	170	180
新規件数	職権探知	491	178	131	128
	情報提供※1	355(3,718)	392(3,667)	425(5,082)	560(5,858)※2
	小計	846	570	556	688
調査件数		936	829	726	868
処理件数	措置命令	20	28	37	45
	警告	2	0		
	注意	412	405	265※3	373※3
	都道府県移送	2	1	12	15
	協議会処理	31	53	45	33
	打切り等	210	172	187	200
	小計	677	659	546	666
次年度への繰越し		259	170	180	202

※1 外部から提供された情報のうち、景品表示法違反被疑事案として処理することが適当と思われた情報の件数。括弧内の数字は外部から提供された情報の総数。
※2 うち食品表示に関係する内容（外食等、役務に分類されるものは含まない。）の情報件数は839件。
※3 平成24年度以降においては、「警告」「注意」の区分を廃止し、行政手続法上の「行政指導」にあたる「指導」の件数としている。

資料 3-7　景品表示法への課徴金制度の導入の検討の主な経緯

景品表示法への課徴金制度の導入の検討の主な経緯

○平成 20 年 3 月
景品表示法上の不当表示に対する課徴金制度の導入を含む独占禁止法及び景品表示法改正法案を国会に提出（廃案）。

○平成 20 年 9 月
消費者庁設置法の施行に伴う関係法律の整備に関する法律案を国会提出（平成 21 年 5 月成立）。
→　景品表示法上の不当表示に対する課徴金制度の導入については、被害者救済制度の総合的な検討を実施する際にあわせて検討することとされ、この法案には盛り込まれず。

○平成 21 年 6 月
消費者庁及び消費者委員会設置法（平成 21 年法律第 48 号）公布
→　　附　則（抄）
6　政府は、消費者庁関連三法の施行（平成 21 年 9 月 1 日）後三年を目途として、加害者の財産の隠匿又は散逸の防止に関する制度を含め多数の消費者に被害を生じさせた者の不当な収益をはく奪し、被害者を救済するための制度について検討を加え、必要な措置を講ずるものとする。

○平成 23 年 10 月
「消費者の財産被害に係る行政手法研究会」の設置（平成 25 年 6 月まで計 18 回開催）
→　平成 25 年 6 月に、「不当表示を抑止することを目的とした賦課金制度の導入の意義・必要性は、なお認められる」との指摘を盛り込んだ報告書を取りまとめ。

○平成 25 年 12 月 9 日
食品表示等問題関係府省庁等会議（第 2 回）において、景品表示法違反事案に対する課徴金等の新たな措置の検討を含む食品表示適正化対策を決定。
→　同日、内閣総理大臣（消費者庁）から消費者委員会に対し課徴金制度等の在り方について諮問。

○平成26年3月11日
　「不当景品類及び不当表示防止法等の一部を改正する等の法律案」を国会に提出（閣法第54号）
　→本則第4条に措置規定を盛り込む。

　　（政府の措置）
　　第四条　第一条の規定により講じられる措置のほか、政府は、この法律の施行後一年以内に、課徴金に係る制度の整備について検討を加え、必要な措置を講ずるものとする。

○平成26年6月10日
　消費者委員会において「景品表示法上の不当表示規制の実効性を確保するための課徴金制度の導入等の違反行為に対する措置の在り方について（答申）」を取りまとめ。

○平成26年6月13日
　不当景品類及び不当表示防止法等の一部を改正する等の法律（平成26年法律第71号）公布
　（※成立は6月6日。本則第4条の施行は7月2日。）
　→附帯決議
　・不当景品類及び不当表示防止法等の一部を改正する等の法律案に対する衆議院附帯決議（平成26年5月8日衆議院消費者問題に関する特別委員会）（抄）
　　　九　課徴金制度の導入に当たっては、透明性・公平性の確保のための主観的要素の在り方など賦課要件の明確化及び加算・減算・減免措置等について検討し、事業者の経済活動を萎縮させることがないよう配慮するとともに、消費者の被害回復という観点も含め検討し、速やかに法案を提出すること。
　・不当景品類及び不当表示防止法等の一部を改正する等の法律案に対する参議院附帯決議（平成26年6月4日参議院消費者問題に関する特別委員会）（抄）
　　　十二、課徴金制度の導入に当たっては、透明性・公平性の確保のための主観的要素の在り方など賦課要件の明確化及び加算・減算・減免措置等について検討し、事業者の経済活動を萎縮させることがないよう配慮するとともに、消費者の被害回復という観点も含め検討し、速やかに法案を提出すること。

資料 3-8 平成26年6月改正法の概要

平成26年6月
消費者庁

不当景品類及び不当表示防止法等の一部を改正する法律（概要）

不当景品類及び不当表示防止法

景品表示法の執行体制（改正案） ※3

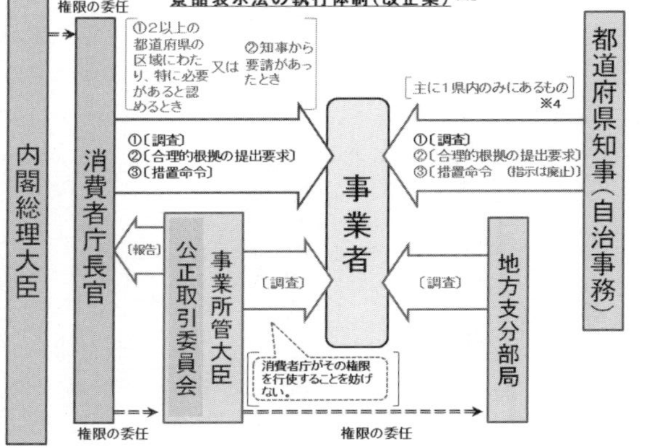

都道府県知事（自治事務）
[主に１県内のみにあるもの]※4
①（調査）
②（合理的根拠の提出要求）
③（措置命令）（指示は廃止）

地方支分部局
（調査）

事業者
①（調査）
②（合理的根拠の提出要求）
③（措置命令）

公正取引委員会
（事業所管大臣）
①（調査）
②（合理的根拠の提出要求）
③（措置命令）

権限の委任
（報告）
消費者庁長官
権限の委任

内閣総理大臣

消費者庁長官の権限
事業所管大臣等から事業者に対し
消費者庁の職員を派遣することもあり得る

I 事業者が講ずべき表示等の管理上の措置（第7条関係）

○事業者が講ずべき表示等の管理のため必要な体制の整備その他の必要な措置等を講じなければならない
・表示等の適正な管理のため必要な体制の整備その他の必要な措置等を講じなければならない
・事業者が講ずべき措置に関して必要な指針を定めるものとする
（事前に事業所管大臣と協議し、消費者委員会の意見を聴取）
⇒ 予見可能性を確保し、事業者の創意工夫は確保、管理体制の内容等へ水準は、事業者の規模、業種に配慮

勧告及び助言（第8条関係）、勧告及び公表（勧告に従わないときは公表）（第8条の2関係）

○内閣総理大臣が勧告、助言、勧告、公表
○事業者が必要な措置を講じていない場合の措置

II 情報提供・連携の確保

○適格消費者団体等への情報提供等（第10条関係）
・消費生活協力団体・消費生活協力員等から不当表示等の情報を提供
・民間による問題事案への対処を支援

関係者（国、地方公共団体、国民生活センター等）相互の密接な連携の確保（第15条関係）

III 監視指導態勢の強化（第12条関係）

○事務の実情を踏まえたより迅速かつ的確な法執行の確保に都道府県の執行体制の強化を推進
・都道府県の権限の一部を都道府県知事要求権限（合理的な根拠の提出要求権限、措置命令権限）
・国と地方との密接な連携を確保し、問題事案に的確に対処

IV 課徴金制度の検討等

○課徴金制度導入に関する政府の措置（改正法第4条関係）
・課徴金に係る制度の整備について検討
（改正法施行後1年以内に検討し、必要な措置を講じる）
○施行期日は公布日から6月以内を予定

※1 [ ]部分は政令で定める事項の事例
※2 今回改正・消費者安全法の改正により新設

※3 [ ]部分は政令で定める事項の事例
※4 県域を担う場合には消費者庁が調整を行う。

※1 適格消費者団体には、景表法の違反行為の差止請求権が認められている。
※2 今回改正・消費者安全法の改正により新設

資料3-9 海外における広告規制法の動向・行政による経済的不利益賦課制度の海外調査（概要）

資料4
消費者庁提出資料
平成26年3月13日時点版

海外における広告規制法の動向（概要）

国	法律名	目的	所管省庁	対象行為	行政処分（注3）	刑事罰（注4）	救済手段
韓国	消費者（電子商取引法）第24条第1項、等、訪問販売法、訪問販売法	法律に違反した不当な取引行為によって得られた経済的利益を剥奪すること（1条）	公正取引委員会	事業者が公正取引委員会の是正命令を履行しない事業者に対しては消費者被害の防止が難しい損賠さ剥奪。	・是正命令・課徴金・業務停止命令	・是正命令を違反した場合、3年以下の懲役又は1億ウォン以下の罰金（訪問販売法53条10号）	―
	表示広告公正化法	消費者を欺瞞又は誤認させる不当な表示及び広告を防止し、消費者に正確で有用な情報の提供を促進するとともに、公正取引秩序を確立し、消費者を保護すること（1条）。	公正取引委員会	・不当な表示・広告行為（①虚偽又は誇大な表示又は広告、②欺瞞的な表示又は広告、③不当に比較表示又は広告、④誹謗の表示又は広告）（3条1項）	・是正命令（7条1項）・課徴金（広告行為による売上高の2%を超えない範囲）（9条、法24条3号）・臨時中止命令（8条）及びそれに違反した場合の過料（20条1項3号）	・不当な表示・広告行為の禁止規定違反の場合、2年以下の懲役又は1億5000万ウォン以下の罰金（17条）	・被害者への無過失損害賠償責任（10条）
アメリカ	連邦取引委員会法（FTC法）	―	連邦取引委員会（FTC）	・不公正又は欺瞞的な行為又は慣行（5条）	・同意判決（5条）・差止命令（13条(b)項）・排除措置命令（5条）	―	・消費者救済（FTCの独自権限に対する権限）、消費者救済を求める民事訴訟の提起（19条）、・衡平法上のディスゴージメント
フランス	消費法典	―	経済財務省、競争・消費者総局（DGCCRF）	・不当な表示行為、特に、誤認惹起的な取引方法（L.121-1-1条）、攻撃的な取引方法（L.122-11-1条）、違法な比較広告（L.121-8ないし10条）	―	・誤認惹起的な広告について、2年を上限とする拘禁刑及び又は37万5000ユーロを上限とし、広告費用の50%を上回らない額の罰金、L.213-1条、認可判決等の公示（L.121-6条）、違反行為主体の法人格が有機体である場合の刑、知的所有権害に関する権利（L.121-14条）	―
ドイツ	不正競争防止法（UWG）	競争者、消費者その他の市場参加者を、不正競争から保護すること（1条）	―	・不公正な取引方法、特に、誤認惹起的な行為（5条）、不作為による誤認惹起（5a条）、比較広告（6条）、攻撃的な行為（7条）	―	・虚偽表示等につき、2年以下5年以下の自由刑又は罰金（16条ないし19条）	・消費団体等の差止請求、利害剥奪請求（8、10条）、・競争者の損害賠償請求（9条）等
イギリス	2008年不公正な取引からの消費者の保護規則（CPR）	―	公正取引庁（OFT）	・不公正な取引方法（3条、3条1項、3条）、特に、誤認惹起的な行為（5条）、誤認惹起的な不作為（7条）	・差止命令（27条）	・刑事罰（8条ないし18条）	―
スウェーデン	マーケティング法（注5）	マーケティング活動に関係して消費者と事業者の利益を増進するとともに、消費者と事業者を正しく守る不公正なマーケティングから防止すること（1条）	消費者オンブズマン、消費者庁	・不公正な取引方法、特に、誤認惹起的な取引方法（10条）、特定の時期間における、誤認惹起的な取引方法（19条）、比較広告（18条）、不適切な広告（24条）	・差止命令（23条）・情報提供命令（24条）・市場阻害賦課金（29条）	・差止命令、情報提供命令の不履行について、罰金（29条）	・損害賠償請求（37条）
ギリシャ	消費者の保護に関する1994年法第2251号（消費者法）	―	消費者局（開発・競争・インフラ・交通・ネットワーク省が担当する）	・広告、不正取引方法、誤認惹起的な広告、攻撃的な広告（作為、不作為）、特定の消費期間内における、子供向けの広告（店舗広告の禁止）、消費者の選択を著しく妨害する取引方法、強制的な取引方法（攻撃的な取引方法）の禁止及び及び及び禁止を著しく妨害するような取引方法に関する規定が置かれる	・過料、業務停止（13条）	―	―
オーストラリア	2010年競争・消費者法、豪州消費者法（ACL）	競争又は公正な取引を促進し、消費者の保護を通じて、ようにオーストラリアの人々の福祉を増進すること	豪州競争・消費者委員会（ACCC）	・不当表示、その他の不公正な取引や不当勧誘による国内における一連の行為（第3編第4章151条）	・なし（不当表示に関しては行政処分にはない）	・不当表示について、罰金	―

注1）本公正取引委員会指導令により、印刷重複会社は同複数の公正な基準を定めかなバーを設置している。
注2）2014年2月20日時点における、1ユーロ＝140円、1ウォン＝0.1円、1ポンド＝170円
注3）行政処分のうち以下の制限のあるものは、1ユーロ＝140円として損害賠償額が換算されるもののみ記載。
注4）監督のなり内容については、委員監督の内容及びその制限にはない
注5）消費者オンブズマンは、商取引に関して集団訴訟を代表して活動を行う権限を持ち、事業者オンブズマンは消費者庁長官を兼任する。

1/3ページ

資料3-9 海外における広告規制法の動向・行政による経済的不利益賦課制度の海外調査（概要）

行政による経済的不利益賦課制度等の海外調査（概要）

平成26年3月13日時点版

国：制度名	趣旨・目的	所管官庁	根拠法	不利益賦課制度の要件		賦課金（課徴金等）額		執行手続		賦課金の使途
				対象行為	賦課方法	主観的要件	算定方法	裁量性	調査権限	
韓国：課徴金制度	法律に違反した事業者が当該違反行為によって得た経済的利益を剥奪するため	公正取引委員会	消費者法（電子商取引法24条1項等、割賦取引法、訪問販売法）（注1）	事業者が公取委の是正命令を履行しない場合等、是正措置が十分でなく消費者被害が拡大した場合に、賦課金を審議する事業	公正取引委員会が課徴金を審議する。	—	違反行為をした事業者の1日当たり平均売上額の100分の30に該当する営業停止に相当する金額等を基本算定基準として、これに違反行為の期間又は回数等で取得程度、違反行為の消費者被害の程度、違反行為による消費努力の程度、違反行為の内容・期間及び回復の有無による調整等を経て、賦課課徴金を算定する。	違反行為をした消費者被害の程度、消費者被害に対する事業者の努力の程度、違反行為の期間、違反利益の処分などを勘案した利益の回復などを算定しなければならない。	・職権調査・通報（申告）調査	納付された課徴金は、国の一般財源となる。
アメリカ：民事制裁金制度（SEC関係）	制裁的効果をもち、懲罰的や違反に資するもの	証券取引委員会（SEC）	証券取引法	証券取引法違反等行政手続による場合、故意の法令違反又は故意に合理的な可能性を怠った場合に限定される。	行政手続による場合と民事訴訟による場合がある。	故意（最低時手続による場合には制限がない）	インサイダー取引規制違反以外の事案については、違反行為の数等を考慮して、3段階の制裁金のうちいずれかの程度の制裁金を科す。インサイダー取引については、裁判所が行為の状況を判断して、利得額の3倍を上限として制裁金が課される。	行政手続による場合、SECは、制裁金を支するかとが公益を達するかどうかという観点から6つの要件が検討する。	—	民事制裁金をディスゴージメントファンドに組み入れることができる。
アメリカ：民事制裁金制度（FTC関係）	排除措置命令による違反行為に対する制裁	連邦取引委員会（FTC）	連邦取引委員会法5条	違反行為の継続性司法省もしくは命令違反、不公正又は欺瞞的な行為もしくは慣行（UDAP）に違反する行為。	違反行為者に対して司法省もしくはFTCが、その支払いを請求する民事訴訟を裁判所に申し立てることができる。	故意の認識	1件の違反行為について、1万ドル以下で民事制裁金を科すことができる。違反継続の場合、日数に応じて（1日ごとに1違反行為として）増額されていく。	金額の考慮要因として、違反行為の性質、違反行為の規模、違反行為の故意や過失などが定められている。	・サピーナ（文書提出命令）・証人喚問請求	民事制裁金を、ディスゴージメントファンドに組み入れることはできない。
アメリカ：ディスゴージメント	違反から不正当な利益を剥奪することにより事業者の違反行為の抑止を図ることを目的とする。	米国取引委員会（FTC）	FTC法5（b）条	衡平法違反	FTCの裁判所に対してディスゴージメントの請求を行う。	—	様々な資料から不当利得を積算で金額を計算する。FTCが、目安となる金額（推算全額）の立証責任を負う。	要件・効果の判断において裁判所の広範な権限が定されている。	—	FTCの勝訴又は和解判決により被害回復金（ディスゴージメントに基づいて請求が認められた金額）を得られた場合、その金額はすべてFTCの被害回復金管理事務局が管理し、FTCの裁判計画に従って、直接ない又はファンド配分しなく使って、被害な限り被害者に分配される。分配に残余金は、国庫に納付され、または消費者教育等に関する費用に充てられることもある。
スウェーデン：市場攪乱金課徴金制度	消費者や事業者に対して不公正な広告・マーケティングが行われることにより不当な利益が発生することを防止することを目的とする。（6条）	消費者オンブズマン	マーケティング法29条	誤認惹起広告、特定の行為（13条ない し17条）、比較広告（18条）等	消費者オンブズマンの申立により、トックホルム地方裁判所により命ぜられることに従っている。（48条）	故意または過失	5000クローナ～500万クローナを未満とし、上場事業者の直近決算年度の売上高の10%を超えないに賦課される。（31条）	違反の深度及び期間を勘案して決定される。軽微な事件には賦課されない。（32条）	・違反事件の調査権限（42条）・立入権限（44条）	支払われる課徴金は、国庫に入れられる（29条）。

資料3-9 海外における広告規制法の動向・行政による経済的不利益賦課制度の海外調査（概要） 231

平成26年3月13日時点版

行政による経済的不利益賦課制度等の海外調査（概要）

国：制度名	趣旨・目的	所管省庁	根拠法	不利益賦課制度の要件			賦課金（賦課金等）額	執行手続		賦課金の使途
				対象行為	賦課方法	主観的要件	実定方法	救済性	調査権限	
ギリシャ： 過料制度	制裁としての性格を有する	消費者局	消費者の保護に関する1994年法律2251号（消費者保護法）13a条、9条〜91条	事業者が消費者保護法の規定に違反した事業、（広告に不公正な行為、誤認惹起行為、（作為・不作為）、攻撃的な取引方法等に関する規定違反）	開発大臣（消費者局）が属する省庁の長の決定による。	故意または過失（経過失を含む）	開発大臣の決定により、1500ユーロから100万ユーロまでの過料が課される。同一の事業者に対して3を超える過料決定がなされた場合には、過料の上限が2倍に引き上げられて200万ユーロとなる。	過料の金額の決定される段階において、個別の事例の重大性等が考慮される。	・職権調査	徴収した過料は、国家予算にこれを編入する。
オーストラリア： 民事制裁金制度	市場慣行の改善につながる不公正な行政の割合り方を目指している（ACCC）	豪州・競争・消費者委員会（ACCC）	2010年競争・消費者法第2編第6章（39条第1項	欺瞞的行為を含む、非身分的行為が、不公正な契約条項、連邦裁判所の承認を得た上で、ACCCが民事の訴訟に参加することにより制裁金を課する。	ACCCが、連邦裁判所の承認を得た上で、ACCCが民事の訴訟に参加することにより制裁金を課する。	—	欺瞞的行為、非身心的行為や不公正な契約引については、法人の場合は1100万豪ドル（約8億8000万円）、個人の場合は22万豪ドル（約1760万円）を上限としている。これ以外の違反行為に対しては、より低い金額の罰金が適用される。	ACCCが発動する民事制裁金の全部あるいは一部を該当する私人の民事訴訟に参加することにより制裁金を課する。	実証通知により、商品・サービスの供給に関して、それらの表記や広告の根拠を示すようなどの書類の提示を要求することができる。	ACCCによる制裁金は政府財政歳入（Government Consolidated Revenue）に入り他の歳入と同様に政府の管理下におかれ運用される。ACCCの裁量で適用されるものではない。

注1）消費者法上の賦課金制度は、営業停止の代替制度としての性格を有しているが、広告規制をしている表示公正法上の課徴金制度は、そのような性質を有していない。
注2）2014年2月24日時点において、1ユーロ140円、1パウンド0.1円、1ウロ=18円

逐条解説　平成26年11月改正景品表示法
──課徴金制度の解説

2015年6月20日　初版第1刷発行

編著者	黒 田 岳 士
	加 納 克 利
	松 本 博 明
発行者	塚 原 秀 夫

発 行 所　㈱商 事 法 務
〒103-0025 東京都中央区日本橋茅場町3-9-10
TEL 03-5614-5643・FAX 03-3664-8844〔営業部〕
TEL 03-5614-5649〔書籍出版部〕
http://www.shojihomu.co.jp/

落丁・乱丁本はお取り替えいたします。　　印刷／ヨシダ印刷㈱
© 2015 Takashi Kuroda, et al.　　　　　　Printed in Japan
　　　　　　　　　　Shojihomu Co., Ltd.

ISBN978-4-7857-2303-3
＊定価はカバーに表示してあります。